Moacyr Eurípedes Medri

FILIPPO

O IMPORTANTE É NÃO SE DAR POR VENCIDO

Editora Appris Ltda.
1.ª Edição - Copyright© 2024 do autor
Direitos de Edição Reservados à Editora Appris Ltda.

Nenhuma parte desta obra poderá ser utilizada indevidamente, sem estar de acordo com a Lei n° 9.610/98. Se incorreções forem encontradas, serão de exclusiva responsabilidade de seus organizadores. Foi realizado o Depósito Legal na Fundação Biblioteca Nacional, de acordo com as Leis n°s 10.994, de 14/12/2004, e 12.192, de 14/01/2010.

Catalogação na Fonte
Elaborado por: Josefina A. S. Guedes
Bibliotecária CRB 9/870

M492f 2024	Medri, Moacyr Eurípedes
	   Filippo: o importante é não se dar por vencido / Moacyr Eurípedes Medri. – 1. ed. – Curitiba: Appris, 2024.
	     334 p. ; 23 cm.
	
	   ISBN 978-65-250-5609-8
	
	   1. Literatura brasileira – Romance. 2. Guerra Mundial, 1939-1945. 3. Esperança. I. Título.
	
	                                                         CDD – B869.3

Appris
editora

Editora e Livraria Appris Ltda.
Av. Manoel Ribas, 2265 – Mercês
Curitiba/PR – CEP: 80810-002
Tel. (41) 3156 - 4731
www.editoraappris.com.br
Printed in Brazil
Impresso no Brasil

Moacyr Eurípedes Medri

FILIPPO

O IMPORTANTE É NÃO SE DAR POR VENCIDO

Appris
editora

FICHA TÉCNICA

EDITORIAL	Augusto V. de A. Coelho
	Sara C. de Andrade Coelho
COMITÊ EDITORIAL	Ana El Achkar (UNIVERSO/RJ)
	Andréa Barbosa Gouveia (UFPR)
	Conrado Moreira Mendes (PUC-MG)
	Eliete Correia dos Santos (UEPB)
	Fabiano Santos (UERJ/IESP)
	Francinete Fernandes de Sousa (UEPB)
	Francisco Carlos Duarte (PUCPR)
	Francisco de Assis (Fiam-Faam, SP, Brasil)
	Jacques de Lima Ferreira (UP)
	Juliana Reichert Assunção Tonelli (UEL)
	Maria Aparecida Barbosa (USP)
	Maria Helena Zamora (PUC-Rio)
	Maria Margarida de Andrade (Umack)
	Marilda Aparecida Behrens (PUCPR)
	Marli Caetano
	Roque Ismael da Costa Güllich (UFFS)
	Toni Reis (UFPR)
	Valdomiro de Oliveira (UFPR)
	Valério Brusamolin (IFPR)
SUPERVISOR DA PRODUÇÃO	Renata Cristina Lopes Miccelli
PRODUÇÃO EDITORIAL	William Rodrigues
REVISÃO	Katine Walmrath
	Edson Holtz
	Inês Striquer de Souza Medri
DIAGRAMAÇÃO	Maria Vitória Ribeiro Kosake
CAPA	Eneo Lage
IMAGEM DA CAPA	Lucineia Rezende
	Museu Histórico de Londrina
REVISÃO DE PROVA	Romão Matheus
	Jibril Keddeh

PREFÁCIO

Quando o Moacyr convidou-me para prefaciar seu novo livro, sem que ainda tivesse lido seu original, hesitei, fiquei dividido. Honrado com o convite, mas, ao mesmo tempo, preocupado com a tarefa, porque, em sendo uma obra que mistura fatos com ficção, o que fazer para evitar os famosos *spoilers*, não quebrar surpresas que o autor sempre prepara para seus leitores? A tarefa, porém, se tornou prazerosa tão logo recebi o texto original.

Mas antes de tecer alguns comentários sobre este belo livro, preciso apresentar seu autor: Moacyr Medri é biólogo, professor universitário, pesquisador que, depois que se aposentou, descobriu-se e se reinventou na literatura. E de quebra seguiu o conselho do grande escritor russo Leon Tolstoi (1828-1910): "Canta tua aldeia e cantarás o mundo". Foi o que passou a fazer o menino crescido em um sítio beirando a um ribeirão chamado "Água das Abóboras", Ibiporã, região metropolitana de Londrina, PR.

Começou publicando dois deliciosos livros de contos: *Da cor da terra* e *Cheiro de chuva*. Aí respirou fundo e aventurou-se no mundo dos romances. Publicou *Travessia: a felicidade não mora ao lado*, contando a saga dos italianos em seu périplo da imigração. Sempre que converso com o Moa, como ele é carinhosamente chamado pelos amigos, digo que esse livro foi um dos que mais me emocionou, especialmente quando ele descreve em detalhes, repletos de humanidade e emoção, a travessia do Atlântico pelas famílias italianas.

Depois, já no embalo do sucesso de *Travessia*, ele nos presenteou com seu romance de maior fôlego, *Pedras, paus & pétalas*, com 760 páginas de muitas histórias sobre o norte do Paraná.

A pandemia, de triste memória para o planeta, não permitiu que ele parasse de escrever. Em 2022, fomos brindados com outro romance, *Vitória* — uma linda história que se inicia e se desenrola nos idos da ditadura militar.

E agora chegou a vez de seu mais novo livro: *Filippo: o importante é não se dar por vencido*. Com uma narrativa profundamente humana, Medri retoma as histórias do norte paranaense sem esquecer de suas raízes italianas. Talvez inspirado em Shakespeare, seu novo romance nos faz lembrar de certos amores tornados (im)possíveis.

Sua narrativa vem carregada da deliciosa e boa prosa da zona rural. Daquelas em frente a uma fogueira, tomando uma xícara de café com um naco de pão caseiro. Uma prosa que nos envolve, nos cativa e não nos deixa respirar até chegarmos ao final de cada capítulo.

Como um bom tecelão, ele organiza esta obra como fazem os afluentes ao compor um rio. Alguns capítulos são pequenos, outros caudalosos, mas, no decurso das suas vertentes, acabam por vezes se cruzando, por outras se unindo, gerando emoção e tornando-nos cúmplices de muitos segredos por muito tempo interditados.

Ao adentrar as histórias passamos a visualizar os personagens. Fruto de uma narrativa que não apenas nos apresenta seus segredos e sonhos, mas nos dá a impressão de já termos nos encontrado com eles em uma esquina qualquer.

No final da leitura somos surpreendidos com revelações que sequer imaginávamos. Os bons romances são assim construídos. E Medri mais uma vez nos surpreende ao cantar, novamente, sua aldeia com esta nova história, que nos fascina e nos emociona.

Sem mais delongas, embarquem neste trem literário. E a cada estação permitam-se viajar no tempo. Talvez vocês encontrem ou até mesmo sonhem com esses personagens tão bem idealizados e construídos pelo artesão Medri.

Edson Holtz
Historiador e escritor
Verão de 2023

*A presente obra é um misto de fatos e ficção.
Qualquer semelhança com nomes será mera coincidência.*

Aos netos e netas: Pedro, Maria Clara, Luísa, João e Laura;
para todos e todas que não se dão por vencidos;
à Inês, amor da minha vida e companheira de sempre,
Dedico.

FOZ

Nesta foz de sentimentos,
Mais um lamento
E mais uma gota
Na torrente que em meus olhos sustento.

Não lamente a violência da vida:
Seja a paz que adoça o mal;
Seja revolta ou violência sofrida;
Reflita o perdão da coragem imortal.

Paulo Alonso

Poeta, escritor, pintor

SUMÁRIO

NA VENDA DE DIOGO 17

ESTAÇÃO DA VILA DO RIO 23

FILIPPO 29

PROCURA PELOS TIOS 45

O TIRO SAIU PELA CULATRA 53

UM DUCE, UM FÜHRER 61

UM CIRCO NA VILA DO RIO 67

O QUE VALE É A ALMA 81

COM A *FOLHA PAULISTANA* 85

UM FREI NA VILA DO RIO 91

NA HOSPEDARIA ILDA 99

NO SÍTIO DO VALENTIM 105

NO CAMPO DE CONCENTRAÇÃO SACHSENHAUSEN 109

O BRASIL ENVIA SOLDADOS 117

AS ARMAS DE CADA UM 123

PIQUENIQUE 129

QUIMERAS... 135

FIM DA SEGUNDA GUERRA MUNDIAL 141

ARRANCA-RABO 147

A BATALHA DO FREI GIUSEPPE 153

PROMULGAÇÃO DA CONSTITUIÇÃO E ELEIÇÕES......................161

CASUAL ENCONTRO 167

MAIS UMA TENTATIVA..171

UM ROMEU E UMA JULIETA NA VILA DO RIO 177

THEODORO, O COMPRADOR DE TUDO 183

FREI GIUSEPPE E MARIA EUGÊNIA..189

AQUI SE FAZ, AQUI SE PAGA 193

VÃ BACALHOADA 199

CORREDEIRAS E REMANSOS: CADA QUAL TEM AS SUAS E OS SEUS.....203

INTERNATO MARIA AUXILIADORA 211

DORES DO CORAÇÃO 217

UM PIPOQUEIRO PROTAGONISTA 223

FACES DE UM MESMO ROSTO 231

UM FRANCISCANO DENTRO DO INTERNATO 235

COM AS PROVAS DO CRIME NAS MÃOS 243

RESGATE 249

COM OS BURROS N'ÁGUA 257

A ODISSEIA DE CADA UM 265

O LOBO, A PRESA 281

EMBOSCADA 285

SAN GENNARO TARDA, MAS NÃO FALTA 295

AMOR INCONDICIONAL 301

LIBERDADE PARA TODOS 303

DEPOIS DOS INVERNOS AS PRIMAVERAS VÊM 307

POR UMA ESTILHA DE CHÃO 313

NA ANTESSALA DO PURGATÓRIO 317

O IMPORTANTE É NÃO SE DAR POR VENCIDO 327

NA VENDA DE DIOGO

1932. Junho. Sábado. Dia de comprar e de vender. Dia de negociar. Venda abarrotada. O descendente de espanhol Diogo Mascarenhas, com a barriga no balcão, ria pelos cotovelos. Que comerciante não riria com tamanho movimento, com o som de uma máquina registradora sobre o balcão a somar tudo?

Dezinho contava anedotas de Getúlio Vargas num canto. Riam do presidente e dele. Imitava o gaúcho sobre um cabo de vassoura, ali, o cavalo. Chamava-o de presidente bombachento, chupador de chimarrão. Enquanto isso o pescador Dino Mekelê, negro esguio de dentes perfeitos e alvos como neve, jogava cartas com mais cinco, seis noutro canto.

Elisa, filha do vendeiro, de cabelos longos e olhos verdes, com uns treze, quatorze anos, passava pelo balcão, mas não ficava. Sabedora que era bonita sem igual, visivelmente aparecia, sorria e, para provocar, saía requebrando as cadeiras. Os marmanjos, de olhos acesos, pensavam: "Vixe! Os dias de donzela dessa aí não vão longe". E estavam certos porque o que mais havia por ali era carcará a rapinar. Mais cedo do que imaginava, o vendeiro ibérico seria sogro de um gavião, ou, caso os anjos o ajudassem — e era seu desejo, de um engenheiro da ponte da estrada de ferro que começava a ser construída.

Se Eliza era assim, saidinha, Anabela, de duas, a mais velha de seu Theodoro Fonseca com Tereza, já era castiça. Ninguém via essa moçoila andando sozinha pela rua. O que corria de boca em boca é que seu Theodoro morria de ciúmes. Dizia ele que a sua menina não era para bicudo desqualificado.

Valentim, que chegara na região em 1931, parou sua carroça bem em frente ao comércio do Diogo. O filho Zózimo o acompanhava. Eles produziam de tudo no seu sítio. Carregada, estava com o molejo baixo. Trazia três latas de dezoito litros tampadas, um cesto coberto com um pano branco e um balaio. Desceram da condução e entraram no salão. O vendeiro Diogo chegou sorridente, estendeu as mãos aos dois e perguntou alto:

— Trouxeram minhas encomendas?

— Todas. Não do tamanho que precisa. Mas vieram as linguiças, as rapaduras e as três latas de banha.

— Muito bom! Estou quase sem nada. Olha como está o movimento! Tem uma ameaça de guerra lá fora — franziu a testa. — Se essa briga acontecer e esticar até aqui, vai faltar muita coisa. Meu pai contava que na guerra mundial de dezoito, dezenove faltou foi de um tudo. Boca não escuta tiro. Quer comer com ou sem bombas — sorriu.

Enquanto Valentim e o filho descarregavam, Diogo saiu ao atendimento de outros. Em dois tempos estava tudo sobre o balcão.

— Diogo! — Valentim o chamou. — Olha essas rapaduras! Feitas de cana-caiana. Trouxemos mudas da Fazenda Santa Clara, lá de Jaú, onde fomos empregados. Chegamos debaixo de chuva, fizemos uma clareira e plantamos. Viu que belezuras? — sorriu.

— E cachaça? Pensa em fazer?

A propósito, uma garrafa Oncinha e dois cálices corriam sobre o balcão. Tomavam e riam de tudo, por certo alegravam-se, em boa parte, por conta dela.

— Estamos pensando nisso, seu Diogo — Zózimo atravessou.

Valentim recebeu pela venda, mas boa parte ficou ali mesmo. Comprou mantimentos e alguns utensílios de cozinha. Pegaram a carroça e foram.

Nem bem saíram, Deoclécio entrou no salão da venda chutando bunda de cachorro. Pudera... Depois de ouvir a gritaria da mulher nas orelhas, achava melhor se embriagar de cachaça.

— Melhor essa cachaça do que o que tenho lá em casa — avaliava.

Mas não era somente a mulher. Estava macambúzio, também, porque deixara Bauru por conta de uma propaganda de que ficaria rico na Vila do Rio, e mais pobre estava. A estrada de ferro foi até na beirada do rio. Suas mãos estavam cravadas de calos de cabos de picaretas e de carriolas.

Em Bauru Deoclécio já tinha experimentado esse trabalho duro, também na construção de uma estrada de ferro, a *Noroeste*. Mas aí encheram sua cabeça de que a Sorocabana pagava mais. Bobagem: fora escravo lá, era escravo aqui.

Contava que conhecera Lázara, hoje sua companheira, numa quermesse em Bauru. Num zás-trás, combinaram e vieram. Hoje gastavam os últimos centavos do acerto com a empresa que a construíra. E Deoclécio falava para três, quatro com seu cálice na mão.

Um homem alto, claro, magro, aprumado, jeito de trinta e poucos anos, entrou no salão da venda e sentou-se bem junto da porta. Em seguida ele tirou uma cabeça de palha de milho e um pedaço de fumo de um dos bolsos traseiros, e, de outro, um canivete e um isqueiro. Olhou meio com desdém e pôs-se a cortar fumo e palha de milho para um cigarro.

Deoclécio parou a choradeira para ver a destreza desse tal a manejar fumo e palha. Quis chegar e pedir por um, mas recuou.

Cigarro pronto, ele o acendeu e a fumaça ganhou o interior do salão. Com o cheiro nas ventas o Deoclécio encorajou-se e...

— Boa tarde, já quase noite... — sorriu para o do palheiro.

— Boa tarde! — chupou fumaça e soltou.

— Será que o senhor me emprestaria uma palha e um pouco desse fumo?

— Emprestar? — sorriu. — Até posso... Mas vai me devolver quando e de que maneira? — sorriu outra vez. — Como fumaça ou cinza? Ran! Ran! — raspou a garganta e passou.

— Obrigado! — puxou uma cadeira e sentou-se do seu lado. — Por obséquio! O senhor vem de onde? — botou os olhos nos do homem. — Desculpe lhe perguntar, é que nunca o vi por aqui e nem na vila.

— Acho que aqui todo mundo é novato, não é mesmo? Cheguei de mudança dias atrás. Eu estava do outro lado do rio. Meu nome é Theodoro Fonseca Mazotti!

— Prazer. O meu é Deoclécio Miranda. Estou aqui nesse cafundó já faz tempo, quase dois anos. Estava bom enquanto tinha a construção dessa linha de trem. Mas agora... A coisa está feia. Não consegui juntar dinheiro, só esses calos nas mãos, olha! — botou os apetrechos no balcão, abriu as duas mãos e mostrou. — Estou pensando em voltar para minha terra.

— Eu já penso em seguir adiante, quando essa ferrovia atravessar o rio — baforou fumaça. — Vim lá das bandas de Sorocaba, estado de São Paulo.

Já ouviu falar? — pausou. — Quem anda para trás tem dez pernas. Como eu só tenho duas...

— Não entendi.

— Falei que não sou caranguejo.

— Melhorou — Deoclécio pausou. — Vejo que está, mesmo, decidido.

— Decidido, decidido, ainda não. Estou pensando... É que ao ver essa barranca de rio, vi que leva jeito bom para capim — boi e tropa de burro. Conhece Sorocaba? Lá eu mexia com compra e venda de gado e muares.

— Nunca fui em Sorocaba para ficar. Só de passagem. Eu vim de Bauru. Mas antes disso eu morava em Jaú, também estado de São Paulo.

— Do jeito que a coisa vai, acho que o Paraná ainda acabará com esse estado — sorriu. — Isso se a saúva não comê-lo antes. Vim para cá por causa dessa formiga ordinária. Corta com a lua e carrega com o sol. Esse inseto não dorme. A formiga entra por debaixo da cerca e a boiada sai magra pela porteira. Sem capim não tem jeito.

— E essa estrada rodoviária? Será que um dia alguma condução atravessa esse rio? Porque esse negócio de balsa para lá e para cá todos os dias não dá certo. Qualquer hora ainda derruba uma condução dentro d'água. Imagina uma jardineira lotada?

— O homem tem é mais de quarenta... Se perder uma não vai fazer a menor diferença. Agora, numa coisa você está certo, vida só temos uma.

Do bar ouviram o barulho de um trem de passageiros chegando na estação, ali, a estação da Vila do Rio, o final da linha.

— Aposto que são todos paulistas. Estão achando que vão ficar ricos — sorriu e levou o cigarro à boca. — Como já lhe falei, eu estou aqui há mais de dois anos e o que vi até agora foi pobre chegando e paupérrimo saindo.

— Sem união não vai. Tá vendo aquele rolo de corda feito com fios de sisal sobre o balcão? Sozinho era só um fio. Juntos viraram a corda.

A conversa ia macia até Dino Mekelê, o negro esguio, deixar o reservado onde jogava e entrar no salão da venda com seu maço de cartas. Entrou e foi já insultando um e outro.

Theodoro Fonseca o olhou de cima a baixo e perguntou a Deoclécio quem era o tal. Contou que era pescador, boa gente, divertido. Também que sua mulher era branquinha, bonita e que ajudava o padre Clemente na igreja.

— Tem gente que nasce com a bunda virada para a lua, seu...

— Theodoro Fonseca Mazotti! — declinou, pausadamente, seu nome.

— Então... Esse aí é um dos amigos da lua. Está bem-casado e pesca o dia todo. Vê se tem algum calo nas mãos que nem eu. Olha! — mostrou-os, novamente. — E ainda sobra tempo para carteados. E mais... Ele até tem uma casa numa ilha aqui perto. E não é bobagem, não. É casa boa.

Theodoro Fonseca estava chegando, então era melhor não mostrar suas armas antes de conhecer bem o chão. Achava melhor, hoje, não ir muito longe com esse tal Deoclécio.

Mais fregueses entraram no estabelecimento. Então o Diogo, esperto, e por sua conta, abriu outra garrafa de Oncinha. Ele sabia que aguardente era um bom investimento. Animados, compravam mais.

Theodoro Fonseca pegou a garrafa, já quase no fim, botou um tantinho no cálice, ali coletivo, único, derramou uns pingos para o seu santo e virou. Tossiu em seguida e...

— Eita trem forte, sô! Mais do que a maria-fumaça da sorocabana! — sorriu. Deoclécio o acompanhou.

Enquanto isso um homem alto, forte, garboso, com chapéu de pelica, cor marrom, entrou no salão do armazém. Todos, ou quase todos, deram a cara ao chegante. Certamente chegara no último trem. E o miravam de cima a baixo. Usava sapatos marrons reluzentes. Era, só por isso, um diferenciado, já que o comum ali eram botinas sujas.

Dino Mekelê também parou com os seus teretetês no carteado para vê-lo. O novato foi ao balcão e pediu por um copo de vinho, mas que fosse dos de verdade. Esse pedido fez todos, inclusive o Theodoro Fonseca, aprofundarem-no com os olhos. Um balconista correu ao atendimento.

— Pois não!

— Vinho combina com queijo e salame. Tem?

— Queijo, sim. Salame, não. Mas temos mortadela, linguiça e...

— Duzentos gramas de queijo. E dá-me um naco daquela linguiça — apontou o dedo.

O balconista foi num varal com linguiças, papadas de porco, toucinho, carne de sol, tudo dependurado e trouxe um naco. Pesou, picou o queijo e a linguiça sobre uma folha de papel de embrulho e a debruçou sobre aquele balcão. E bem ali do seu lado, outro, que parecia, também, ser um novato, retirava dois palmos de fumo de corda de um rolo sobre esse mesmo balcão.

Dino Mekelê retornou ao jogo perguntando aos do seu entorno:

— Quem são e de onde vieram?

ESTAÇÃO DA VILA DO RIO

1932. Novembro. Samuel Neves, de Juiz de Fora, deixou Minas Gerais falido, pegou o trem na Sorocabana e apeou na estação da Vila do Rio, feita em madeira, provisória. Veio guiado por uma propaganda publicada pela *Folha Paulistana*[1], jornal que teve, casualmente, nas suas mãos durante um cabelo e barba. Como o acaso também faz história, que pode modificar o rumo, essa publicidade modificava o seu. Continuar em Minas depois de uma falência era como dar murros em ponta de faca. Tinha pressa. Precisava renascer depois que, lá, seus sonhos acabaram em pó.

— Vamos! Apressa-se! Não perca tempo! Minha passagem já deveria estar no bolso! Escuta o apito! — com severidade, falou ao atendente da bilheteria da estação.

Tempo? A que tempo Samuel se referia? Ao da florada do café, ao do feijão das águas ou de outro que tudo pode, que compõe destinos, que estava por vir? Ele precisava deixar para trás o tempo de sua falência, do Matarazzo que o faliu. Pagou, tomou a passagem do vendedor, levou-a aos olhos e viu o destino impresso: *Vila do Rio*. Lugar novo, com mato em pé, desconhecido. Franziu a testa. Ela era seu passaporte. Iria mergulhar num outro tempo, outro lugar. Arrepiou-se. Seria propício? Mas como Samuel Neves nunca se dera por vencido, entrou no vagão carregado de esperanças.

Dizia a propaganda que na região norte do estado do Paraná brotavam oportunidades como água em grota, que havia as melhores terras do mundo e que eram quase de graça, que tudo era floresta, que a madeira retirada dava conta de pagar a compra da terra. Mas que precisava coragem para enfrentar cabos de foice, de machados e traçadores para pô-la no chão.

---

[1] Jornal fictício.

Esse atributo sobrava em Samuel. Lembrava que, quando meninão lá em Minas, com mais dois irmãos, trabalhou duro. As bolhas e os calos daqueles dias, por bom tempo, contaram a história.

Com malas e cuias desceram com Samuel, na estação da Vila do Rio, três dezenas de "aventureiros", a maioria homens, certamente por conta da mesma chamada desse jornal.

Samuel chegou e já avistou o movimento de trabalhadores lidando com o início da construção de uma ponte de mais de trezentos metros de comprimento. Falidos os ingleses? — dois ou três comentaram dentro do seu vagão. Ledo engano.

Viu que o rio estava caudaloso, certamente por ser tempo das chuvas. Caminhou até sua margem para vê-lo melhor. A água corria velozmente. Cem metros abaixo dessa corredeira ele avistou uma balsa, também um porto de areia e moleques se banhando. Gostou do movimento. Sentiu que era lugar para permanecer. Sorriu.

— Perdi tudo lá, mas não estou vencido.

Próximo do meio-dia, estouros de dinamites na base do lajedo da calha do rio ecoaram e longe foram. Muitos lidavam com britadeiras, outros com tratores, picaretas, carriolas. De longe viam-se cabos de aço esticados de margem a margem e, por eles, carretilhas deslizavam-se com gaiolas transportadoras de materiais e ferramentas.

E a estação de trens, provisória, diziam, seria substituída em breve por uma definitiva em alvenaria. Tanto que sua fundação em cimento armado estava a caminho. Prometiam inauguração sem igual, com pompas e circunstâncias, com a presença do interventor do estado do Paraná, o senhor Manoel Ribas. E podiam crer que sim, porque a companhia de terras, propriedade dos ingleses, estava contratando gente para acelerar a construção e possibilitar a transposição dessa ferrovia sobre o rio.

Um pouco depois descobriu-se que, lá em Minas, esse Samuel era conhecido como Samuca da Banha. No começo era somente um trabalhador rural, mas depois conseguiu, aos poucos, transformar seu pequeno sítio em pequena empresa de banha. Matava porcos e com as melhores carnes fazia linguiças, com as de segunda, carne de sol, com os toucinhos, banha que, enlatada, acabava em um trem com destino a Belo Horizonte.

Samuel estava animado com a prosperidade até que, certo dia, apareceu, parece que do nada, um tal de Matarazzo. Aí não teve para mais ninguém. Nem para o Samuca da Banha, nem para tantos outros da região. O Matarazzo acabava de chegar.

— Filho de uma puta desse Francesco Antônio Maria Matarazzo! Carcamano de uma figa! Instalou-se em São Paulo e fez estrago até em Juiz de Fora. E os meus sonhos e de outros tantos derreteram como toucinho no fogo.

Dezinho, o contador de anedotas do Getúlio Vargas, ao ver o choro do novo colega, não sabia o que falar. Sabia trabalhar duro, mas consolar não era com ele. Então não abriu a boca. Apenas o olhou. Deixou que resmungasse, que remoesse o fracasso. Mas Samuel, num repente, levantou a cabeça e mudou o rumo da prosa.

— Dezinho, não estou morto. Aliás... Não estamos. Está sabendo que até o interventor virá na inauguração do trecho de Ourinhos até aqui, já pronto?

— Inaugurar para que se os trens já estão pra lá e pra cá faz tempo!

— Andando está, mas sem inauguração. Esse povo gosta de discursar. Então...

— Eita peste! Mas que político viria até nesse cafundó? Só se for pra pegar maleita! — pausou. — Samuel, eu acho que esse tal de Matarazzo bambeou os parafusos da sua cabeça.

Samuel riu. O colega era rústico, mas pensava. Fazia sentido. Olhou para o pobre de mãos em bolhas, em calos e camisa molhada de suor e...

— Não estou brincando. Olha isso! — retirou um pedaço de jornal do bolso da calça. — Toma! Leia!

Dezinho pegou, olhou, mas não leu. E nem podia. Estava de ponta-cabeça. Samuel viu que ele não sabia nem posicionar uma folha escrita. Então ele retomou o pedaço com certa compaixão, achando meio esquisito, um sujeito a contar piadas todos os dias não saber ler nada. Mas também com indignação porque não aceitava que o país ainda tivesse analfabetos. E ele, que lia bem, que até fora dono de empresa, não era um paradoxo estar, hoje, no cabo de uma picareta?

— Vou ler. Escuta.

"Norte do Paraná: Inauguração de um novo trecho da Companhia Ferroviária São Paulo-Paraná

A diretoria da Companhia Ferroviária São Paulo-Paraná vai inaugurar mais um longo trecho da sua estrada, prolongamento que alcança o quilômetro 184. Essa inauguração se dará no dia 4/5/1932, devendo a ela comparecer o Sr. Manoel Ribas, Interventor Federal do Estado do Paraná. A partida da comitiva dar-se-á segunda-feira pelo noturno da Sorocabana que parte da estação de São Paulo às 19 horas, devendo-se jantar no trem. Na terça-feira, chegada a Ourinhos às 10h10, encontro com o Sr. Interventor Federal do Paraná, prosseguindo a viagem em trem especial até a estação da Vila Cornélio, onde será o pernoite. Quarta-feira, viagem inaugural do novo trecho, partindo o trem especial da estação da citada vila às 7h30 e chegando à estação da Vila do Rio às 9h30, o ponto final. Depois a comitiva atravessará o rio Tibagi por balsa e alcançará a Colônia Heimtal. O regresso do trem especial partirá da estação da Vila do Rio às 18 horas, chegando a Vila Cornélio às 20h, onde será o pernoite. Quinta-feira o trem alcançará o noturno da Sorocabana que chegará a São Paulo às 8h30 do dia seguinte."

— Escutou? O Interventor virá.

— Deve de ser mais um barrigudo. Se vier, mesmo, vou dar essa picareta e aquela carriola pra ele — apontou o dedo. — Aí perde a pança e nos paga melhor — sorriu.

— Se assossegue, Dezinho. Cada um na sua função. Ontem fui carpidor de café, depois fazedor de banha, empresário, hoje "picareteiro", e amanhã só Deus sabe. O tempo é quem manda, é quem compõe nossos destinos. Já escutou isso?

Dezinho não ouviu porque já estava longe empurrando sua carriola com pedras. E Samuel, agora empregado na construção da ponte, com carteira assinada e tudo, alugou uma casa bem simples e mandou carta para Juiz de Fora. Quinze dias depois, Niceia, sua mulher, e dois filhos, João e Pedro, um com dez, outro com doze anos, chegaram.

Os meninos, com mais quatro da vizinhança, enturmaram-se rápido. Iam pela manhã para a estação na hora em que o trem de passageiros chegava de São Paulo, e pela tardezinha, quando o trem voltava. Samuel e Niceia gostavam de ver os meninos felizes, também dos trocados que conseguiam com a venda de doces e salgados. Também vendiam no pátio dos ônibus, na frente da Hospedaria Ilda, na balsa de Zé Rufino.

Ônibus faziam as conexões entre as cidades, distritos, vilas, povoados, colônias, núcleos. Os que vinham do núcleo da Vila Londrina, o mais desenvolvido e sede da companhia de terras, passavam pela Vila Terra Bonita, chegavam no rio Tibagi e atravessavam por meio da balsa para alcançar a estação ferroviária da Vila do Rio. De trem podiam seguir na direção de São Paulo.

Os trens procedentes de São Paulo traziam principalmente paulistas, depois mineiros e nordestinos. O trecho próximo à estação da Vila do Rio, o ponto final, ficava na margem direita do rio. Quando o trem vencia a morraria e pegava a planície, o maquinista puxava a corda do apito. Então a meninada punha-se de prontidão na plataforma da estação com seus tabuleiros para suas vendas.

A locomotiva entrava bufando, soltando fumaça. Então o maquinista voltava a apitá-lo. E, mais perto, ele se resfolegava com o badalar de um sino localizado na frente da máquina; outro, da própria estação, respondia.

Os viajantes desembarcavam. Moços fortes se punham a oferecer seus serviços para levar malas, baús, trecos, coisas, porque ali era o fim da linha. Então essa composição permanecia até a noitinha. Mulheres limpavam os vagões, o vagão-restaurante, o vagão-cozinha.

Uma composição mista também chegava e partia dessa estação dia sim, dia não. Bois, porcos, cabritos e galinhas embarcavam nela com destino aos matadouros da cidade de Ourinhos, de Sorocaba. Vagões de passageiros iam na frente, os com animais, na rabeira. Os mistos eram chamados, a depender do que levavam, de vagões boiadeiros, vagões porqueiros, cabriteiros, galinheiros. As passagens nesses eram mais em conta porque cheiravam mal.

A inauguração da ponte ferroviária fora um acontecimento. O Interventor veio. Dezenas de políticos discursaram, riam e, sem distinção, abraçavam todos, com os olhos nas eleições que se avizinhavam. Mas o Zé Rufino, o balseiro, encontrava-se embutido. Estava amargurado. Além dessa ponte que já tiraria boa parte do movimento da sua balsa, uma outra, a rodoviária, prometida sobre o palanque, acabaria de vez com seu negócio. Seria prudente vender sua balsa ou então seguir o fluxo como faz a água na direção do mar. A desmontaria e a levaria para algum outro rio na frente das derrubadas e ocupação que caminhavam na direção oeste. Diziam que foices e machados já iam longe, já próximos de um tal rio Ivaí. Precisava, então, conferir. Será que por lá já havia ponte?

Mas se a vida para Zé Rufino não estava lá grande coisa, piores estavam as dos estrangeiros. Um conflito liderado pela Alemanha crescia na Europa.

Como o tamanho de uma dor é relativa, o Zé, que de bobo nada tinha, entendia bem. Fora um matuto ontem. Hoje, um balseiro. Quase um pensador. E do tempo matuto, contava que certa vez, perto da Vila Cornélio, numa derrubada de mato, um estrepe enfiou-se na sola do seu pé. E a coisa ficou por dias a fio latejando. E o pé foi piorando até não mais aguentar. Pé no chão nem pensar. Remédio não havia. Nem condução para levá-lo. Então o jeito era tentar arrancar o estrepe à unha.

Anu, peão seu com mais de metro e oitenta e noventa e tantos quilos, pegou um alicate e, quando começou a puxar o graveto, o Zé gritou de dor. Aí ele parou. Parou, mas não desistiu. Não podia desistir. Precisava seguir para salvar o patrão. Então o peão conversou com mais dois do rancho. Eles vieram. Chegaram com uma agulha de coser e um pano de prato. Deram uma disfarçada e vlapt! Grudaram o patrão e enfiaram o pano na sua boca. Seguraram-no firme.

— Pronto, mete a "guia"! — o Anu ordenou.

Enfiaram essa agulha por debaixo da unha do dedo maior da mão do Zé. Ele esperneou, tentou gritar, mas com a boca tapada, não saiu. Mas a dor do dedo foi tanta, mas tanta que mijou nas calças. Aí ele deu um solavanco tão medonho, mas tão medonho que o pano espirrou longe e...

— Tira essa agulha do meu dedo, seus bostas! — soprava o dedo da mão.

Anu o tirou.

— Filhos da puta! Nunca mais mexam no estrepe do meu pé! Saiam fora! E tem mais... Os três estão demitidos! Demitidos!

Não precisava pedir. Nunca mais iriam mexer naquele estrepe. Já tinham tirado o maldito. Tiraram-no enquanto a agulha entrou por debaixo da unha do dedo da mão.

Assim eram Mussolini — o *Duce* — e o Hitler — o *Führer*. Ao invadirem duas regiões de dimensões distintas em um mesmo país, negociavam para ficar com uma delas. E o invadido, frente ao risco de perder tudo, ficava satisfeito ao salvar uma. O que é uma agulha sob uma unha, frente a perder um pé inteiro ou a vida por uma infecção?

FILIPPO

1942. Há dois anos a Itália entrara na Guerra. O exército de Benito Mussolini invadiu o sul da França no dia 21 de junho com dezenas de caminhões. O comboio passou pela divisa e entrou. De longe parecia o cortejo de um funeral.

Agostino Conti, soldado de Mussolini, subcomandante desse batalhão invasor, também chefe do serviço de inteligência norte, à frente desse comboio, ia com a faca nos dentes. Os franceses estavam preocupados com os alemães no Norte que vinham rasgando tudo. Então, todo o Sul estava desguarnecido. Entrar pelos Alpes — apontava o serviço de inteligência do exército — seria o caminho sem resistência, menos arriscado. Pegariam a França desprevenida.

— Estão vendo esse mapa? — Agostino Conti abriu-o sobre uma mesa de operações do batalhão. — Nós vamos entrar por aqui — mostrou com o dedo. — Entenderam? Vamos por Bourg-Saint-Maurice. Não sei se leram o que recomendei. — Ninguém se mexeu. — Vou passar a limpo. Bourg é essa cidadezinha de merda, pouco mais que uma vila. Olhem aqui o relevo e ela. Está bem no meio dessa cadeia de montanhas. E aqui está a divisa. Nós daqui, eles de lá.

Nenhum dos subordinados abriu a boca. Tinham medo desse subcomandante. Imaginem se comandante fosse um dia. Agostini passou os olhos na cara de todos, oito no entorno dessa mesa. Passou e voltou:

— Pois bem! Bourg-Saint-Maurice está, como veem, bem na divisa com nossa Itália, aqui no departamento de Savoie — botou o dedo indicador. — Vamos tomar o sul da França, fácil, fácil! Mas isso se fizermos as coisas certas.

Errava o serviço de inteligência. Esse front encontrou, ali, forte resistência francesa. Mas como os italianos tinham mais soldados e mais armas, depois de intensa batalha, os franceses, para não capitularem, deslocaram-se para Val d'Isère, situado bem aos pés dos Alpes.

Agostino Conti e seus subordinados, ao verem a fuga, festejaram. Entretanto, para completar, os soldados italianos tinham que perseguir os fugidios franceses e, de vez, capturá-los. Mas como Val d'Isère se estende por quase 5 km por um estreito altiplano na montanha, a vitória definitiva, descobriam agora, só agora, não seria fácil. A essa altura, retroceder não era possível.

— Vamos para cima deles! — o subcomandante gritou, ordenou.

E foi aí que o caldo entornou. Val d'Isère fora palco de intenso tiroteio. Os franceses só foram dominados quando o exército italiano recebeu ajuda de soldados alemães vindos do Norte.

Depois de completo domínio, dezena e meia de soldados do comando misto, entre muita bebida e mulheres, festejou a vitória dentro do Hotel des Glaciers em Val d'Isère. Nada sóbrios ao fim, pilharam seus restaurantes, queimaram seus chalés, e, de quebra, levaram os que poderiam ser úteis aos trabalhos forçados nas fábricas germânicas. Não bastasse, a SS procurou por judeus em todos os arredores de Bourg-Saint-Maurice e Val d'Isère, porque o serviço de inteligência nazista sabia que centenas se escondiam na morraria dos Alpes.

Hora de chorar. Hora de rezar. Pedir por *San Gennaro*. Até a destemida lua, nessa noite, parecia fazer suas orações. Minguara tanto que se encontrava um quase nada, murcha. Ainda assim, via-se de vez em quando, entre nuvens apressadas, uma pequena réstia luminosa, provavelmente para testemunhar os passos desses tiranos que se prestavam a absorver as carnes, os olhos, os ossos, também a alma.

Os olhos de Filippo perderam seu verde-esmeralda. Nascera numa casa em Aosta, cidade situada em um vale ao norte da Itália, perto da linha gótica com a França, também da Alemanha. Sua casa era pertinho do teatro romano.

Aosta estava sob intenso tiroteio. Filippo correu para sua casa. Não pôde entrar. O centro da cidade, a prefeitura, a praça do teatro, o logradouro da sua casa, estavam cercados. A cidade fora invadida por soldados vindos do sul da Itália — era a força aliada. Estavam ali para debelar, recuperar o que os soldados do Benito Mussolini e os da Alemanha conquistaram.

Agostino Conti, pai de Filippo, soldado de Mussolini, estaria vivo, morto? Onde?

Filippo não sabia o que fazer. Tinha que escapar. Correria para o cemitério...? Que estranho. Ontem um cemitério só de mortos, hoje também de vivos. O menino entrou nele.

— *Mio San Gennaro! Benedetto cimitero!*

Bem ele que, iniciante a guia turístico, empolgado, mostrara aos visitantes o que havia de mais belo em Aosta: o Arco de Augusto, o Portão Pretoriano, o Teatro Romano, o Complexo de Sant'Orso, o Convento com sua capela de afrescos, também o cemitério — as catacumbas dos mais ilustres nele sepultados.

Paradoxalmente, hoje, não como guia, mas para continuar vivo, estava junto dos mortos. Sua mãe, Giulia Melinni Conti, estava sepultada nele. Ao lembrar-se dela, sentiu certo conforto. No Dia dos Mortos sempre esteve na sua sepultura com flores vivas.

Que vida labiríntica! Soldados, lá fora, corriam, atiravam. Restara-lhe o cemitério. Entrou correndo e pegou uma viela que dava ao seu fundo. Sete, oito passos à lateral, encontrou uma catacumba com uma gaveta semiaberta. Viu dois soldados com fuzis e baionetas próximos. Um capacete estava sobre um túmulo. Com certeza algum morto estava do outro lado. Não quis conferir. Era hora de salvar-se. Tirou a boina da cabeça, a enfiou no bolso e pôs o capacete. Era de aço, muito mais pesado que sua boina de lã. Entrou na gaveta e ficou inerte. Fingiu-se de morto. Tão absolutamente que se esqueceu de respirar enquanto os dois soldados passavam bem ao lado. Não o viram.

Veio a noite. Era quase dezembro, iniciando o inverno, ali vigoroso. Tudo estava gelado. As pedras da catacumba, o capacete metálico, também os ossos da caveira. Fechou os olhos. Rezou. Arrepiou-se. Abraçou a caveira tentando misturar-se aos seus ossos. Soltou.

Depois de uma saraivada de tiros, ouviu gritos e gemidos. Lembrou-se do pai, da mãe. Ouviu motores. Caminhões saíram. Os tiros foram embora. Fez-se relativo silêncio. Nada se mexia. Precisava conferir. Então levantou a cabeça e pôs a cara para fora da gaveta. Ouviu passos. Voltou a cabeça. Depois ouviu um barulho metálico. O mesmo som de uma lata rodando. Em seguida um tiro. Mais outro. Outros mais. Fez-se silêncio. Adormeceu por duas, três horas.

Acordou assustado. Jogou os ossos para um lado e saiu da catacumba. Correu para alcançar a saída. Antes, porém, tropeçou numa velha cruz solta encostada numa pedra arredondada. Levantou-se. O capacete de aço saiu da cabeça e rolou até encostar-se em um túmulo. Xingou. Voltou a boina à cabeça. Desculpou-se. Não era momento para xingamentos. Lá fora ouviu uivos de cães. Uivavam como fazem os lobos. Certamente amedrontados pelo som dos tiros, explosões de bombas, a ausência dos seus donos. Esperou por mais um tempo.

Tudo era, agora, silêncio. Deu dois, três passos à frente. Chegou no portão. Espiou. Saiu do cemitério. Devia passar de meia-noite. Ganhou a primeira rua. Ela dava no teatro romano. Chegou até ele. As ruas de Aosta estavam vazias. Os soldados foram-se. Tudo estava fechado, quieto.

Mas de repente ouviu um ranger, talvez o de uma porta ou de uma janela. Procurou ver, mas, com pouca luminosidade de uma lâmpada lusco-fusco, pouco pôde. Então, escondeu-se atrás de um carro completamente danificado, cheirando a borracha queimada. Viu que o seu para-brisa estava quebrado, estilhaçado provavelmente por um tiro. Quis olhar dentro do carro, mas hesitou. Foi em frente. Quase tropeçou em um para-choque de outro carro solto no chão. Parou. Olhou para trás. Curioso, voltou ao primeiro. Espiou o todo. Esticou o pescoço e, pela janela, olhou seu interior. Seria um esconderijo para terminar aquela noite. Mas não. Gritou:

— *Mio Dio! Figli di puttana!* — blasfemou.

Blasfemou porque viu um cadáver, provavelmente o chofer. Sentava-se no banco do motorista e pendia-se para o câmbio entre bancos. Filippo deixou, lentamente, as duas conduções danificadas. Uns passos à frente ele ouviu novo ranger. Em seguida veio, em voz bem alta, quase um grito:

— *Filippo! Filippo! Correre! Non tornare più qui. Vogliono il loro padre, anche la famiglia!*

Viu que a folha duma janela de madeira se fechou. A voz era feminina. Filippo não identificou de quem seria. Correu até o Arco de Augusto e o Portão Pretoriano, o do forte. Saiu da cidade. Lá fora, distante, viu um caminhão estacionado. Estava sob uma lâmpada em um poste. Não tinha ninguém nele nem no seu entorno. Era verde-escuro, com inscrições do exército cravadas nas duas portas. A carroceria estava coberta por um toldo de lona encerada também verde.

Ventava. Sentia muito frio. Precisava de um abrigo. A cabine estava trancada. Olhou mais. Criou coragem e subiu na sua carroceria. Viu grandes caixotes, uma dezena talvez, uns cheios, outros nem tanto. Cheiravam a pólvora. Sabia bem porque seu pai mexia com armas na sua casa. Costumava até brincar com balas de fuzil, com cartuchos. Filippo conferiu, viu que caberia dentro de uma caixa maior. E se o caminhão fosse embora, resignado, ele também iria. Ainda mais depois do aviso da janela, que estavam à procura do seu pai, o subcomandante do batalhão que invadiu o sul da França, também de qualquer um da família. Por essa noite era melhor correr o risco ali dentro do que ser pego lá fora.

Mas não saber para onde ir, nem quando, não eram pesadas incógnitas? Claramente, sim. Elas mexiam com sua cabeça. E ficar num covil entre ossos, não?

Filippo aconchegou-se entre fuzis com suas baionetas, rifles e máuseres e pôs-se a rezar. Adormeceu em seguida. Acordou assustado com solavancos da condução em movimento. Tudo muito escuro nessa noite de lua minguante. O coração disparou. Não sabia para onde ia.

O caminhão andou boa parte dessa noite e do dia. Parou duas vezes, mas Filippo continuou junto às armas e à catinga de pólvora. Rezava para que ninguém subisse, conferisse a carga. Teve sorte. Tinha sede, também fome. Melhor isso do que a catacumba ou um tiro como o infeliz do carro.

Hora e meia, duas horas depois, o caminhão parou novamente. Pelo timbre das vozes concluiu estarem em três. Dois com vozes agudas, outro, grave. O da fala grossa conversava pouco, mas ordenava. Mostrava, então, que era o chefe. Aí Filippo lembrou-se de seu pai, o Agostino subcomandante, que dizia:

— Quem muito fala, pouco ouvido é, e nada manda.

Nenhum barulho. Tudo muito quieto. Então Filippo abriu a tampa do caixote bem devagarinho. Botou a cara de fora. Sentiu que estava sozinho. Saiu de vez dele. Puxou a lona. Ninguém lá fora. Pulou da carroceria e entrou num pomar com macieiras e videiras desfolhadas, já finalzinho de outono, quase inverno. Pensou em voltar para o caixote. Desistiu. Andou por ali. Bebeu água num regato. Viu dois esquilos saltitantes. Comiam o quê? Cogumelos? Resina de pinos, sementes e bolotas de carvalho?

Filippo precisava comer. Andou mais. Viu a casa de um camponês, provavelmente o proprietário daquele pomar de macieiras e videiras. Viu, mas não chegou. O que diria se lhe perguntasse quem era, de onde e como chegara até ali em meio à turbulência dessa guerra dos infernos? Um menino de doze anos, sozinho? "Melhor não", pensou.

Atravessou o regato e alcançou outra propriedade. Dois meninos, do seu tamanho, brincavam no terreiro da casa. Foi devagarinho, pé ante pé, na direção deles. O coração acelerou. Como a fome faz a valentia, ditado repetido em Aosta, apertou os passos e chegou. Filippo, enquanto ia na direção deles, lembrou-se do seu pai, que nessa hora, muito provavelmente, estava nas garras dos aliados ou morto lá na fronteira com a França, em Bourg-Saint-Maurice ou Val d'Isère.

Os meninos viram-no atrás de um tronco de uma macieira desfolhada. Então correram até ele. Olharam-se desconfiados. Filippo de cá, sentia-se um rato. Os dois de lá, gatos. Sem chios, sem meados, mudos, estavam os três.

Em tempo de guerra não podia ser diferente. Desconfiar era a regra. Mas como meninos e meninas não carregam as impurezas dos injustos, hoje e ali deveriam quebrar essa regra. Filippo propôs conversa com um sorriso. Os dois devolveram outros.

Filippo, brevemente, contou o que lhe acontecia. Ouviram, sentiram muito, mas não poderiam abrigá-lo porque a mãe deles não estava e o pai fora obrigado a ir para a guerra, que era um soldado do Mussolini. Trocaram breves sentimentos pela comunhão dos fatos.

Um pouco depois o menor dos irmãos veio com um filhote de ovelha no colo. Branca como neve, sorriu contando que nascera dois dias atrás. Os três o acariciaram. Filippo beijou seu focinho. Sorriu porque ele estava frio. Depois reclamou fome apertando a barriga. Um deles correu e lhe trouxe um pedaço de pão. Agradeceu com ligeiro sorriso. Filippo foi. E os dois irmãos ficaram, ali, imóveis. Quando estava para virar numa curva da estrada, o mais velho gritou:

— *Attesa!*

Filippo parou, olhou para trás. E o menino veio correndo com um pão inteiro, sorriu e lhe passou. Sorriram. O outro, com a pequena ovelha no colo, também chegou. O mais velho, do mesmo tamanho do Filippo, retirou a blusa que usava, e o irmão, uma boina da cabeça, e deram-lhe. Sorrindo mostrou-se agradecido, mas recusou. Insistiram dizendo que seriam úteis porque o frio para valer começaria logo. Então Filippo pegou. Os três sorriram. Despediram-se, sem, contudo, tocarem-se. Os meninos voltaram correndo. Filippo seguiu. E lá na frente, parou, voltou o rosto para trás, abanou a boina e gritou!

— *Grazie!*

"*Che peccato!*" — pensavam os meninos por não terem perguntado seu nome.

— *Che dannazione!* — reclamava consigo Filippo, agora com a barriga cheia e aquecido, por também não saber os seus.

Filippo retornou ao local em que desceu do caminhão de caixotes. Mas a condução já não estava. Partira com os três soldados. E pela estrada ele foi caminhando. Depois de horas viu, longe, um tufo de fumaça. Era da chaminé de uma locomotiva, uma maria-fumaça. Então apressou os passos. Precisava encontrar a linha férrea. Encontrou e por ela foi. Quatro, cinco quilômetros à frente viu uma placa indicativa: *STAZIONE DI CHIVASSO*.

Esperto como ninguém, Filippo, hora e meia depois, estava dentro de um vagão do trem com destino a Turin. Entrou, escondeu-se do fiscal para não ser pego e chegou. E da mesma forma, dias depois, acabara em Gênova, a cidade portuária que buscava.

Que vida era essa? As lagartas das borboletas sabiam, será, da vida que, aladas, levariam? Se soubessem, tornar-se-iam borboletas para caírem nos bicos e papos dos pássaros? Se soubessem continuariam casulos. Ou não. Voar, ainda que breve, ainda que arriscado, é melhor do que ficar encasulado, preso.

Também Filippo preferia sair, voar, esquecer essa angústia concreta, por vezes confundida com um longo pesadelo. Mesmo que, de repente, fosse apanhado, Filippo queria, hoje, ser borboleta, queria voar.

Assim que chegou em Gênova, por dias seguidos Filippo perambulou por suas principais ruas. Por ter sido guia turístico em Aosta, tinha habilidade para transitar, buscar, observar, também fugir se fosse preciso. Era como um gato no mato. Ou como um rato que pode esconder-se em qualquer lugar, em um buraco, em uma fresta.

Andou por toda a extensão do porto, mas sempre voltava para a estação ferroviária, seu porto seguro. E se sentia seguro porque fez amizade com Salvatore Constantinni, um dos guardas da estação.

Primeiro Salvatore fez de conta que não o via. Depois permitiu que dormisse num canto dela. Além disso, quando sobrava alguma comida, guardava-a para o menino. Semanas depois trouxe uma sacola com roupas novas. Na seguinte veio com um cobertor grosso. Na terceira vez trouxe, numa capanga, uma boina marrom, bonita sem igual.

Filippo costumava agradecer-lhe com sorrisos, mas quando pôs as mãos nessa boina nova, deu-lhe um beijo na face. Salvatore lacrimejou. E com aquela do menino da ovelha cor de neve, Filippo presenteou um do seu tamanho, também em situação de rua, que dormia dentro de uma camionete encostada numa oficina mecânica. Ao saber da pureza do seu coração, Salvatore lacrimejou novamente e pagou seu beijo com outro. Filippo soube, um pouco depois, que o guarda era casado, mas que não tivera filho, talvez por isso essa atenção com ele.

Como Filippo passava o dia todo na área do porto, Salvatore, numa noite, quis saber da sua vida. Primeiro respondeu que gostava de ver o movimento dos navios, de gente saindo e de gente chegando. Desconfiado de que não era só por isso, o guarda abaixou a pálpebra do olho e sorriu. Filippo também. Fizeram silêncio. O menino riu mais. Também Salvatore.

— *Allora, Santo Dio?* — perguntou. — *Vuoi dirmi la verità?* — arregalou os olhos.

Contou toda sua história, da razão de estar ali, como chegou, e o que pensava fazer. Salvatore entendeu. Entendeu e disse que, se não tivesse pai e mãe idosos, também iria embora e se livraria do fascista Mussolini, também do louco do Hitler.

E o menino foi em frente, dizendo que no Brasil ele tinha dois tios, que haviam migrado uns oito, nove anos atrás, bem antes do começo da guerra. Que queria encontrá-los porque na Itália não tinha mais ninguém. Que do pai não tinha notícia, que não voltara da guerra e que a mãe pouco conheceu. Salvatore o abraçou, desejou uma boa noite e foi. Filippo pegou o rumo do seu canto na estação e deitou-se. Levantou bem cedo, rodou pela estação até encontrar o fiscal. De longe ele varria a entrada duma sala toda vermelha — era onde guardavam as armas. Chegou nele e...

— Se eu conseguir atravessar esse mar e encontrar meus tios, eu te escrevo. Aí o senhor pega um navio desses aqui do porto e vai até mim — sorriu. — Vamos firmar esse compromisso?

— *Mio San Gennaro!* Tem como anotar meu endereço, bambino?

Filippo o anotou em um pedaço de papel que achou no chão da estação. Ao final, apertaram as mãos entre sorrisos.

No outro dia, na área do porto, um senhor alto, forte, média idade, vestido a caráter do crachá preso ao seu uniforme, como Vincenzo, embora apressado, sorriu ao passar por Filippo. O menino devolveu com outro. E com os olhos acesos, hoje mais verdes e brilhantes do que dias atrás em Aosta, o acompanhou até perdê-lo das vistas.

No dia seguinte Filippo voltou para o porto com esse sorriso na cabeça. No mesmo lugar ficou na espreita. Queria novamente vê-lo porque não era qualquer um que dava atenção a meninos pobres, ou em situação de rua.

E não foi que, de repente, como se tivessem combinado, o bem-vestido apareceu! Filippo o viu e se preparou para, também, mostrar os seus dentes. Decepção. Ele passou apressado quase esbarrando, mas não lhe deu o rosto.

Filippo desarmou a armadura facial e o acompanhou. Mas agora não somente com os olhos, mas com as pernas. Foi atrás dele numa distância segura. Viu então que Vincenzo entrou em um navio com a inscrição ITAÚBA no seu casco dois metros acima da linha d'água.

Procurou saber para onde aquela embarcação costumava navegar. Um marujo o informou que fazia o percurso Itália-Brasil, Brasil-Itália três vezes ao ano, isso se não fosse torpedeado nessa próxima travessia, porque as coisas estavam complicadas, que o Brasil, ao que parecia, inclinara-se para os aliados, que já não era mais parceiro dos alemães e italianos. Filippo arregalou os olhos. O marujo deu um leve tapa na sua cabeça e derrubou sua boina, sorriu e entrou nele.

Filippo ficou imóvel. Respirou fundo. Lembrou dos dois tios que haviam partido há oito, nove anos, talvez até naquela mesma embarcação. Interessadíssimo, rodou por horas para saber se era verdade que esse navio iria, mesmo, para o Brasil e quando partiria.

Um tempo depois ele via estivadores embarcarem dezenas de caixotes, quintos de vinho.

— *Maiale cane! Maledetto marinaio. Il marinaio ha mentito* — concluiu ao ver o guindaste carregando o navio.

Quando terminava a blasfêmia sobre o marujo, um guindaste estivador trouxe e acoplou uma escada lateral da sua base até o convés. Em seguida iniciou-se o embarque de centenas de passageiros por meio dela.

Filippo respirou fundo. Viu que essa embarcação também levava passageiros. Que o marujo não mentiu. Entrar em um navio daquele tamanho e deixar de escutar as bombas, os tiros, também de ser perseguido porque era filho de um soldado do Mussolini era muito bom. Aosta sitiada, a gaveta da catacumba, ele dentro de uma caixa no caminhão do exército, nesse navio se sentiria como fosse uma borboleta em voo.

Seria uma aventura navegar trinta, quarenta dias a depender da embarcação, tempo que um marinheiro lhe falou, dias atrás, ao perguntar quanto gastava para atravessar aquele mar e chegar na tal das Américas. Também escutou dele que do outro lado ninguém nunca brigava, que não faziam guerra, que não davam tiro, que nem conheciam uma carabina, um fuzil com baioneta, um revólver, nada, que era como viver no céu.

Arrumou o colarinho da camisa nova que ganhou do Salvatore, ajeitou o suspensório da calça e a boina marrom na cabeça e, para os que lhe dirigiram os olhos, sorriu fartamente. Em seguida ofereceu ajuda a uma senhora de mãos cheias com um pacote de peso médio e, entre sorrisos, fingiu-se parte de uma família que subia a escada com muitos filhos. Entrou sorridente por fora, mas muito tenso por dentro.

Como a fome até agora lhe fez a valentia, estava bem agora, valentíssimo. Fez de conta, e, por sua conta, que era só mais um rebento dos cinco que esse casal tinha aos pés. Tão logo entrou, despistou de alguns olhares desconfiados chafurdando-se pelo interior da embarcação.

Num lance de sorte Filippo pegou uma escada que levava ao porão. Viu muitos caixotes com utensílios, alimentos crus salgados, muitos quintos de vinho, que se misturavam e davam à repartição um lugar insalubre.

Achou um barril velho, grande, alto, largo, com algumas tábuas soltas. Com jeito fez dele sua casa. E nela entrou. Sentiu o navio se mover, no entanto não pôde dar adeus com um lenço ou um pedaço de pano qualquer, como, aliás, faziam todos ao zarpar.

Doeu seu coração não poder ter visto a embarcação deixar a enseada do porto de Gênova e ganhar o mar. Queria despedir-se da sua Itália. Dar um adeus. Até pensou em deixar o barril, mas lhe faltou coragem. Corria no porto que, se pegassem clandestinos navegando, jogavam n'água. Será que o tal do Vincenzo do crachá, que sorriu lá na área do porto, era o capitão do ITAÚBA?

Aosta, Chivasso, Turin e Gênova ficavam para trás. Filippo, embora com somente doze anos, já estava com o couro grosso das perdas: a mãe lá atrás; provavelmente o pai, há pouco, na batalha contra os franceses; Aosta; seu país.

Da mãe pouco se lembrava. Às vezes ela aparecia e desaparecia da sua memória. E quando vinha, estava sempre desfocada, igual imagem num espelho ruim.

Tinha que esquecer os mortos, encontrar os vivos, achar os dois tios, Ruggero e Tommaso Melinni, no Brasil. Hoje Filippo estava sozinho.

— *Perdere cos'altro?* — perguntava-se.

Lembrou-se do Salvatore Constantinni. Sentia saudade das conversas. Um homem bondoso.

Seu pai fora para a guerra e nunca deu notícia. Um irresponsável. Teria morrido? A mãe morrera quando era bem pequeno. Era um infeliz. Nada dera certo. Ganhou algum dinheiro como guia turístico mirim.

Giovanna, viúva, moradora do mesmo logradouro, que prometera ao seu pai que podia ir para o front guerrear que cuidaria dele, o enganou. Cuidava só do dinheiro. Ficava com quase todo. Uma exploradora. E do nada, como vento, ela desapareceu. Para onde teria ido? Também era gente do Mussolini?

— *Ciò che conta è non essere sconfitti...* — falava consigo.

Filippo sabia bem da importância histórica de Aosta: que fora construída em um vale entre os mais belos picos dos Alpes; que fora, nesse tempo, importante assentamento romano. E por estar próxima à França, a batalha dos Alpes se deu por conta da invasão dos soldados do Mussolini à França.

Lembrava bem quando seu pai, Agostino, o deixou aos cuidados de dona Giovanna, a viúva; dizia que ia porque gostava dos ideais fascistas do Benito Mussolini. Falava que o rei Humberto era um bosta, mas que o Mussolini, seu primeiro-ministro, junto com Hitler eram invencíveis.

— *Mio padre "amava" il Duce.*

O medo de ser comida para peixes nesse mar sem fim fez Filippo passar nove dias seguidos dentro do esconderijo no Itaúba. Quando percebia relativo silêncio, deixava-o pela noite. Em busca de alguma coisa para comer, ele corria até a cozinha e ao refeitório dos embarcados. Mesmo tenso, o sorriso do Vincenzo continuava na sua cabeça. Seria ele o capitão desse navio? — voltou a se perguntar.

Para saber quantos dias e onde estaria, a cada noite que passava Filippo fazia um risco numa tábua do quinto. Então, pelos quinze acumulados, isso se não se confundira, estava navegando há duas semanas. Por eles e pelo que Salvatore e um marujo falaram, estavam no meio do caminho, à meia distância do Brasil. E nessa conversa o guarda explicou, ainda, que os vapores dos navios eram tocados com carvão mineral, que eram por isso mais potentes que as locomotivas à lenha.

Tudo ia muito bem, mas no décimo sétimo dia Filippo caiu nas garras de dois marujos. Avistaram-no e foi aquele corre-corre no porão, pega não pega, esconde-esconde, como um rato com dois gatos em cima. Hora e meia depois Filippo estava na "câmara" do navio, no compartimento do capitão Vincenzo, com uma xícara de chá, um pedaço de pão e um "sorriso envergonhado" no rosto. E comendo foi contando sua história, o percurso, com parte dos porquês. O capitão o ouviu com atenção. Filippo terminou a viagem numa cama dentro do dormitório dos marujos.

Trinta e dois dias depois de zarpar do porto de Gênova, o Itaúba atracou no Porto de Santos. Estendendo a mão, Filippo agradeceu aos dois marujos que o pegaram. E quando pisava os primeiros degraus da escada para sair da embarcação, o capitão Vincenzo apareceu e estendeu-lhe a mão. Sorriu e lhe deu algum dinheiro. Ainda que constrangido, Filippo não recusou. Pegou e foi.

Dois meses depois, no escuro de um mocó sob um viaduto em São Paulo, próximo do mercado municipal, Filippo catou uma sacola com duas mudas de roupa, meteu a boina marrom na cabeça e pegou o rumo da Estação Ferroviária Sorocabana.

Dias antes esteve nela, viu o horário e o que deveria fazer. Chegou quando o relógio da estação marcava vinte horas. O trem que pegaria sairia às vinte e trinta. Embora tremesse, estava tudo nos conformes. O coração batia rápido. Mas não tinha outro jeito. Iria correr mais esse risco. Precisava encontrar seus dois tios.

Uma saraivada de sons de apitos espalhou-se por toda a estação. Guardas corriam na direção de dois, três homens feitos. Uma mala soltou-se das mãos de um deles e abriu bem na frente de Filippo. O que levava esparramou pelo ladrilho. O dono voltou para pegá-la. Dois guardas, sem a menor piedade, derrubaram-no com socos e pontapés. Depois o algemaram. Enquanto isso ele gritava, pedia socorro. Ninguém o ajudou. Filippo sentia, pela primeira vez, nessa "sua nova terra" que o céu daqui também podia ser igual ao inferno de lá, a depender de em que posição estaria. Que os fracos do mundo todo são igualmente tratados. Então, decepcionado, ele encostou-se numa coluna do prédio da estação e ficou inerte por minutos, também sofria pela brutalidade vista, pelas dores do anônimo ser.

A composição estava estacionada na plataforma, mas as portas dos vagões estavam fechadas. Como na Itália, Filippo sabia que os bilhetes eram conferidos dentro dos vagões, já com o trem em movimento. Então, assim que abrissem as portas, Filippo entraria.

Todos os trens dessa linha iam cheios para oeste, pois que uma frente pioneira animadíssima com a cafeicultura em expansão no Paraná ia, na cabeça dos esperançosos, como um asteroide no espaço.

Dinheiro? Passagem? Nem um, nem outro. Filippo que ficasse velhaco se não quisesse acabar numa das alcovas desse trem. Soube, dias antes, ter, nesse, duas. Uma colada próximo à locomotiva, outra lá na rabeira, no último vagão da composição. Diziam, ainda, que a da frente era classe A: para brancos, bonitos e letrados. A da ponta do rabo era classe B: para pretos, pobres, feios e clandestinos. Filippo ouviu e ficou arrepiado. Mas se esteve a fazer peripécias desde Aosta até ali, seria preso nesse último lance? Mesmo no lance em que teria, daqui a pouco, os dois tios ao seu lado? Jamais.

Filippo entrou no vagão, pegou uma janela e ficou ali a assuntar o que ocorreria. Do seu lado, na poltrona do corredor, sentou-se uma senhora toda garbosa: loira, cabelos claros e longos, média idade, bonita de quebrar pescoços. À primeira vista viu que até parecia com sua mãe. Mas como ela sempre vinha meio desfocada, podia estar equivocado.

O trem partiu depois de um sino e um estridente apito. Um pouco depois, de rabo de olho, ele viu que ela dormiu. Depois de hora e pouco, a maioria também.

"*Ecco dove sta il problema*", ele pensou.

Filippo não podia dormir. Lembrou-se do envelope que trazia na sacola. Foi nela e o retirou. Leu. Lacrimejou. Era a carta dos tios Ruggero e Tommaso Melinni. Os dois a assinavam. Falavam do Brasil e onde estavam. Mas que eram empregados e poderiam mudar. O remetente no envelope mostrava onde estavam na data do envio, quatro anos atrás. Era endereçada ao seu pai. Convidava-o a visitá-los. Que trem pegaria, onde desceria estava no corpo da carta. E foi com base nela que Filippo pegou esse trem com suas duas alcovas. Pelas contas, assim que amanhecesse estaria no chão da estação indicada pelos tios, a estação da Vila do Rio.

A cozinha entrou no seu vagão com pratos feitos. O garçom, todo sorridente, trazia, pelo corredor, uma pilha deles, emborcados um sobre o outro. Entrou e gritou:

— Temos arroz, macarrão e frango com batatas! Por somente dez cruzeiros! Quem quer. É a melhor comida da Sorocabana.

Todos acordaram. Filippo estava com muita fome. Salivou, mas o que ganhara do capitão já tinha ficado em São Paulo nos dias do mocó sob o viaduto. A senhora pegou um prato e, de rabo de olho, o observava. Envergonhado, Filippo abaixou a cabeça e virou o rosto para a vidraça da janela. Ela deixou parte do prato, tocou no seu ombro e o ofereceu. Ele sorriu. Também a senhora. Filippo comeu até a ponta dos ossos de uma asa. Depois ela puxou conversa, mas se fez de desentendido. Ela sorriu. Ele agradeceu com outro. Em seguida veio-lhe um cochilo. Tentou sair-se dele, mas foi vencido. Dormiu. E enquanto dormia entraram lembranças de Aosta: o Arco de Augusto, o Portão Pretoriano, o Teatro Romano e, por último, o cemitério e a ossada. O trem parou com tremendo solavanco.

— *Dio santo!* — ele gritou.

A senhora garbosa ria. Ria do grito e, talvez, por descobrir por que não quis conversar. Descobria que estava ao lado de um italianinho.

O trem continuava parado, uma caixa d'água o abastecia. Também um lenheiro. E ao ver a água, lhe veio o regato quando quase morreu de sede sobre o caminhão de caixotes com armas, depois o porto, o navio.

Assim que o trem começou a se movimentar, um fiscal entrou no vagão. Tirou um picotador do bolso da jaqueta que usava, com a inscrição SOROCABANA e pôs-se a conferir cada passagem e o destino.

— *Benedetto urto!* — Filippo reagiu em voz alta.

Filippo, apressado, gesticulou por uma licença àquela senhora do seu lado. Ela arredou os pés liberando a passagem. Ele saiu na direção do vagão imediatamente atrás e, rapidamente, meteu-se entre malas de um grande maleiro entre vagões. Filippo nem respirava. Por uma fresta, viu o fiscal deixar o seu vagão e ir para outro.

— Ufa! — ele bradou.

Filippo escapou por pouco. Não fosse o solavanco o fiscal o teria pegado dormindo. Iria conhecer uma das alcovas, e em sendo um clandestino, certamente, a da ponta do rabo desse trem. Minutos depois ele retornou. E a senhora, toda denodada, continuava ali. Estava impávida porque não estava na pele dele — pensou. Queria vê-la sem passagem, sem dinheiro e sem saber falar português, se seria, assim, toda sorridente, destemida — avaliava. Bem que ela não lhe perguntou nada. Se perguntasse, diria o quê?

O trem diminuiu a velocidade. Foi parando, parando, parando. Pronto.

— Chegamos! — a senhora exclamou com um sorriso escancarado.

De fato, chegavam. Ali, até dias atrás, a Vila do Rio era a última estação. Mas agora já havia uma ponte e o trem continuaria para oeste a levar e a trazer gente e mercadorias para mais quatro, cinco cidades em construção. Mas a carta dos tios de quatro anos atrás falava sobre a estação da Vila do Rio, o ponto final, a última estação. Fácil, então. Sem erro. Ali era o destino. Estava na carta. Mas não. As coisas mudaram.

Filippo nem respirava direito tamanha sua ansiedade. Lá fora meninos vendiam de tudo: doces, salgados, tudo. Ele viu, salivou. Mas antes do trem parar completamente, o mesmo fiscal conferencista que por ali passara até o último vagão, voltava, agora aos gritos:

— Acordem! Acordem! Chegamos na estação da Vila do Rio! Aprumem-se! — ria aos passageiros.

A maioria dos passageiros puseram-se em pé no corredor. Outros pegavam bagagens pequenas do bagageiro sobre os bancos. Alguns foram às bagagens maiores do bagageiro entre vagões. Tudo ia muito bem até o tal fiscal, abruptamente, parar lá na frente do vagão do Filippo e, num repente, virar-se e...

43

— Menino! Não sei... Mas não me lembro que tenha visto sua cara nesse vagão! Estou nessa função porque sou um ser fisionômico! Será que estou certo? — arregalou os olhos para os de Filippo.

Filippo, feito aquele esquilo quando entrou no pomar de videiras e macieiras desfolhadas, já finalzinho de outono, no caminho para Chivasso, subiu no banco e saiu pela janela do vagão. O fiscal correu para a porta com seu apito na boca. Saiu apitando desenfreadamente. Dois ou três juntaram-se a ele, mas Filippo desapareceu entre meninos vendedores, homens e mulheres. E a senhora, sua parceira de banco, torcia para que escapasse. Ela ria da destreza do moleque, também do fiscal que, pouco depois, dizia alto que nunca havia, até agora, perdido um "fura-trem".

— Domênica! Domênica!!! Estou aqui! — um senhor, com jeito de marido, levantou o braço e gritou. Mas ela continuava a sorrir. Ria do desfecho, do sucesso dos mais fracos sobre os mais fortes. De repente ela deixou o rosto do fiscal e seu entorno e correu na direção dele.

Por três, quatro dias ninguém viu Filippo. Depois de semana, semana e meia, estava entre outros meninos nadando num remanso fundo de onde retiravam areia por meio de um conjunto batelão-moto-bomba. Um pouco abaixo havia uma balsa atracada. Era, já, 1942. Até 1935 ela fora a única possibilidade de ligação das duas margens desse rio. Mas agora, com a ponte ferroviária e também a rodoviária feita em 1941, a balsa do Zé Rufino ficou sem serventia.

PROCURA PELOS TIOS

1942. Filippo saíra pela janela do trem. Dez dias depois ainda ouvia o som do apito do fiscal. Por pouco não caiu nas garras dele. Passou por tanto, seria demais ir preso bem na chegada à Vila do Rio.

"*Che crudeltà!*" — pensava.

Queria chegar era com uma festa dos tios recebendo-o na plataforma da estação. Mas de que jeito? Não tinha nenhum retrato deles. Quimeras, devaneio puro.

Quando os dois saíram da Itália era um menino de quatro anos e pouco. Não guardou suas fisionomias, só tinha uma carta que, casualmente, encontrou na gaveta de uma cômoda lá em Aosta. No atropelo meteu-a no bolso. Lera-a muitas vezes. De tanto, estava até puída e as letras desbotadas. Mas era o que tinha. Era sua bússola. Encontrá-los como? Onde?

Dias se passaram. Passou fome e frio. Ainda bem que trazia algumas peças que o seu Salvatore lhe deu na estação em Gênova — roupas de corpo, também uma coberta. Estiveram catinguentas. Mas hoje estavam cheirosas. Tomou emprestado um pedaço de sabão, foi na beirada do Tibagi e as lavou. Verdade que teve que ficar pelado até que secassem. Botou-as sobre uma galhada e o sol, bom parceiro, as secou rapidamente, mas não a coberta grossa. Continuava úmida mesmo depois de três horas estendida. Filippo a deixou para pegá-la no outro dia. Foi para debaixo da ponte. Dormiu ali, mas antes passou pela estação ferroviária. Ganhou uma coxinha de um menino que falava esquisito. Apresentou-se e lhe perguntou se era estrangeiro. Respondeu que filho de um libanês. Trocaram sorrisos.

Próximo do meio-dia Filippo foi buscar a coberta. Para surpresa sua, não estava na galhada. Achou que, talvez, algum pescador a tivesse levado. Então ele desceu margeando o rio até a balsa atracada, hoje sem uso, mas que, para ele, poderia ter serventia. E teve. Fez da cobertura onde estava o motor a sua casa.

Andava pela Vila do Rio, pedia comida aqui e ali e dormia na balsa. Mas tinha inconvenientes: ter que pular cedo dela porque Zé Rufino, seu proprietário, de vez em quando ia para uma espiadinha. Queria vendê-la, por isso cuidava. Outro inconveniente foi que pescadores fizeram dela uma espécie de trapiche. Iam e ficavam até o anoitecer. Isso quando não passavam a noite inteira pescando. Filippo ficava à espera até que saíssem. Certa noite não foram embora, então ele dormiu numa moita de capim marginal. Sonhou, rolou nela e por pouco não fora para dentro d'água.

Dias atrás, para não ser visto, e com frio de doer, saiu da "cama" da casa do motor num "zás-trás" e pulou n'água. Zé Rufino viu e riu muito. Riu, mas teve piedade. Tanto que o chamou para conversar. Ao terminar, Zé tirou-lhe a boina marrom da cabeça. Passou a mão nos seus cabelos e sorriu. Filippo devolveu com outro. No dia seguinte deu-lhe uma coberta e um par de calçados.

Dois meses depois, entre meninos, Filippo já falava alguma coisa em português. Com erros e erros, mas se entendiam. E a meninada ria. Os da Vila metiam-se a falar italiano, o que, quase sempre, terminava em gargalhadas.

Filippo precisava encontrar esses dois tios. Onde se enfiaram? Mas o menino não tinha ideia do tamanho do Brasil. Tinha só uma carta puída e mais nada. Dali um pouco nem a carta.

O trem parou na estação. Filippo teria que ser rápido porque um fiscal estava com os olhos acesos na meninada. Percebera que, de relance, fora visto. Como os esquilos saltitantes de Aosta, nem bem a composição havia parado, ele pulou dentro. Entrou e se escondeu. O fiscal deu falta dele entre os meninos com tabuleiros vendendo coisas. Subiu num dos vagões e foi procurá-lo.

Saiu um apito da máquina. Os sinos badalaram. O trem pegou a direção de São Paulo. Filippo tremia. Também lacrimejava. Quando entrou muitos olharam-no de cima a baixo. Maltrapilho de chamar a atenção, quem não olharia? Somente o calçado que ganhou do Zé Rufino era usável.

— Alguém viu um moleque todo sujo aqui? — o fiscal perguntava em cada vagão que entrava, doze ao todo.

Manearam a cabeça, negativamente, em todos eles. Certamente alguns mentiram. Um pouco depois o trem diminuiu a velocidade. Chegava na estação da Vila Frei Timóteo. O fiscal voltava da cauda. Assim que o trem parou, ele desceu.

O trem seguiu. E Filippo foi com ele. Veio a estação Colônia Pirianito, depois a da Vila Cornélio. Filippo desceu. Uma senhora o viu e sorriu. Com certeza era uma das que mentiram ao fiscal. O trem continuou. Foi cumprir sua missão.

Filippo ficou ali. Com os olhos acompanhou até o último vagão desaparecer no escuro da noite. Centenas e centenas de passageiros com ele, cada qual com seus problemas, soluções, objetivos. E Filippo, para onde caminharia?

A boina marrom estava numa das mãos. Sentia fome e sede. Depois do trem a estação parecia desértica. Ouviu e viu um guarda apitar. Quis correr, mas não o fez. Correr seria sinal de que estaria fazendo coisa errada. Ficou imóvel como fosse um invisível. A autoridade passou por ele e foi. Dois cachorros apareceram como que do nada. Vieram, abanaram suas caudas e lamberam seus dedos. Filippo sorriu e os acariciou. Foram em seguida. Filippo continuou na estação sem saber para onde ir. Sentou-se num banco. Relaxou. O guarda voltou e parou bem na sua frente. Com voz imponente e rouca, falou:

— Aqui não! Sai logo! Lugar de maltrapilho é lá fora — apontou o dedo para uma capoeira. — E não demore. Vira-lata! — apitou três vezes com força.

Filippo entendeu só uma parte. Não sabia tudo do português. Vira-lata era o quê? Então ele saiu da estação. Pegou uma rua íngreme, comprida e foi. Era um lugar alto. Lá de cima pôde ver a vila inteira. Andou mais um pouco até sair-se dela. Chegou numa área cercada de arame farpado. Dois cavalos pastavam na sua beirada. — Cavalo não dorme? — perguntou-se. Riu ao compará-los com ele que, àquela hora, também estava acordado.

Tudo estava muito escuro. Tropeçou. Foi ao chão. Ouviu um barulho. Virou-se abruptamente. Os dois cachorros da estação estavam ali. Os três sorriram. Ele com os dentes, os animais com seus rabos a abaná-los. Voltaram a lamber suas mãos. "Pessoas deveriam ser como os cães, amáveis" — pensou. Filippo abaixou-se e beijou o focinho de um deles. Lembrou-se do que fez no focinho frio do filhote de ovelha dos meninos na Itália.

Andou mais um pouco e avistou uma luz. Parecia de vela ou de uma lamparina. No mocó em São Paulo tinham uma lamparina. Aproximou-se.

Uma porta se abriu. Uma senhora saiu e veio na sua direção. Era trazia uma lamparina acesa nas mãos. Ventava um pouco. Então ela protegia o fogo do pavio com uma mão. Chegou devagarinho, desconfiada. Filippo também estava. Era como presa e predador. Ainda carregava essas lembranças da guerra, da fuga em Aosta, do cemitério, do pânico. Ela perguntou quem era.

— Filippo Melinni Conti..., senhora.

Depois, misturando italiano com português, contou-lhe quem era. Engasgou-se. Ela riu dos seus erros. Ele também. Mas, de repente, um anjo da guarda, melhor, um menino do seu tamanho apareceu para salvá-lo. Pegou na sua mão. Sua ansiedade diminuíra. Entraram na casa. Dormiu aquela noite ali.

No outro dia Filippo saiu cedo da cama. Saiu para fora da casa e abaixou-se para lavar a cara numa bica d'água. Quando levantou a cabeça, o guarda lá da estação chegava do trabalho. Com a cara molhada descobria que o fiscal e os cachorros de lá eram os mesmos de cá. Alfredo era seu nome. Enquanto tomavam café, Filippo, embora embaraçando italiano com português, brevemente, relatou, com mais demora, o que se passava com ele. Ficaram sensibilizados, inclusive o estúpido seu Alfredo.

Hora e pouco depois Albino, o menino do casal, e Filippo foram para a sede da vila em busca de informações sobre os tios Ruggero e Tommaso Melinni, que vieram da Itália tempo atrás.

Enquanto esteve na Vila Cornélio, Filippo comeu do melhor. Dona Eufrásia e seu Alfredo acolheram-no por uma semana inteira e, ao final dela, ainda levou duas mudas de roupa, pois que o Albino tinha seu tamanho. E, para não correr o risco no trem, de quebra, ganhou a passagem de volta para a Vila do Rio.

Os tios que procurava, nem sinal. Filippo voltava triste. Voltava com a certeza de que os dois tios tinham pegado outro rumo. Ele começava a entender o tamanho do Brasil. Num país com essa dimensão, só os encontraria em um ato de sorte. Já achava que era bobagem perder tempo atrás deles.

Mas hoje, pelo menos nesse trem de volta da Vila Cornélio, Filippo estava com a mesma estatura de um menino cidadão. Viajava sentado em um banco comprado com dinheiro vivo na bilheteria da estação. E até torcia que o mesmo fiscal, aquele que lhe fez perder as pernas, estivesse e viesse perturbá-lo. Iria enfiar a mão no bolso e, brioso com as vestimentas, sorriria e lhe mostraria a passagem.

O trem diminuiu a velocidade. Parou. Estação de Pirianito. Meninos vendiam pelas janelas. De repente, como um raio que vem sem avisar, o tal fiscal do trecho entrou bem no seu vagão. Filippo o viu. Respirou fundo. Ficou imóvel. Sabia que viria para cima dele. Mas estava, hoje, armado: limpo e bem-vestido. Trajava uma camisa azul-marinho e uma calça de brim ocre. Os sapatos eram os do Zé Rufino da balsa. O fiscal foi chegando, chegando e...

— Sai fora, seu peste! Vai descer e é já! — O trem continuava parado.

— *Non capisco!* — Filippo mentia.

— Vamos! Vamos! Desce logo, filho duma égua! Ou quer que te jogue lá fora? — Todos do vagão olharam na direção deles. — Não escutou? Essa é a terceira vez que entra sem pagar, seu bosta! — derrubou sua boina com um tapa na cabeça.

Filippo saiu do banco, foi ao corredor, catou e a repôs. Tirou a passagem do bolso.

— *Ecco il passaggio* — falou com os olhos cheios de lágrimas.

Um senhor se revoltou com a estupidez do fiscal, levantou-se e se pôs no corredor do vagão.

— E agora? O que vai fazer? Ele tem a passagem. Viu? Traste de uma figa! — Dois, três apartaram a briga.

O apito da máquina ecoou e a composição se moveu. E o fiscal foi para outro vagão para cumprir sua sina.

Filippo desceu na estação da Vila do Rio. Desceu cabisbaixo. Dois, três meninos puxaram brincadeiras, mas ele não deu atenção. Passou por duas variantes da linha férrea, pegou uma trilha e foi até a margem do rio, na direção da sua casa, o seu esconderijo, para a casa do motor da balsa.

Assustou-se ao chegar porque a balsa não estava. Procurou saber com Dino Mekelê, o pescador, que passava remando sua canoa. Contou-lhe que Zé Rufino a vendera. Que a desmontou, botou dentro de dois vagões de um trem de cargas e que, naquela hora, já devia estar no final da linha, para depois do quilômetro oitenta, próximo de uma tal Vila Mandaguari. E que iria leva-la lá para o rio Ivaí.

Filippo deu um até mais para o pescador e foi rio acima na direção da cabeceira da ponte. Teria que voltar a dormir nela. Sentou-se num tronco de um jataí e, copiosamente, chorou.

A venda do Diogo estava cheia. O assunto principal era a guerra. Lorenzo continuava a defender a união dos povos para debelar a tirania. Theodoro Fonseca não. E o vendeiro ouvia enquanto atendia um e outro no balcão. Elisa, sua filha, moça formada e também no atendimento, passou e sorriu aos dois brigões. Eles cortaram a relia e deram-lhe os olhos. Sorriram em seguida admirando-a. Elisa foi e os dois ficaram ali confabulando sobre ela.

Filippo chegou, mas não entrou no armazém. Não sabia o que fazer depois que perdera a casa instalada na balsa. Estava completamente sem rumo. Dos tios, nem poeira. Seu Alfredo, o guarda da estação da Vila Cornélio, o desanimou. Achava que os dois estavam era longe dali. Se uma ferrovia que demora para ser construída já ia no quilômetro oitenta, imagina duas pessoas desimpedidas, soltas. Falou a Filippo que italiano no Brasil era mais comum que saúva, a formiga cortadeira.

Filippo, enquanto se martirizava, enquanto se arrependia de ter saído de Aosta, olhava o entra e sai do comércio do seu Diogo. Retirou a carta dos tios do bolso, já com as letras descoradas e a releu. Lia mais uma vez não sabia para que propósito porque estava convicto de que não os acharia.

Lorenzo continuava a conversar com Theodoro Fonseca. Passavam boa parte do tempo arreliando-se, mas não se largavam. O primeiro já com uma cerâmica de tijolos e telhas em funcionamento. O segundo atrás de escrituras e mais escrituras no cartório do Jesuíno, de sítios comprados por ele. Também atrás de uma papelada para montar uma cooperativa.

Elisa passou por eles, novamente, sorrindo. Era o que mais sabia fazer. E os dois corresponderam com outros. Filippo chegou mais perto. Uma das mudas de roupa que ganhou deixou debaixo da ponte. As demais foram com a balsa: uma coberta, um travesseiro, um colchão de palha rasgada de milho. E a que estava usando precisava lavar, o que mais tarde pretendia fazer.

Ele deixou a frente da venda do Diogo e foi para a cabeceira da ponte. Saiu lateralmente da estrada de ferro e entrou. Viu que alguém esteve ali debaixo. Seus papelões arrumados numa pilha estavam espalhados. E a muda de roupa sumiu. Só tinha, agora, a do corpo. Ela cheirava a suor. O sol foi embora. Arrumou os papelões do jeito de uma caixa para proteger-se do vento da calha do rio. Entrou dentro. Recostou-se e dormiu.

Pela manhã o trem vindo de São Paulo parou na estação da Vila do Rio. Depois de breve parada pegou a direção da vila do quilômetro oitenta, a Vila Mandaguari. Fez um barulhão. Filippo acordou quando ele passou sobre a ponte e ele. Assustou-se e saiu da caixa de papelões com um pulo. Pensou que estava dentro da cova do cemitério em Aosta. Tão depressa que conseguiu ver o último vagão, um transformado em alcova, ou em cozinha. Lembrou-se da senhora que lhe deu parte da refeição quando deixou São Paulo. Talvez até fosse essa mesma cozinha. E vendo esse trem indo, veio-lhe na memória os trens da Itália. Principalmente o que pegou em Chivasso na direção de Turim. Depois o de Turim para Gênova, a estação do porto, veio-lhe também o seu Salvatore Constantinni, guarda na estação ferroviária, que lhe deu abrigo, sobras de comida, roupas novas, e uma boina marrom, nova.

Pela tarde ele voltou ao armazém do seu Diogo. Não viu seu Lorenzo nem seu Theodoro. Viu o Dino Mekelê jogando cartas num reservado. Deoclécio Miranda ria das anedotas ditas pelo Dezinho. Mas o Dino não era mais o de antes. Jogava, mas se via que não era o mesmo. Nesses dias ele estava acabrunhado por demais.

Dino era um bom homem. Pena que os leva e traz não paravam de fofocar a respeito de Tânia, sua mulher — ela uma loira vistosa de boa leitura e ele um negro sem escolaridade. O racismo estrutural não perdoava. E esse Deoclécio, que vivia às pegas com Lázara, sua esposa, não o ajudava. Pelo contrário: por esses dias enfiou na cabeça do Dino que deveria colocar alguém para investigar, ou melhor, pegar sua mulher no pulo, dar um flagrante. Que assim que ela saísse para o lado da igreja que alguém fosse atrás. Mas Dino, talvez por medo, não queria ver a verdade com seus olhos. Com os da Candinha, uma fofoqueira da vila, ele já tinha visto.

O dia acabou. Filippo retornou à cabeceira da ponte ferroviária. Desceu pela trilha costumeira, arrumou a caixa de papelão, entrou e dormiu. No outro dia levantou cedo. Um cachorro todo preto, mas com uma mão branca, estava do lado da sua caixa de papelão. Se estava ali, certamente também era um sem-casa, um barriga vazia. Filippo fez-lhe um agrado com as mãos. Depois lhe deu um resto de pão. Ele agradeceu com um abano de cauda. Filippo sorriu. O cachorro devolveu lambendo seus dedos. Filippo deixou a cabeceira da ponte. O cãozinho veio atrás.

— *Andiamo!* Daqui pra frente seremos dois sem-casa, dois passa-fomes — olhou para o cão e sorriu da desgraça.

Era bem cedo. Queria chegar logo na estação da vila. Nem bem o sol havia nascido, ela já estava cheia. E aquele fiscal da discussão de quando voltava da Vila Cornélio estava lá. Filippo o viu. Então, arisco como um esquilo, escondeu-se. O cão quis acompanhá-lo. Filippo fez-lhe uma carícia, mas não deixou. O trem apitou, os sinos badalaram, o trem vindo de São Paulo chegou. E foi aquele sai e entra nos vagões. Filippo deu seu jeito e entrou. O trem partiu na direção da estação do quilômetro oitenta. Era quase hora do almoço quando chegou nela. Filippo desceu. Observou, andou por ela e pelo seu entorno. Pediu comida. Veio um sai para lá e alguns xingamentos. Ganhou a rua principal, entrou em vários comércios com a carta nas mãos. Ninguém viu ou escutou sobre Ruggero e Tommaso Melinni, seus dois tios. Dois dias depois, desesperançoso, Filippo voltou. E na volta, quando desceu do trem, lá estava, à sua espera, o cachorro preto da mão branca.

O TIRO SAIU PELA CULATRA

1942. Clemente Zappa, o padre, entrou correndo na sacristia. A quermesse combinada dava sinal de bom movimento. Dinheiro bom na hora certa. A sacristia estava bonita. Domênica, Tânia e Lázara corriam para os últimos ajustes. E a venda do Diogo Mascarenhas estava cheia. Nesses dias o dinheiro parecia fácil ali na Vila do Rio.

O trem que vinha de São Paulo passava pela ponte e ia na direção do quilômetro 80. Vila Mandaguari e Vila Maringá eram promessas de municípios logo mais. Vilas margeando a ferrovia estavam postas como contas em um rosário. Aconteciam com dinheiro de café. E ali na Vila do Rio, a cerâmica do Lorenzo — "a San Giordano" — custava a dar conta da demanda por tijolos e telhas.

O vendeiro Diogo ria sem igual ao ver seu estabelecimento cheio. Também o Padre Clemente pela quermesse que teriam logo mais.

Se ali podiam dizer que as coisas iam bem, o mesmo não podia ser dito sobre a Europa em guerra. Theodoro Fonseca continuava enfurecido com o propósito do presidente Getúlio Vargas enviar soldados para o front. Não concordava. Falava que os que arrumaram a encrenca que dela dessem conta. Bem diferente da posição do Lorenzo, que, com visão aberta, holística sem igual, já entendia que esse problema era de todos, que não se podia brincar com tiranos.

Enquanto esses dois se pegavam em meio aos seus argumentos, por vezes numa discussão sem fim, o Dezinho, para mudar o rumo, transformava o Getúlio de paletó e gravata no Catete num *cuieiro bombachento* em São Borja. E aí a "briga" acabava em risos.

O pescador Dino Mekelê estava com a mesma cara de dez anos atrás. Afirmavam que as caldeiradas de peixe apimentado e a cachaça eram o que o preservava. Dito isso a venda vinha abaixo em risos. Mas os mais próximos falavam que, por esses sete, oito dias, seus olhos perderam o brilho, que se mostravam opacos.

Hoje Elisa, a filha do vendeiro, com vinte e dois, vinte e três anos, atenciosa e sabedora de tudo, no salão da venda continuava a fazer suspiros profundos. Namorou dois ou três, mas ficara nisso. Quem a conhecera com doze, treze não imaginava que duraria donzela por tanto tempo. Na sua agenda escrevera que desejava ser professora. E seria mesmo. Esteve, primeiro em Ourinhos, depois, na capital, por alguns meses se preparando para essa profissão.

Já Anabela, filha de seu Theodoro e Tereza, um dia castiça sem igual, estava com um filho aos pés e outro na barriga. E as coisas aconteceram à revelia deles. Candinha, quitandeira e fofoqueira, feliz, contava que numa certa noite adormeceu no seu quarto e amanheceu noutro.

Theodoro, ciumento doentio, prometeu revide à altura da vergonha. Passou dias a fio planejando de que forma liquidaria o traste — um peão de obra, um sulista que apareceu de repente. Mataria e o jogaria lá de cima da ponte, a mesma em que, por dois anos a fio, esteve a fazer argamassa.

Depois de muitos vais e vens, muita conversa, o Padre Clemente interveio e evitou que o Zé Timbó, o tal peão, virasse comida de piranha. Ainda que Theodoro gostasse dos filhos de Anabela com o tal, não esquecia o malfeito. Maria Clara, a mais nova do casal, tem doze anos. É linda como Anabela. Então, que o Theodoro e a Tereza ficassem espertos.

Os preparativos da quermesse iam bem. Certeza de bom lucro. O povo estava animado, mas o pescador Dino Mekelê não. Pelo "leva e traz", ficou sabendo de coisas da Tânia, sua mulher. Nessa última semana ele andava ainda mais acabrunhado, demais aborrecido. Já nem dormiam na mesma cama. Às vezes até nem voltava da pescaria. Passava a noite na casa da ilha logo acima da ponte ferroviária. Precisava passar a limpo, mas recuava. Tinha medo de não aguentar o baque. Melhor então nem saber. Mas, por outro lado, podia ser invenção.

Dino virou dois copos de cachaça para criar coragem. Virou, cuspiu no chão e saiu. Foi ao "amigo" Deoclécio. Contou o que Candinha lhe falou.

Deoclécio era só ouvido. Assim que terminou, o amigo olhou dentro dos seus olhos e:

— Com o Padre Clemente? Ele, com aquela cara de tonto, está de namorico com sua mulher?

— Candinha me contou.

— É uma fofoqueira, Dino... Ran! Ran! — raspou a garganta. — Mas, em sendo sério assim, tem que conferir.

— Acha?

— Só se o amigo pretende ser um corno manso...

— Não! Claro que não! Tô sofrendo — pausou. — Ela não sai da igreja, Deoclécio. Vai cedo, vai depois do almoço, vai à noite quando há terço. Não sai de lá. Não acha demais? Imagino o que devem de fazer quando durmo na ilha, então...!

— Pode ser verdade, mas também pode ser invenção. A Candinha é ferina...

— Vou chegar duro na Tânia.

— Acho que, sem provas, não deve... — pausou. — Vai acusar...? E se não for verdade?

— Tem razão... Aí o casamento acaba.

— Com todo o respeito, Dino... Possível é... — pausou. — Sua mulher é muito bonita.

— Vai se danar, Deoclécio! — levantou-se para ir aos tapas.

— Desculpe. Desculpe. Senta aí — pausou. — É só um modo de falar. Mas se fosse feia como é a minha, acha que alguém namoraria? — pausou outra vez. — Ainda mais um padre com mais de cinquenta anos, como é o Clemente, com a cara de tonto que tem. Com todo o respeito, amigo... — bateu-lhe em suas costas.

Sentado, Dino tirou o chapéu e abaixou a cabeça até os joelhos. Respirou fundo. Levantou a cabeça, olhou no horizonte. Sentia intensa dor. Seus olhos estavam cheios. Então Deoclécio o abraçou. Saíram do banco da praça e foram.

A quermesse estava animada. Tânia, a mulher do pescador, feliz da vida, ria pelos cotovelos. Padre Clemente, beirando cinquenta anos, devolvia. Dino os acompanhava com os olhos.

Lá fora, num pequeno coreto, Joel, empregado do Gerônimo da serraria, o serra-pau, com um frango assado nas mãos, gritava. Fazia versos, insultava um e outro, provocava os festeiros para seu arremate. Domênica ria pelos cotovelos ao ver o lado poético do amigo. Com trinta cruzeiros Lorenzo arrematou, conseguiu trazer o assado, uns pães e uma garrafa de vinho para sua mesa.

Filippo rodeava por ali. Desaparecera por vinte, trinta dias. Ninguém sabia o porquê do sumiço. Mas quem estava junto dele no trem que o trouxe sabia. Sabia porque ele retirou da sua sacola uma carta, a dos tios com endereço e tudo. Ou ninguém viu? Saíra da Vila do Rio para encontrar os dois tios.

Da sua mesa, num relance, Domênica viu um menino que não lhe era estranho. Franziu a testa para afinar as vistas, ter certeza. Lembrou-se de onde. Do trem. Isso mesmo. Era noite e a luz não era grande coisa, mas se lembrou dele. Ela tinha boa memória fotográfica.

Onde morava? Estava descalço, com uma camisa aberta, uma calça à altura das canelas, com suspensório, rasgada numa das pernas e uma boina marrom na cabeça. A boina esclareceu.

— É o italianinho do trem! Ei! Espere! — gritou saindo da mesa.

Os meninos corriam atrás de uma bola. Filippo, ao ver Domênica, foi saindo de mansinho. Correu em seguida. Desapareceu. Foi porque ela podia estar a serviço do fiscal do trem que não lhe dava sossego. Podia ser até sua esposa. Ele até lhe deu um cascudo há poucos dias. Um pouco depois percebeu que estava equivocado. Lembrou-se dela dentro do trem. Depois quando desceu e um homem alto, forte, garboso, com chapéu de pelica, cor marrom, a mesma da sua boina, veio e a beijou. Mas agora era tarde... já estava longe da quermesse.

Dino Mekelê e Tânia sentaram-se próximos de Domênica e Lorenzo. O casal também arrematara um assado. A certa altura, Domênica percebeu que, embora estivesse numa festa, alguma coisa diferente estava no olhar do pescador. Mostrava-se bem diferente das outras quermesses, com anedotas, cantorias, carteados, sorrindo com seus dentes alvos. Ele estava, hoje, embutido, casmurro. Mas ali não era boa hora, nem bom lugar para conversa aprofundada sobre intimidades de um casal — Domênica avaliou.

Dias depois Tânia chegou em casa falando que a quermesse dera bom lucro. Que o Padre Clemente Zappa apresentou os números da festa. Dino a olhou de cima a baixo e...

— Nada mais para me falar, Tânia?

— Não. Mais o quê? O que teria se a reunião foi somente para as contas? Esse padre é justo, marido. Apresenta tudo direitinho. Agora será possível terminar as reformas, pintar. Vamos trocar o telhado da igreja. O seu Lorenzo vai dar as telhas, o Gerônimo da serraria, a madeira. Porque tem algumas vigas empenadas, algumas com cupim. Esse bicho come quieto.

— Só cupim?

— Larva de vaga-lume também, o tal do serra-pau...

Dino se mexeu na cadeira. Não podia ir além. Mais já seria uma acusação.

— E o padre o que vai fazer? Porque, se tudo os outros farão, quero saber o que sobrou pra ele.

— Uai! Padre não é carpinteiro, nem pedreiro. Padre é padre. Não estou lhe entendendo, Dino!

— Nem eu... Nem eu... — saiu com uma penca de anzóis encastoados e um remo. — Durmo na casa da ilha. Volto só amanhã. Vou armar umas redes de espera e dois espinhéis e esses anzóis de galhos.

— Sozinho é perigoso. Vai com quem?

— Melhor só do que mal acompanhado... Ran! Ran! — raspou a garganta.

— Por que não chama o Deoclécio? Não gosto que vá sozinho. E o rio está cheio com essa chuvarada. A Lázara, esposa dele, não liga. Até gosta quando ele sai. Fala que não enche seu saco... Encontrei com ela ontem saindo da igreja.

— Ontem? Mas ontem foi segunda-feira... Na segunda não tem nada. Ou tem?

— Também achei meio esquisito... Mas cada um que cuide da sua vida, Dino. O que sei é que não se dá bem com o marido. Talvez tenha ido ao padre para tratar disso, ter seu conselho.

Conforme sugestão da Tânia, Dino convidou o Deoclécio. Puseram-se dentro da canoa e foram rio acima, bem depois da corredeira, remando até a ilha. Lá também havia um remanso fundo, lugar de peixe grande. Armaram as redes de espera, os espinhéis e, mais acima, os anzóis nas galhadas de vários ingazeiros.

Serviço feito, voltaram à ilha. Pintados e jaús eram os peixes que esperavam pegar. Atracaram a canoa e puseram-se na cozinha para o jantar, esticar as redes porque dali um pouco escureceria.

No outro dia voltaram com dois balaios de peixes. Parte salgaram, uma venderam na frente de suas casas e a terceira foi para o balcão do armazém do Diogo. E durante a pescaria os dois combinaram em como dar um flagrante na casa paroquial.

Era sexta-feira. Dia de preparações para o final de semana na igreja: um casamento no sábado; missa pela noite; missa pela manhã no domingo; dois batizados. Tânia tomou café e saiu. Dino estava profundamente amargurado. Precisava descobrir, mas temia o desfecho. O que faria depois? — perguntava-se.

Deoclécio incentivou e o convenceu ao flagrante. Seus olhos estavam brilhando. Parecia até que estava torcendo para que a Tânia fosse encontrada nos braços do padre. Chegariam pé ante pé. Pegaram a rua e foram. Chegaram. O coração do pescador saltava no peito.

— Por aqui, Dino... Não faça barulho — Deoclécio cochichou.

— Acho que não vou...

— Seja homem, rapaz! Ela não saiu?

— Saiu.

— Então... — pausou. — Costuma ir na sexta-feira noutro lugar?

— Não. Toda sexta vai ao padre.

— Então!?

— Estou te falando que vai ajudá-lo, não que esteja se deitando com ele!

— Tomara... — pausou. — Mas vai que nessa hora o trem ferveu e estejam no bem bom!

— Aí eu mato os dois! — desabotoou a camisa para facilitar de pegar uma garrucha que levava na cintura.

— Não vai me fazer essa besteira, Dino! — olhou dentro dos olhos dele.

— Não vai fazer porque não é com a sua mulher, Deoclécio. Queria ver se fosse com a Lázara!

— Com Lázara? Jamais! Não nos damos bem, mas sempre me respeitou. Vamos, logo!

— Vamos. Seja o que Deus quiser... — Dino fez o sinal da cruz.

Deoclécio pegou a frente. Dino parecia não respirar. Queria ver, mas não queria. Uma confusão na sua cabeça. Chegariam pelos fundos da casa paroquial, de madeira. Entrariam por um pomar e chegariam junto a uma janela que, provavelmente, era a do quarto do padre.

Um cachorro latiu. Deoclécio o chamou e fez-lhe um agrado. Ele conspirou positivamente com um balanço de cauda. Um pouco mais, os dois alcançaram a casa. A janela estava fechada. Encostaram as orelhas nela. Ouviram suspiros, também resfolegares.

Dino ameaçou fugir. Não queria ver com os próprios olhos a horrível cena. Deoclécio o segurou. Deram a volta. Chegaram na frente da casa. A porta estava encostada. Bem devagarinho Deoclécio a abriu. Rangeu. Ele parou. Forçou outra vez. Entraram e, pé ante pé, chegaram na porta do quarto.

— Passa-me sua garrucha, Dino. Preciso matar esses dois safados. — Para espanto, quem se deitava com o padre Clemente era Lázara.

Dois dias depois, nem Lázara, nem o padre estavam na Vila do Rio. Esse acontecimento pegou o trem e andou por toda a Sorocabana como fogo em capim seco. A diocese soube. Prometeu investigação e providências.

UM DUCE, UM FÜHRER

1942. 4 de março, quarta-feira. Lorenzo Giordano conversava com Diogo Mascarenhas quando Theodoro Fonseca Mazotti entrou bufando. Não falou bom dia, nem boa tarde, nada. Botou o chapéu sobre o balcão e pediu a de sempre. A cachaça veio num instante. Conheciam bem a figura. Sabiam que grossura era com ele. Vivia de comprar e de vender. Fazia picaretagem principalmente com os pequenos, seu alvo. Mas hoje estava bravo não pelos negócios, mas com o presidente Getúlio Vargas, que, numa entrevista na Rádio Nacional, o ouviu falar ser melhor, aos poucos, deixar os acordos com a Alemanha e aproximar-se dos Estados Unidos, o que poderia ter um custo, talvez, mais adiante, caso a briga engrossasse ainda mais, teria que mandar soldados a exemplo de outros países.

Lorenzo e o vendeiro sabiam mais do que o Theodoro. Todos os dias Lorenzo e Diogo, que recebiam o jornal *Folha Paulistana* pelo trem, informavam-se. Esse "projeto de acordo" era conversa viva nesse jornal. Mas os cutucões do "amigo" foram tantos que Lorenzo resolveu discorrer sobre o assunto a Theodoro para ver se, ao menos por hoje, encerraria tal discussão.

— Amigo, preste atenção. Se não se lembra vou avivar sua memória... — arregalou os olhos. — No janeiro que passou o Brasil rompeu relações diplomáticas com o Eixo. Está lembrado? — Ele não respondeu. — Submarinos germânicos afundaram cinco navios mercantis nossos, isso agora de pouco, em agosto, há oito meses. E o fez onde? Em nossas águas.

— Sei.

— Então? — pausou. — Aqui nesse cafundó não aconteceu nada, mas aconteceu para o país. Pois bem... Divulgaram o fato dos naufrágios e também certa comoção popular em São Paulo e Rio de Janeiro. E tinham mesmo que reagir. Afundar nossos navios em nossas costas? — pausou. — Pensa bem,

Theodoro...! Se você fosse nosso presidente, faria o quê? — olhou dentro dos olhos dele. — É por esse motivo que o Getúlio está aliando-se contra o filho da mãe do Hitler, do Mussolini. O Brasil tem mesmo que estar com as forças aliadas.

Não convencido, Theodoro pediu por outra dose e rosnou Getúlio Vargas no pé do balcão. Lorenzo deixou os sorrisos, as brincadeiras e subiu o tom. Disse-lhe que era necessário combater o fascismo de Mussolini e o nazismo de Hitler. Que as nações deveriam se unir, lutar contra esse tipo de gente, contra todos os ditadores, todos os tiranos.

O vendeiro assuntava o rumo da discussão só para calibrar sua bússola, porque já tinha sua posição. Mas comerciante que era, ele preferia não se manifestar, fazer-se neutro ao menos por enquanto. Queria prosperar na Vila do Rio, então tomar um lado podia não ser o melhor caminho. Theodoro virou mais uns goles e voltou ao assunto.

— Fala assim porque não tem filho homem, Lorenzo. Se tivesse veria de outra forma.

— Nem eu, nem você. Infelizmente, não tenho... Tive um, mas...

— Desculpe-me... Não quis fazê-lo lembrar...

— Theodoro... Se tivesse seria o primeiro a participar. Antes perder um dedo do que toda uma mão — pausou. — O Hitler e o Mussolini são os maiores tiranos deste século. Não bastou a Alemanha ter se ferrado na Primeira Guerra Mundial. Não aprendeu nada. Aliás, o Hitler estava nela como soldado. Ele assistiu à assinatura do armistício. Estava na cena. Mas aprendeu? — pausou novamente. — Pelo contrário! Vai atolar-se até o pescoço, escreve aí. Quer se vingar. Vai perder novamente. E nem alemão o traste é.

— Não é? — Diogo, o vendeiro, entrou.

— É austríaco. Nasceu em Braunau, na Áustria.

Diogo e Theodoro perceberam que Lorenzo sabia das coisas. Afinal, quem era esse descendente de italianos sabedor de tudo?

Poucos dali sabiam que os dois tiranos, Mussolini e Hitler, proclamavam Estados fortes e, para isso, cassavam as liberdades individuais. Mas Lorenzo sabia bem. Sabia até dos seus costumes. A *Folha Paulistana*, tempo atrás, trouxe uma reportagem sobre as soberbas desses dois tiranos. Dava conta de que os dois, como a maioria dos tiranos, amavam ser cultuados como líderes, o primeiro como *Duce*, o segundo como *Führer*.

— Já viram algum retrato do Mussolini? — o vendeiro perguntou. — Olha ele aqui nesse jornal — mostrou o dito cujo.

Lorenzo já havia visto na *Folha Paulistana*. Então, Lorenzo, com o retrato do homem, apontou o dedo e...

— Engana-me que eu gosto — sorriu. — Esse é o Mussolini travestido para o povão da Itália, Theodoro. Sem camisa para mostrar seu físico, o cavalo e o sorriso aberto para mostrar-se feliz. Pega os desinformados — pausou. — É dessa forma que engana, que conquista a simpatia da italianada. Faz uma espécie de malabarismo. Igual cobra no mato. Elas fazem isso muito bem para aproximar-se de suas presas: dos preás, dos ratos, dos sapos.

— Não tinha pensado nisso, Lorenzo.

— Às vezes as imagens falam mais que os textos. Já escutou que o silêncio pode trazer mais informações que as palavras? Bota sentido nisso. Já viu algum filme do Charles Chaplin? Não tem uma palavra. E todo mundo entende. — Diogo arregalou os olhos. — Espanhol, essa peste do Mussolini, bota sentido, aparece nos jornais, toda semana, sem camisa e sobre cavalos! Faz isso para quê? — pausou.

— Para pegar as presas — Diogo respondeu.

— Isso, mesmo... Mas essa peste está com seus dias contados.

— Entendi. O Getúlio tem razão. Tem mesmo que enviar soldados para se juntar aos aliados. O *Duce* e o *Führer* que se cuidem.

Theodoro Fonseca viu que o Diogo pegou o lado do Lorenzo, que estava, então, sozinho nessa discussão.

— Você é um Mazotti, não é, Theodoro? — afirmativamente, Lorenzo perguntou.

— E ainda com dois tês, Lorenzo. Sou filho de um italiano da gema. Já o sobrenome Fonseca é de Portugal. Minha mãe era descendente de portugueses.

— Bem lembrado. Lá nesse país da sua mãe também tem um ditador fazendo barbaridades. É um tal de Salazar. Esse é outro tirano. É um anão comparado com o *Duce* e o *Führer*, mas também é. Faz dez anos que manda e desmanda.

Aliás, essa Europa está de lascar. O filho da mãe entrou de mansinho em 1933, está então no poder há dez anos e não aceita largar o osso. Rasgou a constituição portuguesa. Certeza que esse idiota torce para que o fascismo e o nazismo sejam exitosos. Entendeu, Theodoro, aonde quero chegar?

O "picareta" voltou ao cálice, mas já vazio, pediu por mais uma dose. Theodoro estava encantado. Tinha um sobrenome italiano e um português no seu nome. Entrou ali para só umas branquinhas e estava a ouvir uma aula política.

— Ran! Ran! — Theodoro engoliu mais cachaça e raspou a garganta. Talvez tenha feito para ganhar tempo, buscar ideias, palavras certas, argumentos. Sentia-se encurralado. Para sair da arapuca, voltou ao Getúlio. — Então acham que o presidente vai mandar mais soldados?

— Vai. Daqui da América do Sul, até agora, só o Brasil mandou — o vendeiro informou. — Vi no último jornal que chegou ontem no trem. Tenho-o aqui, olha! — passou-o para Lorenzo.

Lorenzo pôs óculos e foi na matéria. Leu em voz alta para os dois amigos. E nela havia breve análise de como estava o conflito. Falava das perdas no norte, na divisa da Itália com a França durante frenética batalha, e, no sul, sobre a chegada, na Sicília, das forças aliadas etc. Também de nova leva de soldados brasileiros que iriam nos próximos meses.

— E os argentinos, os colombianos, os chilenos vão ficar no bem-bom?

— Não acho que é um bem-bom, Theodoro. Mas essa matéria diz que não estão participando.

— Lorenzo, você que sabe tudo, então me explica uma coisa.

— Não sei tudo.

— É que você lê bastante. Eu pouco — pausou certamente para entabular sua pergunta. — É o seguinte. Por que a população desses dois países não reagiu ou não reage contra essa guerra? Uma reação interna. Está me entendendo?

— Porque são craques em mentir para seus povos, Theodoro. Conseguem fazer tiranias porque têm essa habilidade. Vão enganando o tempo todo. Por exemplo, vi outro dia, nesse mesmo jornal, que o Mussolini, o grande

Benito Amilcare Andrea Mussolini — gesticulou com as mãos enquanto nomeava —, porque esse, quando fala aos italianos, o faz empaticamente relatando êxitos, negociações muito bem-sucedidas com o Hitler, as anexações que fizeram, outras que farão etc., e a população entontecida o aprova com pompas e circunstâncias. Mussolini está, desse jeito, conduzindo os italianos. Mas...

— Mas? — Diogo perguntou.

— Não há mentira que para sempre dure. Conhecem esse ditado?

Os dois manearam, positivamente, a cabeça.

— Então... Estão dizendo que a população está começando a desconfiar, começando a mudar de opinião. Esperemos — sorriu aos dois. — Mas já que o assunto andou por esse rumo, é bom lembrar, isso se já não sabem, que o presidente desse nosso espanhol aqui... — pôs a mão sobre o ombro do vendeiro. O espanhol Diogo Mascarenhas sorriu. — Esse Mascarenhas também tem que estar preocupado com os destinos da sua Espanha. Ou não é descendente de espanhol?

— Para o bem ou para o mal, de pai e mãe, Lorenzo! — sorriu.

— E o que tem a ver isso, Lorenzo? — Theodoro perguntou.

— Pergunta para o espanhol. Explica, Diogo.

E o vendeiro começou...

— Igualzinho o Salazar em Portugal, Theodoro. A diferença é que o fascista dos portugueses é um professor e o dos espanhóis, um militar. Francisco Franco, chefe da Espanha, é um general. Inspirado no Mussolini fundou o partido fascista espanhol. Liderou um golpe militar que o levou ao poder. Assumiu faz cinco, seis anos, se não me falha a memória. Se os espanhóis não reagirem, ele vai ficar no poder até os olhos sangrarem.

— Então, meus amigos... Estão me entendendo? — Lorenzo pausou com os olhos nos dos dois. — Estar contra Hitler e seu aliado Mussolini é uma posição de salvamento de boa parte da Europa.

Theodoro tomou mais uma dose, pagou, trocou apertos de mãos com os dois, foi até a porta de saída para pegar seu rumo rua abaixo, mas voltou. Falou aos dois que estava com umas ideias na cabeça, de fundar ali, já que pretendia estabelecer-se de vez, uma cooperativa. Disse que estava cansado de comprar e de vender aleatoriamente, que desejava organizar algo coletivo. Mas que era conversa longa, em um lugar reservado e com tempo. Lorenzo maneou afirmativamente a cabeça. Diogo não reagiu. Talvez porque poderia ser uma ameaça ao seu estabelecimento comercial de secos e molhados. Essa cooperativa venderia o quê? Achou melhor não sinalizar nada.

Já Lorenzo Giordano sinalizou positivamente. Que ameaça uma cooperativa faria a uma cerâmica de telhas e tijolos? Estavam animadíssimos, ele e Domênica, sua esposa. E com a argila que havia nas várzeas ao longo do rio ali na Vila do Rio caberiam muitas cerâmicas. A qualidade das telhas e dos tijolos era consequência, não só do processo de produção, mas da boa argila.

UM CIRCO NA VILA DO RIO

1942. 5 de maio, uma terça-feira. Nem bem havia amanhecido, o silêncio da cidade foi quebrado por um alto-falante estridente sobre um caminhão parado em frente à igreja. Anunciava a chegada de um circo, o *Circo Maximus*.

> *"Atenção! Muita atenção! Acabamos de chegar nesta próspera vila. Trouxemos o que de mais belo há no mundo circense. Anunciamos nossa estreia para o próximo sábado. Botem aí na agenda de vocês! O* Circo Maximus *faz tempo que deixou de ser mínimo.*
>
> *São dez anos de estrada, parando por quinze dias em cada lugar dos mais diferentes rincões deste país. Não percam!*
>
> *O* Circo Maximus *tem os melhores palhaços, os melhores trapezistas, os acrobatas mais experientes. Fizemos grande sucesso em todas as cidades por onde passamos.*
>
> *Esta pujante vila merece o que há de melhor. Vão se encantar com nossos macaquinhos, com o cão Rex passando pela argola de fogo, também com nossos equilibristas. O* Circo Maximus *é o máximo!*
>
> *Já ouviram falar dos palhaços Bella Vita[2] e Vita Bella[3], moribundos, esfarrapados? Sei que sim porque a forma como se apresentam é uma novidade no país. Pois então. Eles estarão em nosso picadeiro no próximo sábado. Não percam!"*

Em dois tempos a praça em frente à igreja ganhou uma multidão. Todos queriam ver a novidade. Era a primeira vez que um circo chegava na Vila do Rio. Não era pouca coisa. Tratava-se do *Circo Maximus*. Afamado em Minas Gerais e São Paulo, daqui a pouco estaria montado para todos verem.

---

[2] Bela Vida.
[3] Vida Bela.

Dois caminhões chegaram com lonas, animais, um monte de artistas, trabalhadores, ferramentas. Chegaram e já se puseram a capinar o lugar, fazer buracos, ajeitar o local. Dois subiam em um poste para ligar fios e ter energia.

A licença para sua instalação já estava nas mãos do dono do circo. A curiosidade era imensa. Para muitos seria a primeira vez que veriam um circo. Principalmente a criançada que, boa parte, nascera ali e nunca saíram.

Três dias depois a lona lateral estava esticada e amarrada. O portal foi levantado e lá em cima estava, em letras graúdas e vermelhas: CIRCO MAXIMUS. Lindo de morrer. E a meninada estava feliz. Filippo, embora continuasse a dormir debaixo da cabeceira da ponte férrea, sorria como se sua vida não tivesse qualquer problema. Em boa parte porque o *cane nero* — um cachorro preto que, tempo atrás, "casualmente" nele grudou — fazia-lhe companhia. Acompanhava-o onde fosse. Quando ia na estação com seu tabuleiro vender salgados que pegava do turco Ibraim, Nero o acompanhava.

Mas como Filippo entraria, no sábado, sem dinheiro? Ele pensou, repensou, achou um jeito. Procurou saber quem mandava no circo, seu dono. Chegou ao portal ofegante. Estava ansioso e trêmulo. Era bem cedo, estava tudo quieto. Então esticou o pescoço para espiar além dele. Viu um senhor de paletó e gravata-borboleta. Mais do que de meia-idade. Ele usava um chapéu preto, cartola. Tremeu mais ainda. O bem-vestido não iria dar atenção a um com roupas sujas, rasgadas, com uma alça do suspensório despregada, meio se arrastando. Ainda assim caminhou até o da cartola e...

— Posso falar *con te*? — falou baixo, misturando português com italiano.

— Vejo que não é um brasileiro! Acertei? — sorriu.

Filippo confirmou. Sabia já muitas palavras, mas a dicção, a entonação mostrava que não era um nativo.

— Temos alguns italianos aqui no meu circo — pausou. — Sei, por isso, um pouco de italiano — sorriu. — Pode falar, moleque. O que você quer? — arregalou os olhos. — E esse cachorro?

— *Questo cane nero è la mia famiglia. È mio amico... Volevo aiutare un po. In quello che posso.*

— Em troca do quê? — sorriu e arrancou sua boina da cabeça, certamente porque sabia, de antemão, o que viria. Arregalou os olhos e perguntou. — Sei. Não tem como pagar sua entrada?

— *Giusto!*

— Meu nome é Francisco Maximiano. Vem cá — pegou-o pela mão e levou para dentro de uma tenda. — Coma esse pão com mortadela para ficar forte. Depois pega aquela vassoura. Varre toda a entrada do circo. Mas faz bem-feitinho. Se fizer tem entrada para este final de semana. O que acha? Epa! Estava esquecendo. E se ajudar a vender doces e pipocas antes de começar cada espetáculo, terá entrada de graça para todas as noites. Os moleques vendedores da estação virão. Toparam a parada. Topa também? — sorriu. — Outra coisa. Não pode vir aqui sujo e com essa roupa rasgada e essa alça caída. Cachorro também não pode entrar — pegou na ponta dela e sorriu. — Depois dessa tarefa volta aqui na tenda para Edna, nossa costureira, cosê-la. Estamos entendidos? — sorriu e passou a mão na sua cabeça lhe derrubando a boina.

Filippo nem sabia o que responder. Nem entendeu tudo, e nem precisava porque o sorriso do homem bastou. Iria caprichar.

Ele varreu a frente e todo o entorno do circo. Deixou limpo e organizado. Enquanto fazia, Nero o espiava. A tal Edna cerziu não só a alça, mas também dois rasgos pouco acima dos joelhos.

Pela tarde foi para a cabeceira da ponte, tomou banho no rio, lavou a roupa, estendeu-a na galhada para secar e, no sábado, próximo das quatorze horas a vestiu e se viu pronto para o espetáculo.

O serviço de alto-falante, todos os dias, rodava sobre um pequeno caminhão pela cidade, convidando. Filippo deixou a cabeceira da ponte e foi em passos abertos e rápidos. Enquanto caminhava pensava, assim que desse, contaria a sua história ao seu Francisco, o dono do circo.

Não sabia como faria porque o via sempre correndo, muito ocupado. Mas não só por isso. Um dono de um circo como era aquele, com caminhões, tendas e tudo, rico então, não iria dar a menor importância a ele, um menino maltrapilho morador de rua. Às vezes poderia até piorar, dar-lhe um rapa na orelha como fez o fiscal do trem. Ou não. Poderia ser como o Salvatore da estação de Gênova ou o Vincenzo, capitão do navio.

Dormir numa das tendas desse circo, pelo que viu quando varria seu entorno, com colchão de palmo de espessura, devia ser muito bom.

Como esquecer dos em que dormia em Aosta na sua casa ou na da viúva com que ficou, recheado de penas de ganso, macios e quentes? Mas entrar nesse circo já estava bom demais. A última vez que viu um espetáculo foi na frente do teatro romano. Sua casa ficava próximo dele.

Filippo, mesmo, não viu, porque tinha só uns três, quatro anos, mas sua mãe, Giulia, lhe contou que seus dois irmãos, os que vieram para o Brasil, foram atores em três, quatro peças de teatro. Nem da feição da mãe lembra-se direito. Ora vinha, ora sumia. Quando vinha ficava desfocada. Coisa estranha.

Filippo queria saber por que os dois tios saíram da Itália. Talvez sua mãe tenha contado, mas não gravou a conversa. E nem tinha um retrato deles. Só essas lembranças salteadas que vinham e sumiam. Hoje tinha o espetáculo e depois um colchão de folhas de capim sobre um papelão debaixo da cabeceira da ponte.

No final da primeira sexta-feira a lona da cobertura foi para cima do circo. Pronto, estava armado. O pano lateral era vermelho cor de sangue. A lona da cobertura, azul. Nessas cores as lâmpadas dariam o encanto noturno, lúdico. Era como um sonho. Beleza demais.

Um pouco antes do espetáculo o serviço de alto-falante se pôs vila afora sobre o pequeno caminhão. E gente foi chegando, chegando, chegando. Compravam e entravam. E os meninos vendedores da estação ferroviária e Filippo, conforme o combinado com o senhor Francisco Maximiliano, em tabuleiros, vendiam pipoca, doces em pedaços, pirulitos, refrescos.

Tudo fora perfeito. A Vila do Rio, nessa estreia, transferiu-se para sob essa lona azul. Filippo estava lá com os olhos acesos. Seria coisa de família, de sangue, gostar assim de um espetáculo?

Filippo nos seus pensares referia-se aos dois tios na arena do teatro romano quando foram atores. Será que foram mesmo ou foram somente varredores como ele fora para estar nesse circo hoje?

Isso nunca ninguém iria saber. Chegaram no Brasil e sumiram. A mãe morreu. O pai se escafedeu na divisa da Itália com a França. Deve de ter virado uma caveira. Se os dois tios, o Ruggero e Tommaso, não tivessem blefado, poderiam estar ali nesse circo. Reavaliou. Não deve ter sido blefe.

Coisa dita oito anos atrás, agora quase nove, imagina?! A vida se modifica. Quem imaginaria ele estar no Brasil, e ainda dentro de um circo? Que tempo danado, que força tem o tempo, que tudo pode?

Filippo fora tantas vezes ao teatro romano quando era guia de turismo. Lembrou-se do Arco de Augusto, do Portão Pretoriano, do Complexo de Sant'Orso com o Claustro romântico, do Convento com sua capela de afrescos. Riu ao lembrar-se que esse convento, uma vez, o pegou. Enquanto olhava suas pinturas, duas freiras o observavam e riam, parecia que de propósito. Olham para mim? — ele se perguntou. Filippo virou-se para elas e elas correram. Ele sorriu. Achava engraçado por parecerem-se a pinguins. Arrepiou-se em seguida. Esquisito porque não fazia frio. Que ligação haveria entre freiras e ele?

O espetáculo estava para começar. Nero se deitou próximo do portal. Um do circo deu-lhe uma vassourada. Filippo reagiu, defendeu seu amigo. Na sua orelha falou qualquer coisa no sentido de que o esperasse. O segundo sinal saiu pelo alto-falante. Zé Rufino, agora com os bolsos cheios, porque vendera sua balsa, entrou sorridente e sentou-se, com sua mulher, bem próximo do picadeiro, lugar mais caro, especial. Diogo Mascarenhas, o vendeiro, pai de Elisa, e Ana Flor, sua mãe, já estavam.

Próximo do terceiro e derradeiro sinal, entraram Valentim e Valéria com Zózimo, Joana, Bartira. Depois vieram Theodoro Fonseca com a família: Tereza, sua mulher; a filha, Anabela, com o marido peão de obra, o José Timbó, e dois filhos; também Maria Clara, a filha mais nova. E atrás deles vieram o casal Lorenzo Giordano e Domênica. Em seguida Dino Mekelê e Tânia. Ilda, dona da hospedaria da Vila do Rio, também entrou e sentou-se ao lado da família do vendeiro Diogo. Maria Cândida, a Candinha, quitandeira, trajando um vestido verde-esperança, chegou. Ela não tirava os olhos do Theodoro e de Maria Clara. Entre eles havia o quê? — Dino e Tânia, ao verem seus olhares cochicharam.

E para espanto de Filippo, ao chegar de fora com seu tabuleiro de pipocas, viu, do picadeiro, dona Eufrásia da Vila Cornélio e o marido Alfredo, o fiscal da estação ferroviária de lá. Tinha-o na mente pela má recepção na estação e depois pela boa na sua casa por uma semana inteira. Claro que o atributo "bem-querer" era mais dela que dele. Por sinal, nessa noite, ele usava uma das trocas com que ela o presenteou. Filippo a viu, sorriu abertamente e...

— *Questo popcorn è il mio regalo per te!* — Com a graça de um escancarado sorriso, mesmo não entendendo o que disse, dona Eufrásia pegou a pipoca e lhe agradeceu.

Nem bem terminavam o encontro, Theodoro Fonseca levantou o braço e gritou:

— Ei, menino! Menino! — chamou Filippo.

Filippo, que estava do outro lado do picadeiro, correu ao atendimento.

— *Eccomi, signore!*

— Não entendo sua língua... Mas de pipoca, eu sei. Vamos logo! Pipocas para todos. Também uma para aquela senhora de verde — apontou o dedo para Candinha.

Filippo foi entregando um saquinho para cada um. Ao chegar na Maria Clara algo importante aconteceu. Não sabia o que era, mas fora incomum. Seus olhos eram muito verdes. Não teve como não entrar dentro deles. Entrou e fez um rebuliço. Também os dela nos dele. Fora tão intenso que suas mãos tremeram. Ele com quase treze anos, ela doze... O semblante de Maria Clara, abruptamente, modificou-se. Também o de Filippo.

A cada apresentação aplaudiam muito. Filippo não assistiu ao espetáculo. Estava a correr com seu tabuleiro de saquinhos de pipocas. Também com os olhos de Maria Clara na cabeça. Soube, depois, que os palhaços *Bella Vita* e o *Vita Bella*, travestidos de mendigos, de andarilhos, foram o máximo do *Maximus* nessa estreia. Pena que passou! — lamentavam na igreja, na praça, na escola, na venda do Diogo, na estação, nos botecos. Ficou o encantamento.

Duas semanas depois tudo estava como antes. O circo foi para a frente, como costumavam dizer quando pegavam o rumo das derrubadas, da colonização do estado do Paraná, puxada pelo café como fosse uma locomotiva.

Filippo tentou ir com o circo. Mas seu Francisco não levava menores. Deoclécio, depois do caso de Lázara com o padre, prometera voltar para sua terra, mas não foi. Fez amizade com seu Francisco Maximiano, que o levou.

O Maximus do seu Francisco foi, mas o encanto ficou. Fora tanto encantamento que os meninos e as meninas continuaram com o Maximus na Vila do Rio. Entretanto, por conta de serem miúdos, fundaram o *Minimus*.

Dino Mekelê reuniu a criançada e, juntos, planejaram um circo cercado de folhas de bananeiras com cobertura de folhas de coqueiro. Em três dias o circo ficou pronto e bonito. Embora *Minimus*, nada ficou devendo ao *Maximus*. Tinha letreiro na entrada, guichê de venda de bilhetes, picadeiro com casca de arroz, trapézio de cipós da mata, uma corda esticada para equilibrista, toras de madeira como arquibancada.

Roupas? Pinturas? Os meninos aprenderam como resolver. Depois do circo armado, Filippo, misturando seu português com italiano, com dia e hora marcados para a estreia, se pôs a escalar o que cada um faria. E foi aí que o caldo engrossou. Três dos meninos queriam ser o palhaço *Bella Vita*. Dois outros disputavam o *Vita Bella*. A relia cresceu. Filippo não conseguiu debelá-los. Começaram a discutir e foram aos tapas. Depois de uns dez, doze minutos, Dino Mekelê, vindo da pescaria, ouviu, chegou no *Minimus* e deu um grito:

— Basta!

E bastou. Nessa altura, tanto o entorno de folhas de bananeira como a cobertura com folhas de coqueiro do *Minimus* já estavam no chão. Os cipós do trapézio e a corda do equilibrista ficaram balançando ao vento, como que para testemunhar. Então, aquele que pretendera nascer como *Minimus* gorou. Foi ao chão como um abacate pós-flor que deixa o pé sem ainda ter sido fruto. Filippo ficou desolado.

— *Che delusione!* — exclamou quando saía do *Minimus* com o "basta" estridente do Dino. Ele pegou a rua e foi para a beirada do rio.

Já passava das dezoito. O trem com destino a São Paulo já havia partido. A estação estava vazia. Mas os olhos daquela menina linda estavam na sua cabeça. Ainda não sabia seu nome. Conhecia somente o seu Theodoro, sua família, não.

Mas que bobagem pensar nela. Ele sem casa, roupa, família, com somente o Nero, e ela com pai e mãe, amigos, bem do lado do picadeiro, junto da arena, o lugar mais caro do *Maximus*. E depois ele e ela eram meninos. Que bobagem estaria pensando? Nunca se ateve a isso. Nunca olhou para uma menina desse jeito. O que estava acontecendo?

Uma frente úmida entrou e choveu torrencialmente. As derrubadas de matas iam longe. E os cafezais substituíam a floresta original como fosse um imenso tapete verde. Caminhões de mudanças, trens cheios de passageiros desciam em todas as estações. Todos esperançosos. Via-se nos olhares, nos semblantes.

Filippo deu nova investida à procura dos tios. Então ele pegou doces e salgados do turco Mamed. Vendeu por mais de uma semana na estação. Juntou e comprou bilhetes do trem. Iria até o final da linha. Pegou o trem e foi.

Como das outras duas vezes, voltou sem nenhuma informação do paradeiro dos tios. E nessa terceira, quando regressava, avistou pela janela do trem, na Vila Apucarana, uma cobertura azul. O trem foi chegando, chegando, e mais de perto reconheceu: era o *Circo Maximus*. Estava armado, imponente, em um espaço próximo à linha férrea. Sorriu, depois lacrimejou.

O trem seguiu. O circo ficava. Provavelmente seria a última vez que o veria. Como desejava conversar com seu Francisco, o proprietário de paletó e gravata-borboleta, bondoso como o seu Salvatore da estação de Gênova! Que lhe deu serviço por alguns dias, também entrada franca. Não desejava além de uma vassoura, um prato diário de comida e uma tenda para dormir.

Também gostaria de saber quem eram os palhaços *Bella Vita* e *Vita Bella* no seu dia a dia. De onde vieram e por que fizeram a escolha de serem palhaços. Com a vassoura na mão passou por eles de raspão. Poderia ter perguntado, mas não o fez.

E o rio dessa sua vida estava a escorrer. Entrava em fendas rasas, depois em profundas. Seu pai sabe-se lá onde estaria. A mãe vinha na memória e sumia. Os dois tios, a carta puída, com, hoje, letras desgastadas como o idoso sentado ao seu lado no banco do trem.

O Deoclécio da Lázara estava no circo, falou com seu Francisco, que o compreendeu e lhe deu serviço. Poderia ter mostrado a carta, contado sua história. Esse homem era de bom coração. Se tivesse visto a carta, compreenderia, então poderia estar com o Deoclécio. Desgraça por um lado, sorte ter encontrado esse circo — de cidade em cidade, espetáculo em espetáculo, as dores do Deoclécio diminuirão. Ele esquecerá essa Lázara dos infernos.

Mas era tarde. O cavalo passou encilhado e Filippo o perdera. Começou a rir ao lembrar-se dos palhaços com suas traquinagens, peraltices no picadeiro. Quem não riria do *Bella Vita* e do *Vita Bella* moribundos, esfarrapados?

Na estreia não viu nada. Mas no espetáculo do domingo, os viu. Entraram em cena, mudos, com uma cadeira e um serrote. A cadeira tinha três pernas com o mesmo comprimento e a quarta bem mais curta. *Bella Vita* se sentou, ela pendeu e caiu.

Vita Bella gargalhou. Deu uma volta no picadeiro bradando que esse era, mesmo, um burro. Relinchou. Num supetão, tomou-lhe a cadeira e a posicionou deitada. Mostrou o serrote à plateia. Estimou-o. Fez mira como se fosse o cano de uma espingarda. Arcou sua folha. Soltou. O aço tilintou, zuniu. Ele riu.

Fez parecer que tinha o melhor serrote do mundo. Riu mais. *Bella Vita* olhava-o com desdém. *Vita Bella* estava ali para resolver o problema. Então ele cortou as três pernas maiores com o objetivo das quatro ficarem iguais. Cortou e passou a cadeira ao "amigo". Ele sentou-se e caiu. Agora tinha uma cadeira com uma perna comprida e três curtas. A cena repetiu-se até a cadeira ficar sem as quatro pernas. Ficara só com seu assento. Sentou-se e não caiu. Cairia de onde se estava rente ao chão?

O do serrote estimava-se por ter resolvido o problema da cadeira. Um fleche de luz deu vida ao *Bella Vita* sentado. Uma música animada, alta, veio. Os dois palhaços saíram do picadeiro correndo. A plateia os aplaudiu.

O trem parou na estação da Vila do Rio. Filippo, casmurro, desceu. Dois, três meninos brincaram com ele. Não deu a cara e nem voz a ninguém. Pegou o rumo da sua "casa" sob a cabeceira da ponte. Nero o acompanhou. Chegou, ajeitou seus trecos, os papelões, as folhas de capim e se deitou. Não dormia. As lembranças do circo foram substituídas pelas da menina. Ele achava estranho. Nunca tinha sentido aquilo. Ela não lhe saía da cabeça. Revirou. Levantou-se. Passou água no rosto. Bebeu água fazendo duma folha de mamona uma concha. Nero espiou, se abaixou e bebeu diretamente do rio.

O sol já tinha ido. Tudo estava muito quieto. Ouviu sapos coaxarem. Achava que eram sapos. Não sabia as diferenças entre sapos, rãs, pererecas. Já tinha o curso primário. Fez na Itália. Na escola via retratos de bichos, mas não desses do Brasil.

Cobra? Tinha medo. Achava incrível elas andarem sem pernas, subir num galho de árvore sem braços e mãos. E foi exatamente nessa hora que uma cobra-verde passou com um pobre sapo na boca. Sua cabeça estava dentro da cobra. Nero uivou. As pernas iam de fora. O coitado esperneava. Jamais dormiria ali nessa noite. A noite dos sapos e das cobras.

Amedrontado, subiu o barranco e foi para cima da ponte. Debruçou na mureta de proteção dessa cabeceira e espiou tudo lá de cima. Viu Dino Mekelê passar bem próximo com sua canoa descendo o rio. Provavelmente viria da ilha onde tinha uma casa. De cima viu malhadeiras e uns peixes grandes. Saiu dali e ganhou a praça da igreja, hoje sem padre. Depois foi até a venda do seu Diogo, o espanhol mão de vaca. Nunca lhe dera um guaraná, uma paçoquinha, uma bala. Entre os meninos da Vila do Rio, corria que era homem bom, justo, mas que seu passatempo era ganhar dinheiro, que matava um escorpião espremido com medo de abrir a mão.

 Era noite feita. Estava com fome. A venda estava cheia. Ficou com vergonha de chegar de uma vez. Então ficou por ali. Pediria um pedaço de pão ao mão de vaca? Melhor não. Seu Lorenzo, com seu costumeiro chapéu marrom, conversava, como sempre, com Theodoro, bem provável que sobre a guerra que seguia.

 Filippo lembrou-se da pipoca do *Maximus* quando seu Theodoro pediu para todos. Era o pai daquela menina linda, a mais bonita que já vira na vida. Pedir comida com ele ali, nem pensar.

 Quando se lembrava do ditado repetido pelo pai, que "a fome faz a valentia", não foi que, de repente, o seu Theodoro deu um até mais e foi embora!

 Seu Lorenzo ficou. Filippo respirou fundo. Criou coragem, atravessou a rua, deus três passos e encostou-se na parede do armazém. Permaneceu ali por cinco, seis intermináveis minutos. Uma mão esfregava-se na outra. Decidiu aproximar-se. Falaria em português.

 — Boa noite! — o "boa-noite" saiu baixo, um grunhido.

 Seu Lorenzo o olhou, mas não respondeu. Filippo curvou-se de vergonha, exacerbada timidez. Caberia dentro de um caracol do menor molusco, ou em um casulo de uma borboleta. Jogara o anzol, a isca saiu e o peixe não veio. Não tinha mais o que fazer.

 Refaria o boa noite? Não. Não iria repetir. Não teria voz. Sairia bem devagarinho, depois correr, correr, correr muito e, em seguida, se enfiar no mato junto dos sapos e das cobras para entender por que sapo era sapo, cobra era cobra e os porquês deles morarem lá... Seus insucessos fizeram com que assim fossem...? Ou estavam lá por conta dos seus atributos, dos seus sucessos? — teve dúvidas. Deixou esses pensares, arrumou a boina na cabeça, ajeitou as alças do suspensório, saiu da parede e pôs os pés na rua para ir. Ao primeiro passo para deixar a venda...

— Ei, menino! — alguém gritou.

Filippo se estremeceu. Virou-se e ficou imóvel. Sem ação. Mudo.

— O que você quer?

Com a boca travada, grunhindo, disse:

— *Una caramella.*

— Te dou, mas tem que ir à minha casa tomar banho e trocar essa roupa. Está tão esfarrapado e sujo quanto os palhaços do circo! — fez um ar de sorriso. — E esse cachorro? Tem nome?

— Nero.

— Quero saber se você topa tomar um banho e trocar essa roupa? Ganha uma paçoquinha...

Filippo abaixou a cabeça. Claro que queria. Mas não o conhecia. Via-o pela cidade, na estação, na cerâmica, no jipe, também nesse armazém, sempre bem-vestido, garboso... devia ser bem rico — pensou.

— E então? — pausou. — Ou gosta só um pouco de paçoquinha ou tem medo d'água! — riu abertamente.

— *Mamma mia!* — Filippo exclamou.

— Ora, veja! É um italiano...!

— *Sì. Sono italiano.*

— Agora entendi o Nero... E seu pai, sua mãe?

— *Sono morti.*

Lorenzo sinalizou para Elisa, a filha do vendeiro, que atendia no balcão. Ela veio.

— Por favor, um pão com mortadela e um guaraná para esse menino, também uma paçoquinha! E um pedaço daquela linguiça pro cachorro...

Enquanto Filippo comia, Lorenzo o olhava de vez em quando, mas de rabo de olho. Não queria intimidá-lo. Nero comia e espiava. Filippo lhe fez um agrado com um pedaço de pão.

Assim que terminou, pegaram a rua e foram. Uma rua sem pavimentação. E o barro pegava nos pés como cola de um grão de café-de-bugre.

Chegaram ao portão da casa. Um limpa-pés parecia esperá-los. Os dois passaram, para lá e para cá, a sola dos seus calçados até que o barro mais grosso saísse. Enquanto Filippo limpava, Lorenzo ria ao ver sua falta de prática. Certamente era a primeira vez que usava um limpa-pés. Mas não só por isso ria. Estava contente pela iniciativa de dar olhos a um quase invisível, um menino em situação precária.

Lorenzo abriu o portão. Filippo estava feliz, porém trêmulo. Retirou a boina da cabeça.

— Não fique assim, entre — passou as mãos nos seus cabelos. — Estão compridos, vamos cortá-los amanhã. Combinado?

Ele não respondeu. Nero abanava a cauda e lambia as mãos do Lorenzo.

— Domênica! — Lorenzo gritou. — Venha! Temos visita! — retirou o chapéu e o colocou em um chapeleiro da varanda.

— Visita? — perguntou saindo da sala para a varanda. — Meu Deus! É você? — sorriu.

— É você? Então se conhecem? — Lorenzo arregalou os olhos.

— Do trem de São Paulo para cá. Contei-te. Esqueceu? — sorriu. — Que mundo pequeno, hein, italianinho? E esse cachorro preto?

— É o Nero, esposa.

— Senta aqui... Ainda não sei seu nome.

Os três sentaram-se. Apresentaram-se. E durante as apresentações riram dos tropeços ao tentarem se comunicar. O menino, desconfiado, não falou tudo. Contou apenas uma parte da sua história. Lorenzo e Domênica também. Descobriam que vieram do mesmo país em tempos e circunstâncias diferentes. Lorenzo Giordano, da região do Vêneto; Domênica Beninni, da Emília Romana. Ele, menino de quatro anos, em 1902. Ela com dois, em 1904.

Depois de quebrar o gelo, Filippo acendeu os olhos. Descobria que estava entre os seus. Seus olhos verdes, sem brilho por muito tempo, reacenderam-se. Verdade que brilhou no circo quando vira Maria Clara.

— E você? — Domênica perguntou. — Não nos falou de que parte da Itália é.

— De Aosta. Lá em cima. *Quasi al confine con Germania e Francia.*

— Mas por agora chega — Lorenzo travou. — Vamos ao que combinamos? — tirou-lhe a boina das mãos e a dependurou no chapeleiro.

— O que combinaram?

— Que eu lhe daria uma paçoquinha se tomasse um banho e trocasse essa roupa imunda. Veja, não acha que desse jeito é até meio parecido com aqueles dois palhaços do circo? — riu.

— Vem cá — Domênica o tomou pelo braço. — Vou pegar uma roupa que lhe sirva. Deixa-me ver. Temos um monte. É do tamanho do Guilherme.

Domênica foi e voltou com uma troca completa. Filippo entrou no banheiro. Saiu cheiroso, bem-vestido, sorridente.

— Quantos anos você tem?

— *Quasi tredici. Ma devo andare* — saiu na direção do chapeleiro para pegar sua boina. Nero, que num canto parecia dormir, abruptamente, se levantou.

— Ir para onde? — Lorenzo perguntou por perguntar. Maltrapilho como estava, sabia que morava na rua.

Filippo, em pé e com a boina nas mãos, abaixou a cabeça. Domênica pegou em suas mãos e o fez sentar. Olhou para ele, sorriu e disse.

— Vai dormir essa noite aqui. E na cama do Guilherme. Ele está no céu.

— *Cielo? Non ho capito!*

— É uma triste história. Saiu daqui para ver sua avó, minha mãe, lá pertinho da estação Sorocabana, mas não chegou. O jipe capotou. Machucou-se muito, não teve jeito. Mas vamos mudar a conversa? — sorriu. — Hoje você dorme aqui — apalpou o colchão. — Vai ser melhor do que no banco daquele trem! Ainda se lembra dele? — sorriu outra vez.

Como esquecer entrar naquele trem sem saber quase nada de português e ainda clandestinamente? Entrou e sentou-se bem do lado dessa incrível mulher. Que presente! Comparava o de dormir essa noite ali com a beleza de Maria Clara de lábios rosados e olhos intensamente verdes. Sem contar que hoje dormiria de barriga cheia. Além do que estaria salvo das cobras da beirada do rio.

Filippo não tinha palavras certas para agradecer. Nem em italiano, imagina então em português.

— Vamos — tomou-o pela mão. — Se quiser, pode fechar a porta. Se precisar de alguma coisa, é só chamar. O Nero dorme nos fundos — Domênica sorriu.

Bem cedinho, quando Filippo foi para a cozinha, Lorenzo e Domênica terminavam de tomar café. Sorriram para ele. Sentou-se. Tomou café com leite e pão.

Conversaram um pouco. Na verdade, não. Domênica tomou a palavra e fez um monólogo. Passou a falar sobre de onde veio, que a Emilia-Romagna ficava na região meio-norte da Itália, que ia desde os Apeninos até o rio Pó, e que a capital é Bolonha, que talvez por isso gostasse tanto de macarrão à bolonhesa.

Filippo se interessou pela comida e entrou na conversa. Falou ao casal que fora por um tempo guia de turismo em Aosta e que, por isso, estudou um pouco a história da Itália. Falou aos dois que os turistas eram curiosos quanto às comidas típicas de Aosta, Chivasso, de Turim.

Domênica animou-se.

— Então acho que você sabe que o legítimo molho à bolonhesa foi inventado por um habitante da cidade de Bolonha.

— Domênica, tenho que ir. A cerâmica me espera. Estou testando uma nova mistura de argila. Quero fazer um outro tipo de telha — Lorenzo colocou o chapéu na cabeça e, quando ia sair, Filippo se levantou e...

— Muito obrigado, senhor!

— Já sabe bem o português, Filippo! — Domênica sorriu, ele também.

— Obrigado mais uma vez, senhora. Na verdade, *grazie mille. Mi ha salvato quella notte sul treno Sorocabana* — sorriu. — Vou indo — botou a boina na cabeça.

— Deixa-me ver essa sua boina — Domênica pegou da sua cabeça, cheirou e torceu o nariz. Sorriu. — Precisa de água e sabão. Amanhã você vem buscá-la.

Lorenzo e Filippo saíram rua abaixo. O cachorro foi atrás. O primeiro ficou na cerâmica, que ia muito bem. O menino e o cão foram para a cabeceira da ponte.

O QUE VALE É A ALMA

1942. Lorenzo chegou da cerâmica ao anoitecer. Perguntou do menino a Domênica. Respondeu que não viera buscar a boina. Ela a lavou e estava no chapeleiro. Os dois sentaram-se ao pé do rádio sobre uma estante de livros. O "Repórter Esso" começaria dali um pouco. Todos os dias ouviam notícias sobre o andamento da guerra. Ora com o progresso de Hitler, ora dos aliados.

Do lado do rádio uma pilha de jornal ocupava bom espaço. Recebia a *Folha Paulistana* todos os dias. Com um dia de atraso por conta de vir no trem da Sorocabana. Ali na Vila do Rio, Lorenzo, Domênica e o vendeiro Diogo Mascarenhas eram, sem dúvida, os mais informados. E fazia tempo que assinavam.

Preferia esse jornal por não ser conservador. Acompanhava-o fazia tempo. Era vanguardista, seus repórteres eram bons no contraponto, diferente da maioria que lia pelos olhos de quem mandava. A Folha nascera por mãos de Oliveira Horta em 21 de fevereiro de 1922. Nascera para ser livre, não estar preso, como outros, às elites conservadoras, às oligarquias.

Como hábito, todas as tardes quando chegava do trabalho, Lorenzo corria ao rádio. Domênica o acompanhava. Os dois se punham ao pé dele e iam às notícias trazidas pela *Folha Paulistana* de ontem.

— Nossa! — Domênica abriu o caderno com a guerra aos seus olhos.
— O quê?
— Que matéria bem-feita. Toma — passou para o marido.
— Desliga o rádio.
— Mas e o Repórter Esso?
— Vou ler em voz alta. O rádio atrapalha.

Domênica não concordou, mas o desligou.

— Posso? — Lorenzo a olhou e sorriu. Ela, séria, o olhou por cima das lentes.

Lorenzo leu, em voz alta, toda a matéria. Era longa, desde os primórdios do conflito até os dias atuais. Veio de forma cronológica, o passo a passo, todo o ocorrido desde 1931, quando o Japão, num passo infeliz do seu imperador, invadiu a Manchúria; em seguida a Itália entrou na Etiópia.

— Fazem como fosse um pão sobre a mesa... Bastardos! — Domênica reagiu. — Essa matéria ainda vai longe? Olha — Lorenzo virou o jornal. Em 1940 a União Soviética invadiu a Finlândia. Nesse mesmo ano, a Alemanha invadiu a Dinamarca, a Noruega, a França e os Países Baixos neutros: Bélgica, Holanda e Luxemburgo. Mas o mais duro foi isso, ouça: no dia 22 de junho de 1940 a França assinou aquele acordo sobre o qual já conversamos outro dia, o armistício. Que maluquice! Os alemães ocuparam todo o norte da França, toda a linha costeira junto ao Oceano Atlântico. E no sul uns sem-noção, colaboram com os nazistas. Foi tanta colaboração que fizeram Vichy sua capital.

— Lorenzo, eu não sabia que o sul da França são simpáticos aos nazistas! Filhos da puta! Criaram até uma capital. A França de Vichy! Nem sei como é que se pronuncia. E quem começou essa merda toda foi o Japão... Japoneses são quietinhos, mas danados, né?

— E os italianos falastrões não ficam atrás. Podiam ficar só no macarrão...

— Macarrão? Vou botar a panela no fogo. Vais comer um à bolonhesa, meu marido! — saiu na direção da cozinha.

— Continuo a leitura?

— Espere-me. Se continuar não come! — sorriu.

Plaft, plaft, plaft! Ouviram palmas no portão. Domênica correu para atender. Era Dino com uma cesta de peixes. Trazia uma vez por semana. O pescador desceu-a ao chão. Ele estava sorridente, também ela. Domênica escolheu um grande, um dourado de três, quatro quilos. Ele, embora sem escolaridade, desenhou numa caderneta de bolso. Em seguida ela o convidou para a macarronada. Dino falou que precisava ir, que Tânia o esperava. Assim que se sentaram para comerem, ouviram, novamente, novas palmas. Lorenzo, com a taça, reagiu:

— Poxa! Não se pode nem comer sossegado? — saiu da cadeira e foi.

Agora era Filippo. Lorenzo não sorriu. Não falou nada. Apenas gesticulou com a cabeça que entrasse. Filippo, pela recepção, arrependia-se. Não deveria ter ido. Estava a fazer mal juízo, a pensar que retornava naquela hora por causa de um prato de comida. Não era. Estava ali pela boina que ficou. Se bem que dormir com a barriga cheia era bom. Nero também gostaria.

Filippo, com esses pensares, entrou encolhido. Domênica deixou o garfo e festejou:

— Mas olha quem chegou! Sente-se aqui, italianinho! — puxou uma cadeira. — Vou colocar um prato para você. E olha o que vai comer! — sorriu novamente. — É aquele macarrão do qual falamos. Um talharim à Bolonhesa — riu mais, Filippo também. — E o Nero vai comer lá para os fundos. Tenho algo para ele.

Os três comeram de suar a testa. Conversaram, riram, Filippo pegou sua boina, agora cheirosa, no chapeleiro, a colocou na cabeça e, quando iniciou rumar ao portão, ela lhe deu um beijo na face. Lorenzo viu. Virou um resto de vinho da taça e acompanhou Filippo. Diante do portão ele colocou as duas mãos nos seus ombros e...

— Volte! — indicou com uma das mãos a porta da sala. Retornou. — Domênica! — Lorenzo gritou.

Domênica chegou e, ao ver Filippo de volta, seu coração acelerou. Sua mente não sabia o porquê, mas o coração, mais esperto, sim.

— Filippo vai ficar! — Lorenzo sorriu, Domênica também.

O sorriso e os olhos dela concordavam. Também os de Filippo. Mas ficara na dúvida se para somente agora ou para sempre. Quis perguntar, mas teve medo da resposta. Mas como a fome faz a valentia — fomes de carinho, de um lar, de uma família —, criou coragem e...

— *Dio santo! Non ho capito!*

— Vou falar bem devagar. Eu e a Domênica estamos falando que se você quiser, pode ser parte da nossa família, morar conosco para sempre. Agora entendeu?

— *Ora capisco!* — chorou. Eles o abraçaram. — *Ma... non so come dirlo... Può restare anche il mio cane?*

— O Nero também.

Filippo foi para o banho. Do banho para a cama, a que fora de Guilherme, o filho do casal, com só treze anos, morto em um acidente no caminho para São Paulo.

Nos dias seguintes Filippo, aos poucos, foi melhorando seu português, compreendendo o jeito dos brasileiros viverem, comerem, vestirem-se, também sobre a história do lugar e do país. E os vizinhos, surpreendidos, curiosos por demais com essa adoção, todos os dias os visitavam. Queriam saber de onde viera, de que forma, as circunstâncias, os apertos, a viagem propriamente. No contexto admiravam a fibra, a ousadia, o atilamento, a coragem do menino. E ali na Vila do Rio, ao saber dos tios que vieram tempo atrás, e que precisava encontrá-los, propuseram-se a ajudá-lo.

COM A *FOLHA PAULISTANA*

1942. Era sábado. A venda do Diogo estava movimentada. O espanhol sorria para todo lado. Uns compravam, outros vendiam. Dino trocava peixes por batatas, cebolas e querosene. Zé Rufino, feliz da vida, por ter feito bom negócio com a venda da balsa, bebia com Dezinho. Comprara um sítio perto da estação da Vila Frei Timóteo já com oito mil pés de café em produção. Tão animado estava que projetava expandi-lo.

Lorenzo chegou no armazém, retirou o costumeiro chapéu marrom da cabeça, entrou e sorriu para Elisa. A bela filha do vendeiro veio ao balcão. Ele pediu-lhe um copo do melhor vinho.

Nem precisava. Ela já sabia de cor e salteado. Conhecia as preferências desse garboso homem. Foi até um corote sobre um pranchão e voltou com o vinho e uma porção de salame fatiado. Lorenzo lhe agradeceu.

Em seguida entrou o Samuel Neves, o de Juiz de Fora, lá o "Samuca da Banha", que ainda carregava o carcamano do Matarazzo na garganta. Falira lá e viera salvar a pele na construção da ponte ferroviária aqui na Vila do Rio. Hoje, depois da construção da ponte, voltou a criar porcos na Água Branca, a poucos quilômetros da vila.

— E então, seu Samuel? O que faz agora?

— Se nasci tatu, só me resta fazer buracos! É o que sei fazer — sorriu.

A resposta remetia à atividade que tinha em Minas. Dezinho, colega de Samuel nas empreitadas da construção da ponte, hoje trabalhava com ele no sítio.

João Manfrinato, o padeiro da Vila do Rio, entrou com um balaio de pães quentinhos. Colocou-o sobre o balcão e gritou:

— Boa noite, pessoal! — passou a manga da camisa e enxugou o suor que descia do rosto. — Olha o pão! Estão quentinhos!

Lorenzo foi ao balaio, pegou um, cortou-o longitudinalmente, sinalizou, agora para Ana Flor, a esposa do Diogo, para mais salame e vinho.

Enquanto comia e bebia, Theodoro Fonseca entrou no armazém, pediu por uma branquinha, arrancou uma palha de milho do bolso, um pedaço de fumo e se pôs a fazer um cigarro.

Estava expresso na sua cara que os negócios caminhavam bem. Talvez nem pensasse mais em fundar a tal cooperativa. Mas não. Bem ia, mas queria mais. O sítio, hoje do Zé Rufino, foi comprado dele. Pagou cento e vinte mil cruzeiros e o vendeu ao da balsa pelo dobro. E por esses dias andou sondando o Valentim. Pretendia adquirir seu sítio porque sua terra era de primeira qualidade com um córrego no fundo e bom espigão. O cafezal desse diziam estar uma maravilha. Então... Bem, o Valentim que se cuidasse.

Ali todos eram novatos. Por isso desconfiar era a regra. Desse que vendia e comprava, comprava e vendia, ainda mais. Tinha lábia e astúcia para ganhar dinheiro. O tempo, que é senhor de tudo, qualquer hora esclareceria.

O ditado, que para se conhecer uma mula coiceira dentro de uma tropa era preciso um cocho e sal grosso por algum tempo, podia ser aplicado ao picareta Theodoro Fonseca. Nesse curto tempo Lorenzo andava velhaco, desconfiado. O coice podia vir sem aviso.

Lorenzo comeu, bebeu, saiu do balcão e foi para o reservado. A conversa por lá ia animada. Em seguida Theodoro também foi. Puxou fumaça, baforou e...

— Escutaram o Repórter Esso de ontem? — voltou o cigarro à boca.

— Não só escutei como fui reler isso aqui, olha. É de anteontem, da *Folha Paulistana*. — Retirou do bolso a página dobrada com a matéria. Theodoro olhou e...

— Se for para defender o presidente bombachento, nem começa, Lorenzo — soltou fumaça. — Não concordo, de jeito nenhum, que mandem brasileiros para essa guerra. Quem a fez que dê conta. E olha que nem filho homem tenho! — arregalou os olhos.

— Calma, Theodoro. Não é sobre isso essa reportagem. E não sou defensor de ditador. Nem desse nosso, nem daqueles do outro lado do Atlântico. Mas isso é assunto para outro momento — pausou.

Pausou porque ficou na dúvida se lia ou não. Queria dividir as informações que lia no jornal todos os dias. Pensou mais um pouco e decidiu.

— Não vou ler. Vou fixar essa página ali na parede. Isso se o amigo Diogo concordar. — Diogo sorriu com um sinal de positivo. — Essa matéria mostra o passo a passo da guerra na linha do tempo.

— Do jeito que estou vendo, essa guerra acaba chegando aqui... — Zé Rufino, com os olhos na matéria, resmungou.

— Pergunta para o Theodoro, Zé! — Lorenzo sugeriu. — Se der mole, chega aqui, na Argentina, no Chile. Se o Japão, que está do outro lado, então, muito mais distante, faz parte da combinação, que começou tudo, imagina nós? Estão me entendendo? — arregalou os olhos. — O Getúlio pode ser um bombachento, um bebedor de chimarrão, um ditador, porque todos sabem que ele é presidente por conta de um golpe, mas se aliar contra o Hitler e o Mussolini é um passo correto. Ou nunca ouviram falar que o nosso presidente também é um ditador? Ele não foi eleito. Entrou em 1937, há seis anos. Estamos no final de 1942. Ouviram falar quando teremos eleição para presidente? Nada. Igualzinho o Salazar em Portugal. O Franco da Espanha. São todos ditadores. Mas não devo falar muito mal do português e do espanhol porque nossos amigos, digo, o Theodoro e o Diogo, têm um "pezinho original" na Europa — sorriu aos dois. Em seguida o Samuel, com os olhos na matéria do jornal, pediu a palavra.

— Nem sei onde ficam esses países. Esse jornal não traz um mapa para facilitar?

— Traz sim, mas é pequeno, olha! — virou a página e mostrou. — Talvez a Elisa do Diogo tenha um. Afinal ela já é professora dos nossos filhos.

— Nossos? Não sabia que tinha ressuscitado o Guilherme.

Lorenzo ia responder com um soco na cara do Theodoro, mas resistiu. Não o fez por muito pouco. Respirou fundo. Contou até dez, saiu do reservado e foi até o salão atrás de um mapa. Voltou com um grande colado a uma cartolina. Era um *mundi*.

— Olhem! — deitou-o sobre uma mesa. — Pois então... Vejam todos os países. A Bulgária, a Itália, a Alemanha, a União Soviética... Estão vendo? Tudo isso aqui, olhem, pertence aos nazistas e fascistas. E essas setas indicam os movimentos de cada exército. Vejam que sai seta da Alemanha e da Itália para todos os lados. Até para o mar Mediterrâneo para chegarem no norte da África.

— África? — Dezinho perguntou.

— Sim. A Itália invadiu o Egito. O Egito é africano. Branco, mas africano. Todo o norte desse continente é branco.

— Mas a União Soviética, grande como é, por que deixou a Alemanha tomar conta?

— Seria como um Matarazzo? — o Samuca da Banha perguntou. Todos riram.

— Vejam: aqui nessa parte fala sobre a audácia dos japoneses.

— Lorenzo, por favor, chega de guerra por hoje. Preciso sair para cuidar da minha batalha. Tenho um encontro com o Manfrinato. Deixou seus pães aqui, mas não era lugar para o assunto. Ele quer expandir a padaria e eu as minhas terras. Sabe uma luva e uma mão? — Theodoro Fonseca dizia que o de lá queria vender, e ele, o de cá, comprar. — Podíamos marcar para continuar esse assunto em outro dia. Mas que não engulo o do chimarrão, não engulo.

— Nem eu, Theodoro. Nascemos para ser democráticos. Essa coisa de golpe parece uma sina. Pode ver que erramos desde o início. Um certo marechal, o Theodoro da Fonseca, certo dia, acho que depois de ter um arranca-rabo com a mulher, não foi que reuniu uma tropa e golpeou?

— Esse aí, o Theodoro Fonseca? — Zé Rufino perguntou gargalhando.

Todos riram. Coincidência desse tamanho não podia escapar. Melhor perder o "amigo" do que a piada.

— Falo sério — Lorenzo repôs o assunto. — A elite brasileira achou esse testa de ferro para derrubar o imperador D. Pedro II. Chutou-lhe o traseiro e tomou seu assento. Estão vendo como cada um tem o Salazar, o Franco e o Mussolini que merece? Tem ditador espalhado para todo lado.

— Acha que até entre nós há? — Samuca da Banha perguntou.

— A estrada é longa, amigo... Esperemos... — Lorenzo respondeu-lhe com ligeiro sorriso.

Em seguida Lorenzo e Theodoro deixaram o armazém e saíram. Os demais ficaram no reservado a jogar conversa fora. Elisa apareceu sorrindo com uma garrafa de cachaça e cálices numa bandeja. Falou que era presente do ceramista. Em seguida ela perguntou se iriam comer alguma coisa.

Samuel pediu mortadela e três pães do Manfrinato. Comeram, beberam, só deixaram a venda quando a garrafa de cachaça findou. Cambaleando e rindo de tudo, foram-se.

Na praça Theodoro e Lorenzo conversavam sobre seus negócios. O primeiro estimava-se com os ganhos do seu compra e vende, com as trapaças. O segundo com a cerâmica em plena produção. Mas, de repente, Theodoro, abruptamente, mudou o rumo da conversa.

— Pretende mesmo ficar com o moleque feito por outro, com o bastardinho?

Pergunta preconceituosa. Não só pelas palavras, mas pela entonação sarcástica. Lorenzo respirou fundo antes de responder. Podia ir ao mesmo tom ou subir.

— Para sempre, Theodoro. Para sempre. Só não fica se ele não quiser.

— Mas de papel passado e tudo? Inclusive com direito à herança?

— Sim. Não gosto de filho pela metade. Tivemos um por inteiro e agora não tenho nem um tiquinho dele. Aliás, tenho a saudade. Você bem sabe — falou com voz embargada. — Perdemos naquele fatídico acidente. E esse menino, parece que por propósito, desígnio, sei lá, tem a mesma idade do Guilherme quando morreu — pausou. — Você faz parte dos que estão do lado do acaso ou do outro?

Theodoro não respondeu. E não o fez por dois motivos. Primeiro porque sentiu que ultrapassou a linha. Segundo, porque era temente a Deus — o que não parecia. Como o "amigo" não respondeu, Lorenzo ponderou.

— Nem precisa me responder. Sei que vai à igreja dia sim, dia não. E por falar nela, estamos, faz tempo, sem padre.

— Chegará um daqui uns dias. O tal que aprontou, que nem sabemos se era mesmo padre, desapareceu.

— Levou a Lázara do Deoclécio e a renda da última quermesse...

— Lorenzo, preciso passar na padaria do Manfrinato.

— Está bem. Mas quero que conheça o Filippo.

— Filippo do quê?

— Melinni Conti. Mas, se ele quiser, poderá ser um Giordano.

— Italiano?

— Sim. Nasceu em Aosta, no norte da Itália. Contou-nos que o pai foi um militar do exército italiano.

— Foi?

— Ele acha que hoje é um esqueleto. Também não tem mãe.

— E veio para cá por que e de que maneira? Sozinho?

— Vixe! A história é longa. Nem eu e Domênica, que estamos com ele há uma semana e meia, sabemos toda. Fica para depois. — Deram-se as mãos e foram.

UM FREI NA VILA DO RIO

1942. Tânia, Domênica, Tereza, Theodoro, Lorenzo, também uma criançada se botaram nos trinques para receber o novo padre. Estavam ansiosos. Chegaram na estação da Vila do Rio quinze minutos antes do horário previsto. O trem, vindo de São Paulo, não costumava tardar. Dali um pouco estaria bufando na plataforma.

Sem saber quem e como era, trocavam ideias sobre sua fisionomia, idade, altura, todos os atributos pessoais.

Ouviram o trem apitar assim que ganhara a planície do rio. Ele entrou na estação soltando fumaça. Parou. Enquanto passageiros desciam e outros subiam, meninos se puseram, com seus tabuleiros, a vender, pelas janelas, também na plataforma, salgados, doces, frutas, sucos. E os que vieram especialmente para receber esse novo padre não tiravam os olhos das portas dos seus dez, doze vagões. Para decepção, até agora, já com mais de cinco minutos parado, não viram nenhum padre descer.

O sino da estação badalou, sinal de que o trem partiria em dois, três minutos. Confabulavam sobre sua ausência: erro na data, no endereço, e se fosse um velho, a saúde. Mas não. Assim que a composição estremeceu e começou a se mover, um homem alto de batina marrom amarrada com um grosso cordão cor de palha, na altura da cintura, e na cabeça um capuz da mesma cor da veste, pela cara aparentando não ter mais que trinta anos, sorridente, desceu os degraus da escada do seu vagão. Num dos ombros ele trazia, a tiracolo, um violão, numa mão uma maleta e na outra um guarda-chuvas.

Ao vê-lo, arregalaram os olhos pela esquisitice. Uma imagem diferente para todos, exceto para Lorenzo e Domênica, que tudo liam. Esperavam um padre padrão, com batina preta, chapéu preto, para lá de meia-idade, gordo. Nunca um moço com uma sotaina marrom e ainda amarrada ao meio por uma corda. E, de quebra, escondia os cabelos com uma touca larga na cabeça num verão de espocar mamonas. Theodoro cutucou Lorenzo e...

— Lorenzo, o que é isso?

— É um frei, um frade. É da ordem de São Francisco. Bem diferente da ordem do padre Clemente, que dizia ser um Salesiano.

— Eu sei... Mas esse aí, sei não...! — Theodoro resmungou.

— Quem vê roupa não vê coração, Theodoro. Aquele que aprontou chegou aqui nesse mesmo trem e de que jeito? Apeou de terno, gravata e sapatos de verniz. E deu no que deu, não foi? Pode vestir o que quiser. Cada um que cuide da sua vida. Só não pode trapacear. Será que o que fugiu era, de verdade, padre? Vamos aos cumprimentos.

Depois de breves apresentações deixaram a estação e pegaram a rua da igreja com Lorenzo e Domênica de um lado, Theodoro e Tereza do outro e o frei no meio. Demais caminhavam atrás. Theodoro levava a maleta, Lorenzo seu guarda-chuvas. O violão continuava dependurado no ombro do frei.

Enquanto caminhavam davam as primeiras informações sobre a Vila do Rio, o rio Tibagi, os ambientes urbanos com vários negócios, a cerâmica San Giordano, seus três armazéns e o ambiente rural com o café em franca expansão.

O frei ouvia, ria, também brincava. Tanto que em um zás-trás pegou, ainda que desajeitado, uma criança pelos pés e fê-la de cabeça para baixo num gramado. Impressionava pelo jeito alegre, extrovertido, bem diferente do padre Clemente, um chato, quase sempre casmurro.

Alcançaram a igreja, depois a casa paroquial. Tânia, a cuidadora, as abriu e mostrou. Foram ao aposento. Estava tudo bem arrumado. Cama bem-feita, estendida, travesseiro alvo.

Ela era caprichosa, via-se que gostava da função. Dino, de fato, era um sortudo por ter mulher tão prestimosa, atenciosa com tudo e todos — avaliavam.

Maleta em um canto, guarda-chuvas num outro, o violão para um chapeleiro, uma caneca d'água retirada duma talha de cerâmica posicionada na cozinha, um bule de café sobre a chapa de um fogão de lenha ainda com algumas brasas, um pão caseiro grande feito na véspera e muitos sorrisos marcaram a chegada desse novo religioso.

Chegava à Vila do Rio o frei franciscano Giuseppe Caccini, jovem, alto, magro, olhos azuis, cabelos castanho-claros. Estranhavam-no pela batina marrom encapuzada amarrada à altura da cintura.

A criançada dispersou-se pela praça, os adultos ficaram. O frei deixou a cozinha e foi com Tânia ver outros cômodos, depois o quintal com um pomar feito por Dino, seu esposo, ela, sorrindo, o informou.

De volta, chegou na cozinha trazendo duas, três goiabas nas mãos. Mordeu uma, olhou no rosto de cada um, sorriu e...

— *Dio santo! Eco! Non so nemmeno da dove cominciare...* — sorriu.

— Em português, frei... — Lorenzo pediu.

— Claro. Estudei português porque queria vir para o Brasil. Mas vamos lá... — pausou. — Sei que podem estar me estranhando com essa minha batina marrom — pegou no cordão. — Sou da ordem de São Francisco. Na juventude Francisco foi um líder na sua cidade. Dizem que era alegre, amante da música e das festas. Gastava muito dinheiro. E como dizem que quem tem dinheiro tem mais amigos do que os que não o têm, ele tornou-se, rapidamente, um ídolo, principalmente entre os aristocratas. Viveu uns sete, oito anos esbanjando. Um pouco depois, da noite para o dia, mudou completamente. Perdeu o interesse pelo negócio e o dinheiro do seu pai. O que ele fez? — arregalou os olhos.

— Eu sei — agora Lorenzo entrou. — Aos 24 anos renunciou a toda a riqueza para se dedicar à pobreza.

— O senhor já leu sobre esse santo?

— Um pouco — Lorenzo respondeu. — É que aqui viveu um capuchinho, um franciscano assim como é o senhor. Tem uma vila aqui perto com o nome dele. Chama-se Frei Timóteo. O nome inteiro desse franciscano é Timóteo Castelnuevo. Nasceu em Gênova, na Itália. Foi um missionário aqui na região durante quase 40 anos. Não sei bem, mas falam que morreu em 1895 com 72 anos. Eu e o amigo Theodoro — apontou o dedo — podemos, qualquer hora, se o senhor quiser, dar uma chegadinha no lugar. Dá para irmos de trem, ou com meu jipe. Tem uma estação lá. Também uma capelinha.

Giuseppe Caccini concordou maneando, positivamente, a cabeça. Tomaram mais café, comeram quase todo o pão e foram dar um pulo até a margem do rio Tibagi. Longe, num remanso, viram uma porção de moleques se banhando. O frei não se conteve.

— Que tal darmos uma chegadinha até lá?

— No remanso onde estão as crianças?

— Sim! Com esse calor, não acham bom? — sorriu.

— Fala sério?

— Claro! Na minha Itália, nessa época, faz muito frio. É impossível cair n'água. Podemos chegar lá como?

Lorenzo e Domênica, que desejavam um religioso vanguardista, estavam gostando, muito embora jamais esperassem que, já na chegada, assim sem mais nem menos, já fosse se enturmar com uma molecada dentro d'água. E o Theodoro e a Tereza, que torciam que fosse um padre conservador, imaginem que nota cravavam a esse cabrito amarrado pela cintura? Reprovavam-no com um maiúsculo zero.

— Vão comigo ou vou sozinho? — o frei perguntou com seus olhos azuis arregalados.

Lorenzo se pôs à frente na trilha por entre capituvas, fumo-bravo e embaúbas. O frei foi atrás dele. Os demais completaram a fila.

— E aí, meninada? — ele gritou.

— *Mama mia!* — Filippo exclamou.

— *Ragazzo, sei italiano?*

— *Sì. Da Aosta. Sono Filippo Melinni Conti.*

— *Io del sud, quasi napoletano. Sono di Salerno. Voglio conoscere la tua famiglia, Filippo!*

— Já está a conhecer, frei. Somos, eu e Domênica, sua família. Filippo é nosso filho. É uma longa história. Conto-lhe mais adiante.

Frei Giuseppe Caccini sorriu. Em seguida rapidamente tirou a batina e ficou somente de ceroulas alvas e pulou n'água. Domênica e Tereza ficaram, de longe, a espiá-lo. Certo que gostariam de vê-lo de perto em pele, mas os "bons costumes" as proibiam. E como fosse um peixe ele atravessou o rio Tibagi a nado. Ida e volta nadou seiscentos metros. No retorno Lorenzo, Theodoro e os meninos bateram palmas. Vestiu-se, sorriu e...

— *Mio San Gennaro! Questo qui è il paradiso!* — falou quando um bando de garças muito alvas passavam rente à água do remanso. Depois um de biguás, negros como carvão. — E se tem pássaros tem peixes — arregalou os olhos.

— Sim. É um rio piscoso. Vai comer dos melhores. Tem uma espécie que é uma verdadeira iguaria. Já conhece o dourado? É amarelinho como esse ouro do seu anel, frei — Lorenzo sorriu.

— Ganhei no dia da minha ordenação. Presente da minha família em Salerno.

Três, quatro dias depois o assunto na Vila do Rio era esse "frei saidinho". Mesmo Lorenzo e Domênica, que torceram para que viesse um religioso avançado, por esse primeiro contato e inesperado banho, estavam em dúvida.

Entretanto, a igreja estava cheia de meninos, meninas, mocinhos e mocinhas que pouco ou nada, antes, davam ares de suas presenças. Missas, terços, reuniões em geral, a partir de então, estavam concorridos.

Se pelo lado bom a igreja enchia-se, pelo ruim Maria Cândida, a Candinha fofoqueira matraqueava de espumar os cantos da boca. Cheia de maledicências, ela espalhou veneno na Vila do Rio e arredores.

Que cândida era essa que, todo o tempo, vivia na Vila do Rio a contradizer o significado do seu nome? Para honrá-lo deveria ser brilhante, radiante, resplandecente, já que derivara de *candidus*. Mas não. Ela contava a seu modo o que vira no banho no rio. Que Domênica e Tereza estiveram ao desfrute durante o banho do frei com a molecada no seu remanso. Jurava que viu as duas em pele com a meninada e o frei. E ao ser indagada como, já que jurava não estar com elas, botou Dino Mekelê na sua mentira. O pescador estava espumando de raiva. Jurava que a pegaria de jeito assim que tivesse uma chance.

Tão séria foi a fofoca que Domênica e Tereza foram à quitanda questioná-la. Ela olhou para as duas e deu de ombros. Além do que as informou que Dom Aristides, o bispo da diocese regional, iria saber dessa pouca vergonha desse frei, logo, logo.

Dois meses depois Maria Cândida, a Candinha fofoqueira cumpria a ameaça. Levantou-se cedo e foi para a estação ferroviária. Iria pegar o trem na direção de Ourinhos. Estava ansiosa, tanto que o vendedor de passagens percebeu. Não se conteve e lhe perguntou:

— Dona Cândida, por obséquio! Não é da minha conta, mas me diga o que está acontecendo? Vejo-a apreensiva.

— E não é para estar? Vou ter uma palavrinha com o bispo na diocese.

— Nossa! Com a autoridade eclesiástica? Então tem mesmo razão desses suspiros.

— É um fato grave. Vou fazer uma queixa. Na verdade, uma denúncia. E como nunca se sabe como um religioso do seu quilate reage, estou nervosa.

— Aqui está sua passagem. Escuta! O trem já está chegando. Tenha uma boa viagem. Também sucesso com o bispo.

O trem chegou. Candinha entrou e tomou um assento. Estava nervosa, mas convicta de que era defensora dos bons costumes. Jurava que o bispo iria transferir o frei "*frango d'água*" para ciscar noutras várzeas.

— Onde já se viu um padre banhar-se em trajes menores com meninos e duas senhoras a espiarem? — ela resmungava.

— O que a senhora falou? — um vizinho de banco lhe perguntou.

— Nada. Estou pensando alto.

O trem parou na estação da Vila Cambará. Apeou. Uma hora depois ela pegou um ônibus. Chegou na diocese na cidade de Jacarezinho quase noite. Procurou por uma pensão. Instalou-se para apenas um pernoite. No outro dia, às oito horas estava na casa paroquial com Dom Aristides, o bispo. Relatou o que disse ter visto. Ele arregalou os olhos, tossiu, resmungou, mexeu-se na cadeira. Maria Cândida finalizou. Então Dom Aristides se pôs:

— Não sei se rio ou se choro, dona Maria Cândida! Não sei que água corre nesse rio da vila. Ontem mesmo o vigário Clemente Zappa zarpou de lá com uma... — pausou. Freou em tempo. Não queria pronunciar o que lhe veio na cabeça. — E hoje a senhora está aqui a me relatar que o frei Giuseppe Caccini tomou banho pelado com crianças e duas senhoras. Está certa de que não está a aumentar? — arregalou os olhos.

— Juro que falo a verdade.

— Terminou?

— Sim.

— Passar bem. Tenha uma boa volta. Leva esse rosário — deu-lhe um de contas róseas. — Como sei que a viagem é longa, dá para rezar muitos terços — abaixou o olhar, não sorriu.

Uma semana depois frei Giuseppe recebia uma correspondência assinada por Dom Aristides. Ele o convocava para estar na Diocese dentro de duas semanas. Não havia pauta, nada. Mas ele sabia para o quê. As maledicências da Candinha corriam de boca em boca. Só podia ser por conta do veneno que levou ao bispo.

Domênica e Tereza, a toda hora, pela rua, estação, no comércio em geral, precisavam parar para dar explicações. O frei Giuseppe, no seu último sermão, falou sobre a mentira e suas consequências.

Conforme convocação e data, o frei chegou cedo na Diocese. Dom Aristides estava à sua espera. Ele entrou, beijou a mão direita do bispo e se sentou.

Estava ansioso. Relatou, pari passu, o ocorrido. O bispo o abençoou. Desejou que cuidasse do seu rebanho com carinho, com presteza, com zelo, e a cada passo que fosse dar, que avaliasse bem porque no Brasil e, especialmente, em lugares pequenos como era a Vila do Rio, a comunidade era conservadora. Que o fato de ser um frei Franciscano já era, por si só, uma revolução. Mas que, por outro lado, não ficasse aos mesmíssimos da igreja. Que ela como entidade divina também era, em parte, dos homens. Que a evolução é sempre bem-vinda nos limites das encíclicas.

NA HOSPEDARIA ILDA

1943. A estação estava cheia. Uma meninada corria de janela em janela com seus quitutes. Uns compravam, outros resmungavam o preço, regateavam. A Ilda da hospedaria, assim que ouvia o apito e os sinos do trem e da estação, se punha em frente à porta. Gostava de ver os chegantes subirem a rua, também porque poderiam ser seus novos hóspedes.

— Bom dia, Ilda! Aqui está o seu jornal, a *Folha Paulistana*. E pelo que vi na manchete e no retrato, a guerra continua. Ainda vão queimar toda a Europa — Serafim, o entregador, o deixou e continuou seu percurso.

Ilda pegou o jornal e sentou-se. De fato, a fotografia era assustadora. Trazia aviões em fogo, de lado, de ponta, caindo sobre uma cidade. Ela respirou fundo, foi aos seus ascendentes italianos. Quando veio ainda de colo, deixou avós e tios, primos. Onde estariam hoje? Mortos ou vivos? Do lado de quem? Do fascista Mussolini ou dos aliados que engrossavam para combater a tirania?

Ilda respirou fundo. Quando planejava ir às páginas internas para, então, ler sobre o assunto, um novato de mala em punho apareceu no balcão.

— Bom dia, senhora! — não sorriu.

— Bom dia — secamente, respondeu.

— Preciso de um quarto para poucos dias. Talvez semana e meia. Teria um?

— Sim. Tenho um voltado para o nascente, outro para o poente. Pode escolher.

O homem escolheu o do nascente. Justificou que morte não era com ele. Que não gostava do entardecer, do final do dia, do final do mês, nem do ano.

Ilda sorriu. Nunca tinha ouvido isso. Ela, dona de uma hospedaria, que todos os dias aprendia alguma coisa com diferentes clientes, aprendia hoje mais isso. Ela puxou um impresso da gaveta e o passou para que preenchesse. De volta às suas mãos, estava: Caetano Rarotto, cinquenta e sete anos, casado, brasileiro, natural de Jaú.

Todos os dias chegavam novatos. Vendedores oficializados, picaretas, compradores, novos proprietários, carpinteiros, pedreiros, trabalhadores em geral. Esse Caetano de agora tinha jeito de negociante, mas de quê? O naipe era o que Ilda gostaria de saber.

Hora e pouco depois, Caetano saiu do quarto. Na recepção pegou o jornal de cima de uma mesa de centro, sentou-se e se pôs a folheá-lo. Ilda, atrás do balcão, abaixou seus óculos para melhor vê-lo. Ele no jornal, ela, curiosa, nele.

— Tem aqui uma propaganda do norte do Paraná, e com mapa e tudo, mas não tem pormenores. A senhora pode me orientar? — Ilda deixou o balcão e foi até ele.

Ela arrumou os óculos e...

— Estamos aqui — ela botou o dedo indicador. — A Vila do Rio, que é onde estamos, é nessa curva do rio Tibagi. Há nela um remanso bem grande. Já teve balsa. Depois que fizeram a ponte, a balsa foi desativada. Na verdade, foi vendida. Hoje tem um porto de areia e pescadores.

— E peixe?

— De monte. O senhor é pescador?

— Só de frigideira — sorriu. — Estou procurando um tal de Deoclécio. Ele e a mulher vieram de mudança já faz um bom tempo. A senhora os conhece?

— Não o conheço pessoalmente. Trabalhou um pouco na construção da ferrovia, e muito na das duas pontes. Pelo que sei, nunca se interessou por terra.

— Pensava que já era até um sitiante.

— Quem chegou dez anos atrás e comprou terra com mato em pé, derrubou e plantou café hoje está com a vida ganha. Outros não. Cada um vem com um propósito — pausou novamente. — Eu mesma cheguei e montei essa hospedaria. E foi sozinha! Rica não fico, mas estou equilibrada. Verdade que às vezes tenho que ser meio trapezista... — sorriu. — Ainda mais com essa guerra sem fim.

— Sei bem... Estou vendo aqui nesse jornal.

— Aqui tem cafezais de fazer gosto. Precisa ver o do Valentim. É o melhor que já vi. Dá para visitá-lo.

— Até posso como curiosidade. É que não sou corretor de terras, nem picareta.

— Desculpe-me... Só sugeri porque ele tem um lindo cafezal. É aqui perto. Só uns dez quilômetros. Mas...

— Se não é terra, vejo que a senhora está curiosíssima para saber o que procuro.

— Não quero bisbilhotar... Longe disso — sorriu e retornou ao balcão. — Mas pelo que já falou, está à procura do tal Deoclécio?

— Ele mesmo. Tenho umas coisas para acertar com esse infeliz. É um desclassificado de marca maior.

Ilda não queria ir aos fatos envolvendo o Deoclécio, a Lázara, sua ex-mulher, nem o padre Clemente Zappa, o "raptor". Gostava de saber e sabia de tudo o que ocorria na Vila do Rio, mas não era uma fofoqueira. Sentia-se respeitada por respeitar. Sabia dos limites. Do seu e dos demais que chegavam ali na sua hospedaria.

Caetano continuava com o jornal e ela no balcão. Depois no corredor ordenando limpeza. Em seguida veio Izolina, sua auxiliar, com uma bandeja com xícaras e um bule com café. Caetano levantou-se e foi ao café. Sorveu um primeiro gole, sorriu para Ilda, para Izolina e exclamou:

— Bom demais! Seria esse o do Valentim? — arregalou os olhos.

— Não é um comprador e nem vendedor, mas vi que entende de café — Ilda respondeu com um sorriso aberto. — Compro dele em coco, digo, sem ser beneficiado. O marido da Izolina soca no pilão, torra e mói. Café da hora é outra coisa. Bem melhor que esses enlatados, os do Matarazzo, vendidos por aí. Perdem parte do sabor.

— Sei que vende banha, café não.

— Esse carcamano vende até a mãe.

— Esse é diferente. Tem gosto de vida. Em Jaú também tem café bom. Já foi em Bauru? Lá tem, também, café bom. Mas lá é uma terra muito arenosa. Daqui uns anos só servirá para abacaxi. Mas... — deixou a xícara na bandeja. — Vou dar uma espiada por aí. Quero ver o rio, as duas pontes, o comércio, a igreja, também a estação ferroviária, porque nem a vi direito. Desci do trem, perguntei por uma hospedaria e corri para cá. Não conheço nada.

Pela tarde Caetano voltou na hospedaria.

— E então, Caetano? — Ilda perguntou. — Conheceu toda a Vila do Rio? — sorriu.

Perguntou para puxar assunto. Tão pequeno era o lugar, obviamente que sim. Mas o que ela desejava de fato era saber se encontrara o que fora procurar na rua.

Caetano tirou o chapéu, passou as mãos nos cabelos, foi a uma talha de barro num canto da recepção, encheu um copo e, antes de beber, falou:

— Sim e não. Vi quase tudo, mas conhecer mesmo ainda não. Fiquei impressionado com a cerâmica San Giordano. O dono me pareceu competente. É caprichoso. E tem um menino lá, acho que de uns treze, quatorze anos, que mesmo misturando um pouco de italiano, dá gosto de ver. Corre para todos os lados no atendimento. Nossa! Que beleza.

— É italiano. Veio clandestino. E está, desde que chegou aqui, procurando por dois tios que vieram para o Brasil uns nove anos, ou oito, atrás. Está meio assim como o senhor atrás do Deoclécio.

Ilda trouxe o Deoclécio para a pauta. Do resto já sabia. Estava até de saco cheio desse Lorenzo sabichão. Um saco cheio bom, é verdade, porque o Lorenzo, de fato, se destacava ali. Era atencioso e simpático. Tanto que, se um dia essa vila de hoje viesse a ser um município, bem que podia ser o prefeito.

— A conversa está boa, mas preciso de um bom banho.

— Claro! Está quente esses dias. Tem toalhas na gaveta do guarda-roupas. Também tem café no bule sobre a chapa da cozinha. A Izolina está por lá. Qualquer coisa, peça. Sinta-se à vontade. A hospedaria é nossa — sorriu.

Ilda ficou remoendo. Como queria saber por que Caetano procurava Deoclécio. Pensou durante o jantar sentar-se junto dele. Um papo para cá, outro para lá, podia ficar sabendo. Como julgava-se não fofoqueira, não iria perguntar. Mas se o assunto passasse perto, não deixaria o cavalo encilhado ir sozinho.

A noite veio e com ela o jantar foi servido. Nessa noite havia dezesseis hóspedes. Mesas e cadeiras de madeira, toalhas xadrez, pratos de louça, talheres, tudo disposto. Sobre a chapa de um fogão grande à lenha, panelas esperavam pelas bocas sôfregas.

Caetano pegou seu prato e se serviu. Ilda fez o mesmo.

— E então, meu amigo Caetano? Foi um bom dia, não foi? — Ilda perguntou.

— Foi e não foi... — baixou os olhos ao prato.

Que enigmático esse tal! — Ilda o avaliava. "Sim e não", ele respondeu quando voltou da andança pela Vila. Agora vem com esse "Foi e não foi"? Já que a vontade faz a fome, Ilda criou coragem e perguntou.

— E o Deoclécio?

Caetano deixou os olhos do prato e respondeu.

— Descobri, mas não sei.

— Descobriu e não descobriu?

— Isso mesmo. Sei o que aconteceu, mas não sei onde ele está. Cada um me contou de um jeito. Uns me disseram que foi até bom que tenha fugido com o padre.

— O amigo é parente dela?

— Sou. Aliás, penso que sou. Era — voltou ao prato.

Ilda sentiu que a conversa era dura para ele. Já se arrependia de ter entrado nela. Podia ser um formigueiro. E como ela não se sentia uma fofoqueira, mudou o rumo da prosa com uma pergunta.

— Vamos dar um pulo, amanhã, no sítio da família do Valentim? Podemos ir com minha condução. Um passeio para descontrair. O senhor vai gostar. Aliás, tem tudo para gostar. Tem até uma engenhoca lá. Faz um caldo de cana e uma rapadura de primeira. Também cachaça.

NO SÍTIO DO VALENTIM

1943. Ilda parou seu coupé preto, um Chevrolet 1940, junto da porteira da entrada do sítio. Esse carro que saiu da Vila do Rio reluzente agora era pura poeira. De longe ela avistou Valentim levantar-se de uma cadeira da varanda.

— Aquele é o Valentim. Em sendo de Jaú, o conhece? — perguntou ao Caetano.

— Acho que não. Jaú é uma cidade grande. Conheço muita gente, mas não ele.

— Sei que ele morava na roça, que tocava café de porcentagem numa fazenda, uma tal de Fazenda Santa Clara.

Valentim chegou na porteira e acenou com a mão. Foi ao mourão, sorriu para Ilda e abriu o cadeado. Ilda entrou com o coupé.

Ela apresentou Caetano ao Valentim. Dois cachorros não resistiram, abanavam as caudas e os acompanhavam. Entraram na varanda. Um bule de café e biscoitos de polvilho vieram em seguida pelas mãos de Valéria.

— Ótimo café, dona Valéria! Também os biscoitos — Ilda elogiou.

— Como sabe, tudo é do sítio. O café é um *Bourbon*. Eu falo *borbão* — sorriu. — E a mandioca é a vassourinha, aquela fininha. Cozinha que faz gosto.

— Bourbon? — Caetano perguntou.

— É uma variedade do arábica. Lá na Fazenda Santa Clara — a Ilda sabe, o proprietário, o seu Alfreto Begalli, tinha essa e uma outra chamada *Sumatra*. Nós falamos café chumati — riu. — Essa turma complica demais. — Todos riram.

— Mas, por favor, se gostou mesmo, peguem mais café e biscoito! — Valéria apontou o bule e a bandeja sobre a mesa.

— Como eu estava dizendo, ran! — raspou a garganta. — Esse tal de borbão, o seu Alfredo explicava que é uma variedade criada, que não há na natureza. E que ela veio de longe, de um país chamado... — Valentim olhou para Valéria...

— De Madagascar.

— Isso. Lembro de muita coisa, mas não guardo o nome desse país. Esse café foi produzido, pela primeira vez, em Bourbon, uma região de Madagascar.

— E o Zózimo, aliás, a família toda, onde está? — Ilda perguntou.

— Na lida. E os pequenos na escola.

— E Bartira?

— Essa já terminou a escola. Foi no comércio do Diogo. Fez dezessete anos. Chegou com cinco aqui, em 1931. Já estamos em 1943. Faz a conta — sorriu.

— Tudo isso?

— O tempo é implacável! — Caetano cravou.

— Por falar nesse bendito, tem tempo para darmos uma volta, Valentim? — Ilda pediu.

— Sim. Vamos.

— E como está seu estoque? — Valéria perguntou à Ilda.

— Na semana entrante pode levar banha, linguiça, sabão caseiro se tiver, polvilho e farinha de mandioca. Também rapadura e cachaça. Dois corotes de cinco litros. É isso.

Deixaram a varanda e saíram. Valéria ficou. Pegaram um carreador e percorreram parte do cafezal. Levantavam as saias dos pés para admirarem a carga. Prometiam, se tudo corresse bem, boa colheita. Desceram ao riacho. Passaram por uma bela horta. Dois ou três retiravam mato dos canteiros.

Foram ao alambique. Zózimo e Joana alambicavam. Entretanto a moenda estava parada. Um marceneiro trocava seus dentes de madeira.

Caetano parou, quis saber sobre a madeira desse engenho. O marceneiro apontou o dedo e lhe mostrou uma árvore alta de tronco espesso.

— Não sei de onde é o senhor, mas madeira para essa serventia tem que ser resistente. Ainda assim, pode quebrar. Olha esse dente! Afrouxou e quebrou. Esse engenho é de jataí, também conhecida como jatobá. Peroba, ipê também resistem bem. O bom trato também é importante. O Valentim cuida bem. Ele engraxa com gordura de porco. Unta e não permite que entre água na madeira.

— Tô vendo que o senhor é um doutor, nisso — Caetano afirmou.

Ao sentir-se prestigiado, o marceneiro derreteu-se.

— Caetano! — metros à frente, Valentim gritou.

Caetano deixou o engenho e foi. Estavam Ilda e Valentim com um cálice nas mãos. Experimentavam uma cachaça de cabeceira e riam. Zózimo passou um outro cálice ao visitante.

— Nossa! Que maravilha! Não me lembro de ter tomado uma assim tão boa!

— Tomou ontem no jantar e já se esqueceu, Valentim! — Ilda tocou no ombro do amigo e gargalhou.

— Mas é igual? Essa está diferente.

Zózimo socorreu. Explicou que cada alambicagem, a depender da fermentação e da condensação, pode fazer diferenças. Que a cachaça tem cabeça, tem coração e cauda. Caetano riu de quase se engasgar. Então Zózimo esclareceu:

— Vou explicar, Caetano. A cabeça é o primeiro líquido que surge da destilação do caldo da cana fermentado. Ele tem alta concentração de metanol. É um álcool perigoso. Sabia que pode até causar cegueira?

— Mas não mata? — Ilda perguntou.

— Dependendo da dose, pode matar.

— E o coração? — Caetano perguntou. — Tem esse nome porque é a melhor parte?

— O coração vai até uns oitenta por cento do total destilado.

— Entendeu? — Ilda perguntou ao Caetano.

— Claro! Ainda não estou bêbado — sorriu. — O coração é a etapa central do processo de destilação.

— Esse Caetano é um bom aluno, Zózimo! — Ilda sorriu.

— Bêbado fico mais esperto — Caetano brincou. — E a parte final é a cauda, a cachaça mais fraca.

Agradeceram ao Zózimo pelas explicações provando os três paladares. Já com pouca sobriedade riram bastante. Quando se despediam, já no finalzinho da tarde, Bartira chegou ao volante de um jipe. Admiraram-na pela ousadia de, aos dezessete, ir guiando à Vila do Rio. Em seguida ouviram um trovão de uma nuvem escura a oeste.

A chuva veio forte. Ilda com muitos goles na cachola ria quando o carro ladeava e jogava a traseira contra a enxurrada que corria. Ela trazia-o de volta com certa maestria. Caetano segurava com as duas mãos em um estribo na altura do porta-luvas. Ele grudou no suporte e, a cada deslize e solavanco, pedia por Nossa Senhora.

Depois de mais de meia hora sob esse aguaceiro, chegaram na hospedaria. Já era hora do jantar. Ilda lhe perguntou:

— Gostou do sítio, Caetano?

— O homem é danado. Tem uma fartura que só. Se todos fossem assim, esse país seria outro.

— Se não tivéssemos um botinudo de presidente também estaria melhor. Mas isso, sem eleição, não podemos resolver. Vamos ao fogão? — Ilda pegou um prato e saiu. Caetano a acompanhou.

NO CAMPO DE CONCENTRAÇÃO SACHSENHAUSEN

1943. Como de costume, Lorenzo saiu da cama cedo. Domênica já estava na cozinha com o café coado. Filippo a acompanhava com uma xícara e um bico de pão. Ela ensinava português e ele italiano a ela. Riam. Vendo os dois, Lorenzo entrou na conversa. Aí riram ainda mais porque ele se metia a falar italiano e o menino o corrigia. Lorenzo beijou a face dos dois e foi até a sala. Pegou o jornal de ontem e voltou.

— Leu essa matéria? Olha o retrato! — virou a página. — Fala sobre um dos campos de concentração nazista.

Domênica não havia lido. Apenas passou os olhos nas manchetes do jornal. Então Lorenzo, enquanto bebia e comia, pausadamente, foi, aos dois, lendo.

Filippo mudou o semblante. Pareceu-se pálido. Certamente por ter lembrado da fuga de Aosta, os apertos que passara durante o itinerário que fez. Lorenzo sentiu e parou. Virou um restinho de café e fechou o jornal. Filippo percebeu e...

— Pode ler, seu Lorenzo. Eu fico meio assim, mas não é nada.

Com os olhos nos da Domênica, Lorenzo entendeu que era melhor deixar para outro momento, porque a matéria era pesada para qualquer um, imagina então para uma criança órfã que saíra clandestinamente.

Tratava-se do relato de um professor e historiador, o senhor Hans Stein, da Universidade Humboldt, ex-prisioneiro político do Campo de Concentração de Sachsenhausen, na grande Berlim, que conseguira escapar e fugir para o Brasil, ao repórter José Vasconcelos da *Folha Paulistana*.

Clandestinamente, o professor chegou no Brasil quarenta dias depois de zarpar em um navio mercante. Hoje morava num pardieiro em São Paulo, no bairro da Mooca. Por ainda encontrar-se em pânico com a SS, foi difícil convencê-lo a receber o repórter e um intérprete, para contar, aos brasileiros, o passo a passo sobre os primeiros dias do regime nazista, a perseguição que sofreu, seus dois anos e meio no referido campo de concentração e a fuga empreendida. A matéria abria com breve editorial.

> *"Editorial*
>
> *Bom esclarecer que, até mesmo este jornal, que zeloso é, e que também sempre se esmerou pelos 'contrapontos' aos citados, que ao tomar conhecimento e possibilidade da entrevista, por alguns dias a adiou. Confessa que até mesmo hesitou em fazê-la. Mas por entender que nada deva ser maior que a liberdade e pior que a tirania, ainda que retaliações de setores da sociedade ocorram, decidiu em fazê-la. Espera o EDITOR que os leitores ainda simpatizantes pelo Führer e seu regime, ao lerem e analisarem a presente entrevista, mudem de opinião e lado. É dever da imprensa bem informar, bem divulgar os fatos, bem esclarecer. Expor a crueldade e combater os tiranos devem ser objetivos de todos."*

Quando o repórter José Vasconcelos e o tradutor Lorenz Smith chegaram na porta do pardieiro, Hans Stein, recostado numa cadeira e com um cigarro entre os dedos, sinalizou que entrassem. Está magérrimo e barba comprida. Bigode torcido nas pontas. Um dente incisivo central falta-lhe. Tem olhos verdes profundos, pálpebras arroxeadas. Fisionomia sofrida. Certamente irreconhecível aos seus. Lorenz o cumprimenta com uma mão estendida. Sai um bom-dia em alemão. Ele não ri, não gesticula nada. Em seguida o tradutor abre uma bolsa, saca um caderno e um lápis para anotações. O repórter cumprimenta-o com ligeiro sorriso. Hans Stein fica inerte. Será difícil entrevistá-lo — concluem. Ele fala, Lorenz traduz:

> *"Sou filho de Ludwig Stein e Katharine Lange, natural de Munique. Sou o mais velho de dois irmãos e uma irmã. Tenho quarenta e quatro anos. Fui professor e historiador na Universidade Humboldt, Berlim. Entrei nela em 1931. Metade do tempo eu dava aulas, a outra ocupava-me como historiador. Desculpe-me, preciso respirar."*

Deixou a cadeira e foi à porta. Tomou ar e voltou. José Vasconcelos e o Lorenz Smith o acompanharam com os olhos.

> *"Além de tantos, tenho mais esse problema"* — mostrou o cigarro. *"Tudo começou quando me manifestei contra a queima de livros. Uma multidão*

reuniu-se na Opernplatz para participar. Aplaudiam a decisão de queimar todos os títulos 'não alemães'. Isso aconteceu no dia 10 de maio de 1933. Nunca vou esquecer. Ninguém deve esquecer" — pausou. "Ficaram bravos porque meus estagiários estavam comigo. Um deles reagiu. Por pouco não nos queimaram também. Como esse programa de queima tinha que dar certo, e ali era a primeira queima, então referência para todo o país e a Europa, fizeram-me importante algoz."

— Lorenz, diga a ele, caso esteja cansado, paremos para um fôlego — José Vasconcelos cochichou.

Lorenz perguntou-lhe. Hans maneou negativamente a cabeça. Levantou-se da cadeira e foi a um pote de barro beber água. Sentou-se. Raspou a garganta. Acendeu outro cigarro na ponta do mesmo que fumava. Enquanto a fumaça ia, falou ao tradutor que já esteve pior. Ao meio dele, Hans retomou a narrativa.

"*Se conhecem Berlim, vão entender*" — deu os olhos, primeiro ao tradutor, depois ao repórter. "*A **Universidade Humboldt fica na Bebelplatz**, bem ao sul da avenida Unter den Linden. Tem uma linda história. Por quê?*" — pausou, engoliu saliva, emocionou-se. "*Foi nela que se deu o Iluminismo. Um lugar de filósofos, historiadores, escritores e cientistas... Por essa razão foi o palco referência do programa da queima de livros. Ali estudaram Karl Marx, Schopenhauer, Albert Einstein e outros gênios. Vinte e nove ganhadores de prêmios Nobel saíram dessa universidade!*" — pausou. "*Já escreveram alguma coisa sobre Joseph Goebbels?*" — esperou a resposta por alguns segundos.

— Sim, o repórter respondeu. Se não me engano, acho que em 1933, como ministro alemão da Propaganda e do Esclarecimento Popular, deu início à sincronização da cultura. Foi isso? — Hans, o professor, com o polegar direito estendido, fez um positivo. Fez e sorriu.

"*Todas as artes estão moldadas para atender aos objetivos do Partido Nazista. Os judeus não podem participar. O partido considera política e artisticamente suspeitos. Mas pensa que isso começou com o Hitler? Começou foi bem antes, na década de 1920, com estudantes. Puxado por professores, reforçaram e ainda reforçam essa ideologia. Foi uma força ultranacionalista antissemita. Talvez estejam a me perguntar a que classe pertenciam? Respondo: vieram da classe média. Um momento, por favor.*"

O professor levantou-se, mas agora para uma latrina coletiva nos fundos do cortiço. Dois, três minutos estava de volta. Sentou-se e foi ao maço de cigarros. Tossiu. Sorriu e...

"*Isso aqui é uma peste!*" — mostrou um cigarro. "*É o seguinte... Quando pude, anotei. Olhem*" — passou um caderno com anotações. "*Nem preciso falar. Está tudo aí. Podem publicar. Mas não podem dizer onde estou.*"

Lorenz, o tradutor, o tomou, folheou, e, numa página quase final, com jeito de resenha, cronologicamente, iniciava:

"*A Associação Estudantil Alemã proclamou, em 6 de abril de 1933, um ato nacional contra o espírito 'não alemão'. Decidiam 'limpar' a literatura não alemã pelo fogo, impunham boletins, artigos e eventos pró-nazistas, nos quais os famosos teriam que discursar no rádio para que o país inteiro ouvisse. E foi por meio dessa radiodifusão que no dia 10 de maio atearam fogo em mais de 25.000 livros considerados 'não alemães'. Na noite desse mesmo dia estudantes de direita, vindos de todas as regiões, com tochas em punho marcharam em protesto 'contra o espírito não alemão'.*"

"*Em locais predeterminados os estudantes fizeram fogueiras com os livros, festejaram a queima com bandas de música, canções, juramentos, frases de efeito, retiradas dos discursos dos escalões mais altos, como as dos oficiais nazistas, dos reitores, dos professores universitários com cátedra. Essa queima aconteceu em 34 cidades universitárias espalhadas por toda a Alemanha. Não só as obras não germânicas foram queimadas. Também foram as alemãs que não agradavam ao Partido Nazista, como os livros de Berthold Brecht, Albert Einstein, Sigmund Freud, Franz Kafka, Karl Marx, Lion Feuchtwange e Alfred Kerr. Também não escaparam os livros de dois escritores americanos, os de Ernest Hemingway e Helen Keller. Houve ampla cobertura jornalística.*"

— Leu tudo? — o professor perguntou ao tradutor.

— Sim. É estarrecedor. Gostei da frase aqui do rodapé: *Onde se queimam livros, pessoas também acabarão queimadas.*

— Foi escrita por Heinrich Heine em 1820.

— Vi a peça do autor dessa celebre frase, em Almansor, aqui no Teatro Municipal de São Paulo. Mas nunca pensei que seria minha contemporânea.

Será, mesmo, ela? — Lorenz perguntou. Hans maneou, positivamente, a cabeça. Estava combalido fisicamente, mas mentalmente lúcido.

— Frase profética — o repórter concluiu.

— Assim são os profetas. Quando soltam, poucos entendem, mas depois... — pausou. Hans sorriu. — Quando menos se espera, faz todo sentido. Essa fez mais de um século depois, e, com o ritmo desembestado dessa nossa espécie, sentido continuará a fazer.

— Professor, Hans... Caso queira, podemos continuar outra hora — Lorenz sugeriu.

— Não. Estou bem. E depois... — não concluiu. Retomou o relato:

"Certamente conhecem várias personalidades científicas de origem judaica. Pois então... O Einstein, o Max Born, o Jacob Franck foram embora. Solidários a esses, outros bateram asas enquanto era tempo: o Eugene Wigner, o Leo Szilard, o Edward Teller. O regime nazista contradizia suas convicções. Melhor trabalhar com liberdade. Com autonomia. Soube que estão, bem agora, nos laboratórios e nas bibliotecas da Inglaterra e dos Estados Unidos. E deles estão tirando o que podem. Quem iria desperdiçar cérebros, assim, tão brilhantes?" — perguntou e se emudeceu por minutos.

Lorenz pensou em agir, dizer alguma coisa. Mas não. Como a água que para baixo vai, pensou em deixar que, naturalmente, fosse.

"Que diferença, hein?" — sorrindo olhou para o repórter e o tradutor. *"Eles nos laboratórios e bibliotecas e eu aqui nesse pardieiro!"* — pausou. *"Nada mal... Tenho uma cama, um fogão, uma latrina coletiva lá fora com divisórias"* — puxou mais um cigarro do maço. Acendeu. Puxou fumaça. *"Pensam que foi fácil conseguir sair daquele campo de concentração? Inteiros nem os mortos conseguem. Saem nas formas de cinza e de fumaça como essa do cigarro, mas escura"* — baforou e, com os olhos, a seguiu até que se dissipasse. *"De vez em quando eu via um caminhão preto com estrela de três pontas, um Mercedes, estacionar no Cinzeiro do Crematório. Cinzas de mais de dez mil já viajaram naquela condução."*

"Embora ativistas, ninguém da minha família foi me visitar. Ainda bem que não. Também seriam presos. Onde estão? Provavelmente em algum cemitério de Munique, Berlim, Hamburgo, Frankfurt ou em algum vilarejo... Não importa o tamanho da cidade, do lugar. Cemitérios são iguais na essência. Os corpos dos contrários ao regime desaparecem" — pausou. *"Chegou-me que os meus saíram de Munique."*

"*Perseguiram-me até me prenderem em Hamburgo, a segunda maior cidade da Alemanha. Eu achava que, em meio a tantos, não me encontrariam. Deixei a barba e os cabelos crescerem. Essa cidade tem uma vida noturna agitada. Tem o Lago Alster, os canais, muitas galerias, igrejas, teatros, ruas repletas de bares, cafés e restaurantes. Troquei de nome e de documentos. Tornei-me um funcionário num deles margeando o rio Elba. Mas foi por pouco tempo. Ran! Ran!*" — raspou a garganta.

Levantou-se da cadeira, pegou uma caneca e foi ao pote d'água. Tomou. Derrubou água no peito da camisa. Estava trêmulo, visivelmente fraco. Tropeçou nas próprias sandálias. Lorenz o acudiu. Ele sorriu. Voltou à cadeira.

— Não temos que terminar hoje, professor.

— Estou bem. Estou bem. Vamos em frente. Não sei onde parei... — pausou. — Ah, sim, achei...

"*Um dia me levantei, vesti-me de ajudante de cozinha e, quando abri a porta para ir ao trabalho, a SS me pegou. Alguém dedurou... jogaram-me dentro de um trem imundo. No vagão havia mais de cem prisioneiros. Gente defecando, uma imundice. Era madrugada. O trem parou na estação do campo de concentração. Descemos. Ventava muito. Era um frio cortante. Vi várias torres sentinelas ao redor dele, um portão bem grande de entrada. A SS estava no trem, na estação, no portão de entrada, no corredor que se interiorizava. Nunca mais vi minha mala com minhas coisas. Só fiquei com a roupa do corpo.*"

"*Andamos uns duzentos metros até um círculo com mais de trezentos prisioneiros vestidos a caráter: uma roupa inteiramente riscada nas cores azul e branco. Vi não conhecer ninguém. Ali, aos berros, fizeram um círculo no nosso entorno. Em seguida ordenou que ficássemos pelados. O vento cortava. Eu tremia, batia os dentes. Todos batiam. No meio do gramado, um lá do médio escalão veio com uma mangueira de água gelada. Todos gritamos. Foram gritos de horror.*"

"*Aí a SS nos deu umas roupas listradas de azul e branco. Sem possibilidade de nos enxugarmos, as vestimos. Eram muito largas, tamanho único. Calças muito compridas. Os menores tinham que dobrar, enrolar parte das pernas para poderem caminhar. Também nos deram uma touca do mesmo tecido. Tudo feito aos berros de um soldado alto, forte, carrancudo, alguém que deve ter saído do inferno. Peguei pneumonia por quatro, cinco vezes. Na última resolvi não tomar nada. Nem souberam que estava doente. Podiam experimentar medicamentos em mim. Faziam isso*" — pausou, lacrimejou.

"Já fizeram cocô coletivo?" — riu. *"Aqui nesse pardieiro a latrina é coletiva, mas há divisórias. No Campo de Concentração de Sachsenhausen, cada bloco tem uma dúzia de vasos sanitários lado a lado sem qualquer divisão e chuveiros sem aquecimento. Dez, doze cagávamos ao mesmo tempo. Uma fedentina. Ali era parte do inferno. Uma vez, por desobediência, nos levaram até a repartição dos dentes. Onde guardavam os dentes dos que morriam. Por isso que antecipei, tirando o único valioso que eu tinha, de ouro"* — abriu a boca e mostrou uma falha. *"Ele está aqui, olhem"* — retirou-o do bolso, o repórter o fotografou. *"De que jeito eu o arranquei? Com um murro de um 'amigo' prisioneiro. Menti que sofri uma queda no barracão de concreto. Preparava argamassa para fazer manilhas e blocos."*

"Esse Campo de Concentração de Sachsenhausen foi construído em 1936 por prisioneiros de outros campos. *Olha no caderno, bem no final. Desenhei como é organizado. Há galpões para tudo. Prisão coletiva, celas individuais, um reservado para colocar milicianos, e ali receberem instrução formal e, pasmem, vários blocos onde fazem extermínio experimental."*

"No final do segundo ano como prisioneiro, não sei como, mas um bilhete apócrifo, aconselhando-me não desistir, foi parar nas minhas mãos. Talvez tenha vindo de algum ex-aluno meu... — pensei. *Dizia: não desista. Tente sair. A câmara de gás e os experimentos serão acelerados. Víamos fumaça preta sair pelas chaminés dos fornos. Também pelos odores, sabíamos. Pelo vento o cheiro de carne assada, de cabelos e ossos queimados espalhava-se por todo o campo de concentração. Um horror."*

"Fizemos várias tentativas de fuga coletivas, três individuais. Todas fracassamos. Metade de quem participou das coletivas nunca mais vi. Tive sorte. Estou vivo. Na quarta tentativa, durante uma nevasca, consegui driblar dois faróis sentinelas. Alonguei-me por dois dias. Salvei-me do frio intenso em um estábulo. Sabem por que fui para o tudo ou nada? Porque o nada eu já tinha. O tudo ainda não" — pausou, lacrimejou outra vez.

"Depois eu descobri que estava numa lista experimental. Muitos colegas prisioneiros foram para um tal laboratório com a promessa de liberdade após certos procedimentos experimentais. Nunca mais os vi."

"Estão fazendo nesse campo de concentração 'experiências' desumanas. São cobaias. São cruéis. São mortais. Experimentos sobre reações à alta altitude, usando câmaras de baixa pressurização, para determinar a altitude máxima na qual as equipes de aeronaves danificadas podem saltar de paraquedas. De congelamento, onde os prisioneiros são cobaias. Querem descobrir um método para tratar hipotérmicos nos campos de batalha. Também utilizam presos para testar medicamentos — veneno de cobra

como analgésico, imunizantes e soros para tratar doenças contagiosas como a malária, tuberculose, febre tifoide, febre amarela e a hepatite infecciosa. Para isso inoculam prisioneiros com tais doenças."

"O médico Werner Fischer comanda um projeto onde estive, para determinar como as diferentes 'raças' resistem a essas doenças contagiosas. Quer provar sua teoria, a de que a raça judaica e a cigana são inferiores a todas as outras brancas. Que só não perdem para a raça negra. Isso comprovado, querem um método eficaz, massivo, para esterilizá-las e, definitivamente, eliminá-las do planeta como raça humana. Homossexuais estão no radar dos nazistas. De que raça forem, são considerados, pelo regime nazista, geneticamente indesejáveis. Sou um homossexual indesejável."

A declaração do professor surpreendeu o tradutor e o repórter. Fora preso não somente porque contestou o regime nazista, mas por ser, também, um homossexual confesso.

— Já ouviram falar de William Lawrence Shirer?

José Vasconcelos, o repórter, maneou, positivamente, a cabeça. Sabia bem quem era Shirer. Tremendo jornalista americano, correspondente nessa guerra e noutras encrencas. Era como moeda de um tostão, tamanha sua popularidade. O Repórter Esso trazia, diariamente, boletins informativos do front por meio de suas informações. Mas se tocou nesse repórter teria algo a acrescentar. Então o José Vasconcelos cutucou.

— Professor, Hans... Pode nos falar um pouco do Shirer?

— Estive preso por muito tempo... Nesse período pouco li. O que sei antecede minha prisão. É natural de Chicago. Fez curso de história em Paris. Depois fez jornalismo. Fala alemão, francês, espanhol e italiano. Livre, agora — isso se não houver uma revirada na minha vida, falaremos, mais adiante, sobre ele. Paremos por hoje — sorriu.

Duas semanas após a entrevista, a matéria fora, em uma edição domingueira, pautada para publicação. Dentro da previsão da *Folha Paulistana*, fora a mais lida, dobrando a tiragem. E a partir de então, esse jornal ganhou novo andar na prateleira impressa.

Um mês depois o professor Hans Stein deixou o cortiço. Com o que recebeu pela entrevista comprou uma pequena casa na Mooca, Zona Leste da cidade de São Paulo, mesmo bairro do pardieiro. Seis meses depois fora contratado pela Folha.

O BRASIL ENVIA SOLDADOS

1944. O Brasil junta-se aos aliados e envia soldados. Essa era a manchete, em letras graúdas, no jornal. Getúlio Vargas decidira. A Folha informava que nossos soldados iriam para o front de batalha. Chegara a hora de escolher um lado. Não podia ficar com os pés em duas canoas. Acabavam-se os dias em que ficara, a um só tempo, com acordos econômicos com os americanos e os germânicos.

Lorenzo entrou na cerâmica com o jornal debaixo do braço. Filippo o acompanhava. Viu a manchete no jornal. Sua face mostrava preocupação. Precisava ler a matéria, mas não tinha coragem. Era do repórter José Vasconcelos e do professor Hans. Melhor que Lorenzo fizesse e lhe contasse.

Domênica e Tânia deixaram os dois e correram para a igreja. Frei Giuseppe, na paróquia já há dois anos, a despeito das maledicências da Candinha, conquistara a comunidade pela forma descontraída com que lidava com as pessoas.

Ainda que fosse italiano, o frei parecia não se incomodar muito com a briga lá fora. Vivia descontraído. De vez em quando juntava-se aos jovens para banhos no rio pelas tardes quentes. Só que, depois do ocorrido na chegada, que até deu conversa com o bispo, passou a selecionar quem podia e quem não podia ir ao banho com ele. Os menores ficavam. Os maiores iam, a maioria já moços. E as mocinhas morriam de inveja, suspiravam fundo quando o viam. Tanto que os bancos da igreja, semiocupados no tempo do padre Clemente Zappa, estavam, hoje, disputados, viviam cheios.

Mocinhas que nunca haviam posto os pés na igreja numa missa ou nos costumeiros terços das sextas-feiras, do frei para cá, eram as primeiras a chegarem.

Todo aquele estranhamento da batina marrom encapuzada amarrada à altura da cintura por uma corda passou. Foi, mas não para Maria Eugênia, a filha do padeiro João Manfrinato. Apaixonadíssima, vivia pelos cantos da padaria do pai em suspiros profundos. Por esses dias teve insônias, não comia direito, perdera peso, dava pena. Sua mãe estava de olho. João, o pai, correndo atrás de seus pães e entregas, nem de longe imaginava.

Muito provavelmente, a guerra lá de fora não incomodava o frei porque ele tinha uma que era muito sua. Era uma batalha íntima, diária, incessante, dor crônica como fosse uma reumática. Era subjetiva e questionadora. Assemelhava-se, às vezes, ao tamanho das dores de Francisco de Assis quando deixou tudo para dedicar-se à pobreza.

Tinha que desfazer pensamentos estranhos que por esses tempos entraram, petulantemente, na sua cabeça e coração. Dois anos ali na Vila do Rio, terceira igreja depois da sua ordenação, aprendia todos os dias, mas essa força estranha que lhe entrara sem pedir licença não conhecia, nunca sentira. É que a jovem Maria Eugênia não saía dos seus pensamentos. Será que ela pensava nele? — perguntava-se todos os dias. Aconselhar-se com quem? Com o bispo da diocese? Não teria coragem. Voltar novamente ao bispo era reconhecer sua fraqueza, falência. Era dizer que Maria Cândida, a fofoqueira, não mentira. Que era, mesmo, um fracassado, um leviano.

Frei Giuseppe não estava pronto para essa luta. Não queria demonstrar essa sua fraqueza, a de trocar um juramento divino por um rabo de saia. Mas, por outro lado, gostar de alguém, amar, é pusilanimidade? — questionava.

Domênica e Tânia chegaram na igreja. Estava aberta sem ninguém. Foram em frente até a casa paroquial. O frei Giuseppe lia sua Bíblia, talvez preparando a homilia da próxima missa. Ele olhou as duas e, como sempre, sorriu. Entretanto, sentiram que não foi aquele sorriso aberto de sempre. Alguma coisa estava acontecendo. Fechou o livro, olhou nos olhos delas e...

— Quando têm um problema muito sério, conversam com quem?

Domênica e Tânia ficaram surpresas. Uma pergunta com óbvia resposta... Claro que iam a ele... Afinal era, ele, o religioso maior ali, então, o conselheiro. Padre, frei eram para aconselhar.

— Quer conversar conosco, frei? — Domênica perguntou.

— Precisa de alguma coisa? Alguém da comunidade está lhe aborrecendo? — Tânia perguntou porque lembrou-se das fofocas da Candinha.

— Não é nada... — sorriu. — Eu que acordei meio zumbi, acho. Fui dormir tarde. Fiquei com a *Folha Paulistana* a ver as últimas sobre a guerra. Passei a recebê-la. Isso para não ficar desinformado. Afinal o planeta é o mesmo. E se acontece lá, respinga aqui. Então sucumbi... — pausou.

— Vi mesmo que está assinando. Acho que são quatro aqui da Vila que recebem: nós, agora o senhor, o Diogo e o Theodoro.

— Não sabia... Ele também? — Tânia, admirada, perguntou. — Espero que leia e que melhore... Mas...

— Mas o quê, Tânia?

— Madeira velha e torta tem jeito? — sorriu. Domênica também.

— Então, minhas amigas... Viram a reportagem do José Vasconcelos e do professor Hans, o que conseguiu escapar do campo de concentração? A coisa está feia. Aí perdi o sono. Minha família mora na Itália, em Salerno, esqueceram? Ou nunca contei? Além disso, minha cabeça não está lá grande coisa. Também...

Foi reticente. Mas, em seguida, abriu o jornal e o caderno com notícias da guerra, retomou:

— Olhem... — virou a página e mostrou o trecho que desejava que vissem. Domênica ajeitou os óculos e leu em voz alta para que Tânia soubesse.

"*Os alemães, com a operação Axis, tomam o controle de Roma, também todo o norte da Itália. Hitler soltou Mussolini da prisão e o repôs no cargo de primeiro-ministro. É um primeiro-ministro fantoche. A família real e o primeiro-ministro deixaram a cidade e instalaram o governo em Brindisi, a 500 km da capital. As tropas aliadas reagiram. Uma parte desembarcou em Salerno, próximo a Nápoles, outra junto ao sul de Roma e a libertam.*"

— Não é de se preocupar? Meu país está atolado até o pescoço. Mais um pouco acaba. Bom lembrar que já acabou uma vez: tomaram e fundaram outro país, o Império Austro-Húngaro, faz tempo, foi em 1848, uma monarquia absoluta. E a capital foi Viena. Faz tempo, mas não podemos esquecer. E agora vêm essas duas bestas, como a do apocalipse, o Hitler e o Mussolini. É isso o que mais me aflige. Mas deixemos a guerra e vamos aos nossos compromissos — afastou o jornal.

Combinaram os preparativos para a missa da noite com todos os pormenores, pois era uma especial, a de São Francisco de Assis, com animais e tudo que essa ordem pregava e sugeria, e foram. E o frei ficou com seus botões e pensamentos.

Domênica e Tânia, mesmo com as informações sobre a guerra, não iam satisfeitas. Sentiram que havia algo mais, que o frei Giuseppe Caccini escondia coisa importante.

Lorenzo percorreu a cerâmica, viu a produção do dia anterior, bateu em duas telhas queimadas que deixavam o forno para ouvir seus tilintares, conversou com cinco, seis colaboradores e voltou ao escritório, onde dois cativos compradores o aguardavam.

Filippo arrumava notas e recibos numa pasta e conversava animadamente com os referidos fregueses. O menino, hoje com quinze anos, então quase moço, trabalhava pela manhã no escritório do "pai" e ia à escola pela tarde. Ia mais pelo português que precisava dominar do que pelo conteúdo, já que chegara com o primário completo.

Ele era trabalhador, estudioso, comportado. Seu português estava ótimo, ainda que o italiano continuasse a mostrar-se em sua dicção. Falava como o frei Giuseppe: por vezes vinha uma mistura de português com italiano.

Embora o dia todo ocupado, duas coisas não saíam da cabeça do Filippo: os tios Ruggero e Tommaso Melinni não encontrados e Maria Clara, a filha do Theodoro Fonseca com Tereza.

Continuava, ainda que platonicamente, a namorar Maria Clara. As imagens do primeiro encontro continuavam vivas na sua cabeça. Foi um encontro casual como fosse o de um pingo de tinta numa tela: bateu, escorreu, virou, desceu, curvou, ganhou contornos de renomado pintor. Tanto que sonhou com Maria Clara muitas vezes. Ela era a tela.

Ela lhe vinha sorridente, profunda. Também superficial, sapeca a subir nas árvores, a correr pelos campos floridos e a pular, seminua, na água de um rio. Também via Maria Clara junto do picadeiro com pipocas entre os palhaços *Bella Vita* e *Vita Bella* moribundos, esfarrapados.

Nos sonhos vinha-lhe o letreiro do *Circo Maximus*. O som do seu alto-falante. Impossível esquecê-la. Ela estava na sua cabeça como estavam seus olhos, sua boca.

Que atração fatal. Doce como é o mel e, ao mesmo tempo, dolorido como brasa. Sentimentos fortíssimos, provavelmente tanto quanto o ciúme doentio de Theodoro por ela.

Lorenzo atendeu duas vendas de telhas, passou por Filippo e sorriu. O menino não devolveu. Não o fez porque estava nessa sua introspecção. Lorenzo percebeu. Puxou uma cadeira e sentou-se ao lado. Filippo deu o rosto. Sorriu timidamente. Lorenzo colocou a mão sobre seu ombro. O menino lacrimejou. Abraçaram-se. Um beijo na face. Mais outro. Filippo não quis abrir seu coração. Ele pensava que chorava pelas tantas mudanças: de país, de vida, por todas as suas perdas, das saudades do que ficou do outro lado do Atlântico, dos dois tios não encontrados. Chorava por isso, mas não somente. Maria Clara estava enfiada na sua cabeça. Ruim e bom. Não tinha coragem de abrir seu coração. Talvez fosse melhor recorrer à Domênica. Talvez...

Lorenzo deixou a cadeira e foi à cozinha do escritório. Catou uma xícara de café e retornou. Filippo continuava casmurro. Precisava descobrir os porquês. Recolocou sua cadeira na escrivaninha, sentou, empurrou sua Olivetti para sua lateral, pegou a *Folha Paulistana*, passou os olhos na manchete em letras graúdas: "O BRASIL ENVIA SOLDADOS PARA A GUERRA", e foi ao caderno em que José Vasconcelos, repórter desse jornal e Hans Stein, professor e historiador, da Universidade Humboldt, Berlim — ex-prisioneiro político do Campo de Concentração de Sachsenhausen, hoje dentro da Folha, compartilhavam e analisavam os últimos acontecimentos sobre esse conflito.

A matéria trazia uma resenha cronológica dos principais fatos, batalhas e conquistas. Falavam sobre os horrores e seus contextos. E por eles, os leitores podiam compreender os riscos, os destinos da humanidade nas mãos dos tiranos Hitler e Mussolini, dois loucos de varrer.

Os autores iniciavam a resenha por 1942 pela ação dos britânicos sobre Köln (Colônia), no oeste da Alemanha, no início de uma campanha de bombardeio que leva a guerra até a Alemanha.

Durante os três anos seguintes, bombardeios anglo-americanos reduziram as cidades alemãs a escombros. Nesse mesmo ano a marinha norte-americana impediu o avanço naval japonês no atol de Midway, no centro do oceano Pacífico.

O repórter José Vasconcelos e o professor Hans Stein, otimistas, vão aos acontecimentos do ano de 1943. Afirmam, com base nos reveses, que esse pode ser o ano da derrocada alemã.

Metaforicamente, eles usam um acordeom para suas análises. Abrem aspas: "Foi como faz um acordeonista que, num momento, abre seu fole para pegar ar e, depois, o fecha para devolvê-lo". O Eixo liderado pela Alemanha conquistou nos anos anteriores, mas nesse, pelos números, está a perder — cravam.

As negociações para a rendição do país começaram quando Badoglio, a pedido do rei Victor Emanuel III, assumiu o governo provisório, em 25 de julho de 1943. Benito Mussolini, líder fascista e primeiro-ministro do país até essa data, foi deposto e preso por ordens do rei, consolidando o colapso desse regime.

Os aliados entraram na Sicília, sul da Itália, no dia 10 de julho e o cerco se fechou para os italianos. Após semanas de negociação, Badoglio chegou a um acordo com os aliados sobre os termos da rendição.

Entre estes estão a permissão às forças aliadas para entrar em território italiano a fim de derrotar os alemães. Tal operação foi chamada de Avalanche e iniciou no dia seguinte à rendição com a chegada de tropas aliadas a Salerno, sul do país. Benito Mussolini é deposto e preso por ordens do rei Victor Emanuel III, consolidando o colapso do regime fascista.

Lorenzo terminou de ler a matéria, olhou para Filippo e sorriu. O menino entendeu, pelo semblante, que deveria ter lido sobre alguma coisa boa. Então...

— O que foi, seu Lorenzo?

— Mussolini já foi. Hitler está por um fio. Lembra quando te falei que o fascista se danaria? Ran! — raspou a garganta. — O Führer também vai se ferrar. Aposto. Anota aí. O tempo, que é o senhor de tudo, que compõe destinos, dará um especial a esse verme. Vai acabar numa cova entre os seus! — pausou com os olhos nos do Filippo. — Não sei se quer ler sobre a guerra... — Fazia sentido perguntar, afinal fugiu da Itália por conta dela. — Caso queira, aqui está o jornal — colocou-o sobre a mesa do garoto. — Mas agora já é hora do almoço. Deixa-o para ler depois para não se atrasar na escola. Preciso de um bom contabilista.

AS ARMAS DE CADA UM

1944. Lorenzo entrou rápido na venda do Diogo. Trazia debaixo do braço o jornal. Era 4 de outubro, dia de São Francisco de Assis. Vinha da missa. Mas esteve mais na matéria do repórter e do professor desse jornal do que na homilia do frei Giuseppe. Em tempo, deu-se conta do desvio e pediu desculpas ao santo.

Já era noitinha. A venda do Diogo estava quase cheia. Ana Flor, sua esposa, e a filha, a professora Elisa, o ajudavam no balcão. Dino Mekelê, que mais faltava às missas do que ia, enfiado no costumeiro carteado, contava e ria que não ia à igreja porque Tânia, sua mulher, rezava pelos dois. Tanto que, há anos enfiado nas águas do rio, nunca sofrera um arranhão.

Theodoro acabava de entrar com seu palheiro de fumo de corda a fazer fumaça. Valentim parou seu jipe com cinco dentro: ele, o filho — Zózimo, a nora — Joana, a mocinha Bartira, linda de matar desavisados, e Aníbal, seu neto. Na traseira trazia alguns produtos do sítio encomendados pelo vendeiro.

João Manfrinato parou sua condução trazendo dois cestos de pães. Maria Eugênia, filha, moça linda de causar inveja, o acompanhava. Enquanto João abria o capô do motor da condução para assuntar um barulho, a filha levava os dois cestos para o balcão do Diogo. Ela entrou causando muitos suspiros.

Samuel Neves, Niceia, sua esposa, e dois filhos, Pedro e João, comiam no reservado do estabelecimento. Pelo ânimo via-se que seus negócios iam bem, que se refaziam dos prejuízos que o *carcamano* Matarazzo deu-lhes lá em Juiz de Fora, Minas Gerais.

Pedro deixou o reservado e foi até o balcão. Bartira tomava uma tubaína. Olharam-se. Não foi um qualquer, um olhar leviano. Foi como, reciprocamente, entrassem um nos olhos do outro. Foi para buscar, mas voltou com as mãos vazias.

— Não trouxe? — Nicéia, sua mãe, perguntou.

— O quê?

— Saiu daqui para o balcão para o quê, Pedro? Abilolou a cabeça? — Samuel cobrou.

Pedro se refez. De volta, pediu uma cerveja e uma tubaína à professora Elisa. Ela sorriu. Riu porque vira o que acabava de acontecer aos seus olhos. Valentim e Joana, sua nora, também perceberam. Bartira, ao virar sua garrafa de tubaína no copo em que bebia, derramou uma porção.

— O que está acontecendo, Bartira? — Joana, a cunhada, com denunciante sorriso, lhe perguntou.

— Credo! Não é nada, Joana! Eu, hein! Credo! Todo mundo derrama.

— Sei bem... — agora ela sorriu abertamente.

Zé Rufino, balseiro ontem, sitiante hoje, fazia as contas do que faria se toda a florada do seu cafezal vingasse. Otimista, desmanchando-se em risos, parecia vender o que ainda ia colher. Viu o salão cheio e pediu um corote de cachaça para todos. Ouvindo-o, todos aplaudiram.

Theodoro olhou para o corote e pensou:

— Bom momento para negociar depois que amolecerem.

O corote de cachaça ou o "mata-bicho", como ali fora batizada e crismada, andava com somente um copo. Ia de mão em mão, de boca em boca. Não seria qualquer bactéria que resistiria ao seu teor alcoólico.

Lorenzo, com seu jornal debaixo do braço, espiava. Ele queria compartilhar o que lera lá no escritório. Mas via, pelo andar do corote sobre o balcão, que nessa noite seria impossível. Reprovava a cena por um lado, mas a aprovava por outro. Ele se divertia. Consigo concluía que esse quadro era muitíssimo melhor do que a briga sem medida lá fora. Enquanto era com tanques, aviões, fuzis e metralhadoras sob ordens de alguns demônios, ali o corote deslizava-se por mãos de alguns anjos. Ou seria ledo engano?

Lorenzo abriu o jornal e mostrou, aos poucos sóbrios, um retrato com tanques, metralhadoras e vários soldados caídos depois de uma batalha na divisa da Alemanha com a Itália. Mostrou e disse:

— Olhem que cena parecida. Vejam...! — sorriu. — Somente as armas são outras. — Riram todos.

Duas horas depois os desfeitos se refizeram. Diogo puxou a folha e fechou o armazém. Ainda que tropeçando, foram-se todos. O silêncio se fez.

Quietos, Lorenzo e Theodoro desceram a rua. Pareciam não estar para conversas. O primeiro porque planejava negociar, mas os do seu alvo ficaram completamente bêbados.

— E o bastardinho? Nunca fala sobre ele. Como está? — Theodoro perguntou.

— Fala do meu filho?

— Não. Seu filho morreu faz tempo. Falo do sem pai e sem mãe.

— Não estou entendendo essa sua petulância, Theodoro. Hoje está assim por quê?

— Não se irrite... Só queria saber.

— Pois fique sabendo que Filippo está muito bem. E por favor... Já o consideramos, eu e Domênica, quase um filho nosso.

No dia seguinte Lorenzo, pela tarde, voltou ao armazém do Diogo Mascarenhas. Elisa vindo da escola passou pelo salão. Sorriu e lhe falou que Filippo estava entre os melhores da turma. Abriu uma pasta e mostrou seu boletim de notas. Ana Flor entrou, curiosa, esticou o pescoço e afinou as vistas para ver as notas do boletim. Arregalou os olhos e...

— Nem bem fala o português e já se desponta desse jeito? Mas vejam só! Que menino inteligente! Parabéns! — Lorenzo olhou para Ana Flor e sorriu. — Cumprimento-o, também, pelo acolhimento, pela disposição, pelo carinho ao menino, Lorenzo. Se fossem todos como você e Domênica são, o mundo seria outro.

— Boa, noite! — Samuel Neves entrou, foi ao balcão e passou uma lista ao Diogo do que precisava.

— Pai, deixa que separo tudo. Estou com tempo — Elisa se prontificou.

— E então, Samuel? Como estão as coisas lá na Água Branca?

— Estamos trabalhando duro. O cafezal está uma maravilha. Também o milharal. A porcada está viçosa. Quem nasceu para cavoucar dizem que morre tatu, não é? Se o ditado é certo, já fiz meu buraco — sorriu.

— Tem porco para o abate, para banha, linguiças? — Lorenzo perguntou.

— Com esse Matarazzo, banha nem pensar. E com as linguiças do Valentim ali no varal, que chance tenho? — sorriu. — O *carcamano* do Matarazzo já me levou uma vez lá em Minas. Então agora vou vender porco em pé. Crio e vendo. Sem muito risco. Trago pela estrada tocando como uma boiada, sem ter que pagar transporte, que aliás está o olho da cara. Embarco no trem misto e vão — sorriu. — Agora, se o seu Diogo me encomendar, com o preto no branco, aí já é diferente. Mato e entrego as partes. Mas só sob encomenda. Está me ouvindo, seu Diogo? — Diogo esticou o polegar e riu. — Isso se eu continuar com o sítio...

— Pensa em vendê-lo?

— Nunca pensei... Mas o Theodoro Fonseca foi hoje pela manhã me visitar e fez-me uma oferta. Compra de porteira fechada. A Niceia é contra. Os dois filhos estão divididos. O Pedro, que queria, de repente, não sei o que viu, não quer. Acho que está pensando com o coração. O outro topa. Vamos decidir.

— O comprador deve de ser o Theodoro? — Lorenzo perguntou maneando, negativamente, a cabeça.

— Acha que não devo? — Samuel franziu a testa.

— Se já perdeu uma vez, cuidado. Não estou afirmando nada, mas tomem cuidado. Ando meio desconfiado.

— Já o acho confiável. Tem umas ideias até boas. Lá em Minas eu fui um cooperado na Rural de Juiz de Fora. Sabia que o Theodoro pensa em implantar uma cooperativa aqui na Vila do Rio?

— Comentou. A ideia não é má. Mas temos que ver quem estará à frente dela. Ran! Ran! — tossiu. — Mas, Samuel, me diga uma coisa... Por que faliu se era um cooperado? Ela não te ajudou?

— O presidente lavou as mãos. Disse-me que não tinha como brigar com o Matarazzo. Fazia banha no estado de São Paulo inteiro e despachava para o Rio de Janeiro, Minas, o Brasil todo, acho. A minha banha encalhou. Ficou enlatada além do tempo e rançou. Tive que entregar o penhorado. Penhor que fiz para que me adiantasse uns contos de réis.

Como Lorenzo estava para lá de desconfiado desse Theodoro, aconselhou, o que pôde, que Samuel não fizesse qualquer negócio sem pensar bem. E se colocou à disposição.

— Pronto, seu Samuel. Aqui estão suas mercadorias. Mas antes que vá, queria parabenizá-lo pelos meninos — sorriu. — Tenho os boletins deles comigo. Quer vê-los? — Foi numa bolsa de couro e os separou de um lote. — Esse é o do João. Aqui está o do Pedro. Vê que só têm notas boas. Estão formados! — sorriu.

Samuel, satisfeito, viu cada nota. Perguntou se podia levá-los para que Niceia, sua esposa, também os visse. Elisa concordou, mas que os devolvesse dentro de cinco, seis dias para fazer o diploma. Despediu-se de todos e foi.

Assim que deixou o estabelecimento, Ana Flor e Diogo chegaram nas orelhas do Lorenzo e...

— Não falei que precisamos abrir os olhos? O homem mexeu com esse, também com o Valentim. Não sei como arruma tanto dinheiro. Porque se todo mundo chegou aqui para iniciar, o Theodoro me parece que veio para arrematar tudo. Será que estou errado?

— E depois dizem que o Diogo é o esperto? — Lorenzo terminou quase gargalhando. — Amigo Diogo...! Amigo Diogo...! Quem tem uma mulher prestimosa e viva como é a sua não precisa de mais nada nessa vida! — sorriu. — Não precisa de mais ninguém! — riu novamente. — A conversa está boa, mas preciso ir. Tenham uma noite boa.

— Lorenzo... Antes que vá, vi que trouxe, ontem, a *Folha Paulistana*. Sei que queria compartilhar... Mas não foi possível. A cachaça do Valentim estragou — Diogo considerou.

— Pois então... Como aqui na Vila do Rio poucos recebem esse jornal, acho quase uma obrigação conversar sobre as notícias mais importantes. A humanidade está nas mãos de dois, três malucos.

— Pensei que esse jornal chegasse somente para nós.

— Também para o frei Giuseppe, para João Manfrinato da padaria e para Theodoro Fonseca. Somos cinco, seis, hoje. Na padaria chega por conta da Maria Eugênia. Ele assina, mas quem lê é a filha.

— O João é pura farinha — Diogo cravou e riu.

— A assinatura do frei é nova. Domênica e Tânia viram na casa paroquial. Conversaram com ele sobre a guerra pela primeira vez esses dias. Está preocupado. A Domênica contou-me que o frei leu as últimas e que quase chorou. Dá para entender. Ele é de Salerno, uma cidadezinha do sul da Itália. As forças aliadas entram por lá. Por falar nisso, viu que a Folha de hoje veio com mais um pouco sobre o conflito? Os alemães pretendem reconquistar a Bélgica. Aí dividem os aliados ao longo de toda a fronteira oeste. O Hitler não desiste — Lorenzo tirou o chapéu e passou as mãos nos cabelos. — Mas agora vou mesmo. Domênica e Filippo me esperam para o jantar. Boa noite.

PIQUENIQUE

1944. — Vamos! — Maria Eugênia pegou a frente. Seis moças saíram, alegremente, correndo para o rio Tibagi, que descia com destino certo. Ela não. Ou sim. Será que seu caminho estava traçado como o das águas desse rio em direção ao mar? Não sabia responder. O fato inusitado estava ali na Vila do Rio. Quem imaginara, um dia, que fosse apaixonar-se por um religioso, um frei capuchinho?

Maria Eugênia ria da sorte, ria do azar. Ria de tudo e de todos em meio às lembranças das colegas de escola de ontem em Sorocaba, da igreja de hoje ali na Vila do Rio.

Esse frei capuchinho, esse franciscano, viera de longe e a arrebatara. Não pensava noutra coisa. Tinha o Giuseppe na cabeça e no coração. Claro que não esperava que desse certo. Mas e se desse? João e Lúcia, seus pais, viam que estava emagrecida, mas não faziam a menor ideia do que estava acontecendo. Até Biotônico Fontoura compraram para abrir o apetite da filha.

Uma sacola, um cesto com frutas, uma toalha florida, um violão, um livro, um pacote de bolachas. Um apito de trem. Um corre-corre na estação. O som de um sino, o apito de um fiscal, um entra e sai, moços, moças e meninos a se mexerem com suas cestas, tabuleiros de doces, pipocas, carrinhos de mão. Um guarda-volumes. Um tufo de fumaça da locomotiva. Alguns sorrisos, também choros, uma partida com lenços brancos alçados nas janelas.

Depois que o trem foi a estação esvaziou-se. Meninos ambulantes e moçoilos carregadores, conforme o combinado, deixaram a estação para banharem-se. Talvez dez, doze. Tinham hora marcada. O trem era o relógio. Uma alegria só. E no banho ficavam até o sol se pôr.

Já próximas do rio, as mocinhas escutaram tremenda algazarra. Eles subiam em um ingazeiro com sua galhada pensa para o rio, dependuravam em um cipó que nele se enroscava e deixavam-se cair n'água. Riam dos seus acertos, gargalhavam dos seus erros. E mais engraçado era quando erravam o galeio e, ao invés da água, caíam sobre uma moita de capim.

Zé Mirota, filho do João Barbeiro, era um craque. Balançava com força e se soltava longe. A corredeira o levava até um remanso abaixo. Lá ele saía pela margem, retornava por uma trilha e repetia o salto.

Faziam campeonato. Quem fizesse o melhor percurso no tempo mais curto ganhava. Zé Mirota era campeão. Mas depois que o frei Giuseppe apareceu, e comprido como vara de bambu, desbancou o Zé.

Apostavam o que tinham. Quem perdia dava uma unidade daquilo que todos os dias vendiam aos passageiros do trem na estação: um pastel, um pedaço de peixe frito, uma coxinha, uma paçoca, um saco de pipocas, um pé de moleque, um quibe, um suco.

Da turma, Muhammad era o menor. Riam dele porque perdia quibes todos os dias. Falavam que seu Ibrahim, seu pai, mão de vaca que era, por conta disso, ainda o deserdaria da loja de roupas.

De mansinho, por entre capituvas e arvoretas, as seis moças chegaram, pé ante pé, ao local do banho. Queriam ver, bem de perto, o "espetáculo". Maria Eugênia, reconhecida pelas demais como a "experiente" do grupo, comandava. Dava um passo e pedia silêncio. Fazia um *psiu* com seu dedo indicador sobre os lábios.

— Segure direito esse violão, Flavinha! Ainda vai arrebentar uma corda! — Fernanda, filha do Gerônimo da serraria, pediu em voz baixa.

Maria Clara levava um livro — *A Moreninha*. Riu alto. Antônia da farmácia Santa Efigênia a acompanhou. Descuidaram-se, tropeçaram, caíram sobre uma moita de capim.

— Meu Deus! Ainda vão se matar! — Carolina exclamou desmanchando-se em riso. Todas riram.

— Psiu! Vamos por aqui. Mas não pisem nesses gravetos secos — apontou. — Fazem barulho ao quebrarem. Por aqui... Psiu! Vamos escutar — Maria Eugênia as dirigia.

— Maria Eugênia, vamos chegar mais perto. Não dá para escutar.

— Se meu pai souber..., me mata! — Fernanda sentenciou.

— Como o meu é pior que o seu..., me crucifica! — Maria Clara cravou.

— É só um piquenique, gente! Não estamos fazendo nada de errado... — Maria Eugênia justificou.

— Claro, Maria Eugênia! Claro! — sorriu. — É só um piquenique...! Engana-me que gosto — Antônia falou rindo. Todas, igualmente, riram. Até Maria Eugênia.

— Psiu! Silêncio! — Flavinha pediu.

— Mas será que o frei Giuseppe está, hoje, nesse banho? — Carolina, ironicamente, perguntou com os olhos nos de Maria Eugênia.

— Também o Filippo? — Fernanda perguntou com os olhos nos de Maria Clara.

— Por que olha para mim? — Maria Clara perguntou.

— Sabe que não sei, Clarinha?! Acho que inventei! — Todas gargalharam.

Ouviram um latido. Provavelmente era o do Nero, que não largava o Filippo. Maria Clara arrepiou-se ainda mais. Seu coração palpitava.

— Vamos! — ela pediu.

As seis chegaram no tronco da árvore grossa. Dali podiam ver quase tudo: o rio, a bordadura dele com alguns jataís, umas figueiras altas, uns pau-d'alhos, embaúbas eretas, ingás pendentes para a água com cipós dependurados. Também viam garças e biguás.

— Olhem! Estão vendo?

— As garças e os biguás? — Antônia perguntou sorrindo.

— Antônia...! Antônia...! Só vejo meninos... Perdemos nosso tempo. Vou comer umas bolachas. — Flavinha deixou o violão e foi na cesta que Fernanda carregava.

— Por isso está assim gordinha...! — riu. — Vamos chegar mais... Atrás daquela outra árvore grossa dá para vermos melhor — Maria Eugênia iniciou puxar a fila.

— Lá está muito perto, podem nos ver, Maria Eugênia — Carolina disse.

— Venham. — Deram três passos. — Olhem! Vi as roupas deles dependuradas — Maria Eugênia falou e riu.

— Credo, será que estão pelados? — Flavinha deixou o violão cair.

— Tomara!

— Se acalma, Flavinha! Meu Deus! Ainda vai quebrar o braço desse violão.

— Se estiveram nus, pode quebrar o violão inteiro! — Carolina cravou. Todas riram.

— Estou vendo. Ah! Que pena! — Antônia se manifestou.

— Pena? — Fernanda perguntou.

— Só tem moleques e ainda de calção? — Antônia se compadeceu.

— Esperem! Não se desesperem! Olhem quem está saindo no remanso... Lá embaixo... Viram?

— É o italianinho, é o Filippo...! — Maria Clara suspirou com profundidade.

— Pensei que estivesse no escritório da cerâmica — Carolina falou e sorriu.

— É que não se faz mais italianos como antigamente — trabalhadores, responsáveis..., Carolina — Fernanda considerou desmanchando-se num sorriso aberto.

— Mas o seu turquinho está lá..., Fernanda!

— Esquece, amiga. Ele ainda é um bebê. Só pensa em quibes! — sorriu.

— Sei... Mas aposto que já sabe muito bem das coisas — Carolina pôs pimenta.

— Vi uma roupa marrom.

— Onde?

— Do lado daquela forquilha. Já sei... Pode ser a batina do frei. — Flavinha apontou o dedo.

Ao ver uma peça marrom na forquilha de um ingazeiro, o coração de Maria Eugênia se acelerou e ela começou a suspirar intensamente. "Que coisa maluca" — pensou. Nunca sentira isso antes. Ver alguém mexer com seus batimentos e pulmão.

Que momento era esse? Que força estranha! — exclamava para si. Ela queria ver o frei todos os dias. Seus olhos a cativavam. Também sua boca, seus lábios corados. Seu sorriso, sua voz, sua sabedoria. Frei Giuseppe chegou na Vila do Rio para modificar sua vida. Que força indomável.

Em fila indiana, as seis mocinhas deram dois passos a mais. Depois mais três, quatro além da tal árvore espessa. Maria Eugênia falseou o pé em um buraco sob as capituvas e tombou. Sobre ela veio Maria Clara e sobre essa as demais. Amontoaram-se em meio ao capim: mocinhas, violão, cestas com frutas, livro, enfim, o que levavam para o "piquenique". O embaraço foi o protagonista. Os meninos ouviram. Então correram com suas vestes maiores nas mãos. Trocaram-se no matagal e foram.

    Maria Eugênia lia o livro *O crime do Padre Amaro*. Estava por esses dias a descobrir que padres eram, também, de carne e ossos. Que eram mortais. Que santos podiam ser, mas que também pecavam.

    Ela queria ter alguém para conversar sobre os livros já lidos: *Dom Casmurro* de Machado de Assis; *Bom senso e bom gosto* de Antero de Quental; *O Primo Basílio* de Eça de Queirós.

    A moça via paixão nesse que estava às suas mãos, também corrupção e manipulação clerical. Lia e ficava a comparar os dias do autor com os dias de hoje, enegrecidos pela guerra.

    — Esse Eça de Queirós...! — exclamou consigo e suspirou profundamente. Em seguida ela o fechou.

    Maria Eugênia lera sempre com a razão. Sua família viera de Sorocaba. Ela com o ensino médio completo. Na Vila do Rio, bem que poderia ser uma bela professora. Mas não. Fora para o balcão da padaria por vontade do seu pai, o "João Farinha". Mas, entre uma venda e outra, um livro aberto sempre a acompanhava.

    Hoje ela misturava razão com emoção. O frei tirava-lhe o chão. Parecia um barco à deriva, sem o leme e sem âncora para apoitar.

    O livro *O crime do Padre Amaro* não seria, hoje, boa âncora, boa justificativa para aproximar-se dele? — perguntou-se e se arrepiou.

    Uma avalanche de pensares a conduzia. Precisava filtrar. Não podia ir com tanta sede ao pote. De barro, poderia quebrá-lo. E mais... Pai rigoroso como era o seu, se descobrisse, o que faria? Já sua mãe era mansa, iria compreender. Até porque casou-se com esse João contra seu gosto. Gostava, mesmo, era de outro. Mas o jeito da época, em que os pais combinavam o destino dos filhos, fê-la mudar de rumo. Maria Eugênia sabia dessa história com seus pormenores. Estaria, hoje, no mesmo dilema?

QUIMERAS...

1944. Nem precisou chamar muito. A igreja estava cheia. Na sacristia um passa-passa nunca visto antes. Aliás, no tempo do padre Clemente era difícil meia lotação. Com o de hoje tinham que chegar mais cedo para acomodarem-se melhor. E antes das missas o frei Giuseppe se punha com seu violão no coreto do lado da entrada, onde, nas festas, os leilões corriam. E a meninada chegava entusiasmada com as músicas infantis brasileiras, algumas italianas, até duas ou três francesas.

Que bom que aquele tempo sisudo do padre anterior passara rápido, como iam as águas correntes desse rio da vila. Lembravam dele ao compará-lo com o de agora. O frei oxigenava a cabeça e a mente de todos, a despeito da Candinha e de mais alguns que teimavam em tagarelar como galinhas chocas no terreiro.

Quando o frei Giuseppe entrava nas músicas italianas, Filippo ficava entontecido. Tanto que se punha à frente para comandar, como fosse um maestro, a cantoria. Embora cantasse magnificamente bem, riam dele pelo trejeito. Mas Maria Clara, não. Ela suspirava profundamente. Ele percebia, então deixava para lá o contexto da melodia. Aí o texto e o contexto dos primeiros acordes e letras eram roubados por ela. A mútua introspecção, os olhares, os flertes os transportavam para o circo entre pipocas, pirulitos e refrescos.

Maria Eugênia desejava participar dos ensaios e das cantorias nesse coreto. Mas como justificar, já que não era uma menina? Não podia estar ali entre meninos e meninas com dez, doze, treze anos. Pensou, repensou... Teve uma ideia. A Flavinha poderia lhe ensinar alguns acordes com seu violão. Não deveria ser tão difícil. O que não se faz para conquistar alguém, em um amor impossível?

Conversaram e marcaram as primeiras aulas. Elas aconteciam no seu quarto sentadas sobre a cama da Flavinha. Num estalar de dedos Maria Eugênia virou uma menina de quatorze, quinze anos. Parecia estar nos seus primeiros ciclos menstruais. Riam alto. Riam e rolavam sobre a colcha. Para abafar, colocavam travesseiros sobre a boca. Flavinha já compreendia a força de uma paixão.

Três, quatro semanas depois foram, as duas, no coreto. O coreto já estava cheio. Maria Eugênia, embora tremendo, conforme combinou com a "professora" Flavinha, entrou com o violão nas mãos. Entrou com pose de quem sabia muito. A "professora" foi com um chocalho.

Quando o frei viu Maria Eugênia, derreteu-se. Sua respiração alterou-se bruscamente. Modificou o semblante. Avermelhou-se. Depois escancarou seus dentes alvos.

Começar por onde? — os três devem ter pensado. Filippo viu nos olhos do frei certo embaraço. Sorrindo, ele tomou o chocalho das mãos de Flavinha, foi ao centro do coreto e batucou. Quebrou o gelo. Riram. Voltou ao frei e sugeriu uma canção de Filippo Turati, seu xará. O frei fixou os olhos nele e perguntou:

— *Eco! Ma perché questa canzone?*

— *È l'inno dei lavoratori!*

— Em português, *bambino*! Em português.

— Eu sou um trabalhador, frei! — sorriu.

— Essa canção não é para este momento, Filippo. Vamos às que sabemos, que ensaiamos. Vamos começar com a canção *Sino de San Giusto*. Ela foi composta por Mario em 1918, um napolitano como eu. Todos sabem que sou da região de Nápoli? — sorriu. — Sou de Salerno. Lá do pé da bota — pinicou um *mi* no violão e o pausou. — A Flavinha já tocou essa comigo, sabe bem. Ela pega o violão. E vocês todos já cantaram. Estou certo? — frei Giuseppe perguntou com os olhos em todos do seu entorno. — E a noviça Maria Eugênia, que acho que não conhece essa canção, vai com o chocalho. Filippo, por favor, passe-o a ela. — Ela sorriu.

Fizeram cordas, chocalho e vozes. O coreto se encheu em minutos. Cantaram seis músicas. Duas italianas, três brasileiras, uma francesa.

Assim que chegou o horário da missa, deixaram o lugar e foram para dentro da igreja. Estava cheia como sempre. Ainda que Candinha, a fofoqueira, tenha arduamente trabalhado, predominavam elogios ao frei.

Em sua homilia, nessa missa, Giuseppe tocou nos pontos mais importantes de como um frei franciscano via a espiritualidade. Precisava falar para os desvairados, também para si, que urgia reforçar-se na fé. Andava atormentado, confuso. Nessas últimas semanas seus pensamentos saíam e voavam para Salerno, também e principalmente, para Maria Eugênia.

Nessa missa, com certa eloquência, o frei entrou na doutrina ampla da ordem franciscana: a teologia; os ditos; a criação do mundo natural como bom e alegre; a afeição pelos animais e objetos naturais; a devoção à eucaristia; a vida simples; a solidariedade; a justiça social.

Maria Eugênia, Maria Clara e Flavinha não prestavam a menor atenção. A primeira viajava com o frei na cabeça e o livro *O crime do Padre Amaro*. A segunda estava com os olhos nos do Filippo; a terceira com o turquinho Muhammad.

Lorenzo e Domênica vez ou outra cochichavam:

— Será que o Theodoro entendeu o recado?

— Solidariedade? Justiça social? Duvido. Ele quer é comprar tudo. Um dia ainda morre por uma estilha de chão.

— Estilha?

— Pedaço. Um naco de chão. Escreve aí — Lorenzo cravou.

Maria Eugênia não estava preocupada com a teologia, a doutrina, os aspectos sociais da ordem a que o frei pertencia. Estava era consigo e com ele. Como lia e se abastecia de Eça de Queirós, parecia ver nas linhas desse livro os passos que dariam.

Será que esse religioso fora criado para o sacerdócio? Ela tinha clareza que não. Se não, então se efetivou como e por quê? Ela via nos olhos dele forte contemplação. Não mentiam! A vocação vista e sentida pela comunidade Maria Eugênia não via. Pelo contrário: sentia certa índole libidinosa.

Seria esse o seu crime? Essa eloquência nas homilias não seria seu método, sua ferramenta apenas para autoconvencimento? Maria Eugênia estava atordoada, mais adiante arrependia-se ao fazer esse juízo sobre o frei e sua missão.

Uma hora depois a igreja estava vazia. Maria Eugênia foi com Flavinha. Filippo com Lorenzo e Domênica. Maria Clara com seus pais, Theodoro e Tereza.

Por recomendação da professora Elisa, Maria Clara lia nesses dias *A Moreninha*, livro de Joaquim Manuel de Macedo, o volume que levara no "piquenique". Chegaram em casa para o jantar. Da mesa para o banho, deste para a cama. Maria Clara estava diferente, a mãe sentiu. Já Theodoro, ao que parecia, estava para seus negócios. Fazia contas dos lucros das compras e das vendas das propriedades.

Vendo a menina diferente, Tereza não hesitou. Quis saber logo. Maria Clara esquivou-se. A mãe insistiu. Respondeu com seu livro nas mãos. Que estava amando-o. Que era uma linda história. Tereza a deixou e foi com o marido para o quarto. Maria Clara recostou seu travesseiro, abraçou o livro como fosse Filippo e...

— Meu amor! Amo-te muito — beijou a página com um marcador de leitura.

Ela apagou a luz. Puxou o lençol alvo sobre suas pernas. Arrumou os cabelos no travesseiro. Respirou profundamente. Pensou coisas antes impensadas. Como queria ter Filippo junto dela naquela cama. Acendeu a luz. Buscou o marcador e a página. Leu mais um pouco. Adormeceu.

Um sonho a invadiu. Veio nele Augusto, dona Carolina, as primas, dona Ana, a menina pirralha com treze anos — personagens do livro. De repente os quatro amigos estudantes de medicina chegaram em Sant'Ana, a ilha, para passar um feriado. O cardápio eram as mulheres de lá, as paixões possíveis que poderiam surgir. Maria Clara estava entre elas. Filippo também. E como num passo de mágica, Maria Clara transformou-se na pirralha sapeca, e o Augusto, no Filippo. Os dois brincavam nos cipós de um galho pendente do ingazeiro do banho da Vila do Rio. Uma canoa veloz trazida por intensa corrente d'água se aproximou. Filippo saltou e a segurou por uma cordoalha. O remo caiu.

Maria Clara o salvara. Um pescador apareceu. Era o Dino Mekelê, e, em agradecimento, deu a Filippo um colar envolvido numa fita branca feito com folhas trançadas do capim capituva e, para Maria Clara, um seixo cristalino numa fita de intenso verde. Deu aos dois, sorriu e foi. Assim que lhes deu as costas... Não vá! — ela gritou. Não vá! — repetiu.

— Maria Clara! Maria Clara! Que grito foi esse? Levanta-te! Vai perder a aula! — Tereza, sua mãe, a chacoalhou na cama.

Na escola Maria Clara procurou a professora Elisa para falar sobre o livro, também sobre esse seu sonho maluco.

— Professora, posso falar com a senhora depois da aula?

— Claro. Mas tenho tempo agora se quiser...

— Vim devolver seu livro. É ótimo. Acabei de ler.

— Nossa! Lê mais rápido do que eu — sorriu.

— Quando é bom, nos pega. Aí não paramos. Estive com tempo. Esse autor é muito competente, eu achei. Emocionou-me a história e a narrativa. Fui levada por ela. Maravilhoso texto. Tanto gostei que até sonhei uns absurdos, digo, com a história que nem minha é.

— Será que não? Pois digo que agora é. Ler é assim. Os escritores fazem e nos doam. Aí cada um faz a sua com seus devaneios, suas utopias, seus caminhos, inflexões, suas quimeras. Entende-me?

Maria Clara não respondeu. Estava atônita com a madrugada, seus novos pensares, acontecimentos sentimentais. Também esse sonho maluco.

— Sinto vontade de conhecer mais autores.

— Sonhou com ele ou com o livro? — sorriu e levou as mãos ao seu ombro.

— Com ele? — devolveu o sorriso.

— Com o Filippo? — deu uma piscadela.

— Como sabe? Algum fofoqueiro contou? — perguntou sorrindo.

— Seus dois olhos são os fofoqueiros...! — sorriu e a abraçou.

— Nossa! Preciso cuidar-me melhor — sorriu.

— Se tem luz, não feche a janela. Deixe que entre. Amar é bom e necessário. Os desamados são infelizes. Quer abrir seu coração? Temos tempo — pausou.

— Obrigada!

— Paixão é assim mesmo. Ainda mais a primeira. Às vezes vem retumbante e vai embora. Outras vezes chega e fica. Faz até morada. E quando faz, vemos fatos, coisas reais, mas também irreais, metáforas. Comparamos o que somos com o que poderíamos ser: mais bonita, mais magra, mais alta, que nascemos para alguém, e, se não der certo, até morremos. Sentiu-se assim tão dentro da história que, de repente, estava com Filippo nua se banhando com ele lá no cipoal do ingazeiro?

— Como sabe?

— Li o livro como você... e sei que estiveram no banho do ingazeiro para verem os banhistas, e lá estavam, também, Filippo e o frei Giuseppe. Não foi? Metaforizar isso está dentro do esperado quando se apaixona.

— Professora... foi tão real que senti meus pés tocando as pedras e a água no meu corpo — pausou.

A professora fixou seus olhos nos dela, ajeitou seus cabelos que cobriam parte do rosto e olhos e...

— Isso se chama paixão! Você está apaixonada.

— Meu pai me mata...

— Mata nada. Matou sua irmã quando fugiu com o José Timbó? Todo pai é meio, assim, ciumento.

— O meu é doente. Ele chama o Filippo de bastardinho — lacrimejou. Ela a acudiu com um lenço. — Aqui está o livro. Obrigada, professora.

— De nada! Que outros livros, outros rios, outras águas correntes ou mansas venham para sua vida. Você é merecedora. Mas me diga: já falou sobre seus sentimentos ao italianinho?

— Ainda não tive coragem.

— Não demore. Pode ter mais gente de olho nele — sorriu. — Mas agora temos que ir. Deu a hora. — Deixaram o banco do jardim de frente da escola e entraram na sala de aula. Maria Clara entrou sorridente.

FIM DA SEGUNDA GUERRA MUNDIAL

1945. Dois de setembro. FIM DA SEGUNDA GUERRA MUNDIAL. Em letras garrafais, foi a manchete do jornal. Ontem Lorenzo soube pelas ondas do rádio. Era mais veloz que o jornal impresso, mais que o trem da Sorocabana. Ainda assim queria tê-lo às mãos para sentir o cheiro do papel, o gosto da vitória. E Lorenzo tinha todos os cadernos relativos a esse conflito sem fim. Estavam em pastas. Organizara desde o início. Um perspicaz capricho. Tomou o jornal no portão e foi para a cozinha. Gritou:

— Corram! Venham ver! — sentou-se numa cadeira preguiçosa de canto.

Domênica e Filippo saíram da cama e correram. Lorenzo mostrou a manchete lendo-a pausadamente.

— Olhem essa manchete! A guerra acabou — virou o jornal para que vissem.

Filippo queria, precisava saber mais. Sentou-se do seu lado. Queria porque seu pai esteve ou ainda estava metido nela. Nunca teve certeza. Foram ao caderno, às duas páginas e meia com, cronologicamente, o passo a passo e os finalmentes. Lá estava toda a contextualização, os acordos, o desfecho.

Por último, a matéria trouxe um quadro, por país, dos mortos, com a ressalva de imprecisões, pois que novos levantamentos, contagens, dados chegariam. Que nem tudo estava claro.

Pela noite Lorenzo foi ao comércio do amigo Diogo Mascarenhas. Levava a *Folha Paulistana* debaixo do braço. Queria mostrá-la aos que nem rádio, nem jornal tinham. Embora o café fizesse diferença, nem todos possuíam, ainda, um rádio.

Assim que pegou a rua viu que uma porção de carroças estavam por lá. O salão estava cheio. Também seu reservado. Sábado era um dia especial. Compravam e vendiam ali. Também trocavam. Quatro no balcão para dar conta. Ana Flor corria, atendia, sorria. Também a professora Elisa lidava.

Muçunga, negrinho atarracado, que há pouco chegou na Vila do Rio, ficava no atendimento do mais pesado. Sacarias eram com ele. Por demais esperto, sem camisa estimava-se com os músculos de fora. Tão risonho que parecia mostrar mais dentes do que tinha.

Lorenzo entrou com o jornal numa mão e o chapéu marrom de sempre, na outra. Theodoro já estava com seu palheiro aceso a fazer fumaça. Do jipe, Valentim descarregava alguns produtos do sítio sobre o balcão. Seus netos, que chegaram em 1931, um quase de colo, hoje eram moços.

— Vixe! Cresceram feito abóbora — Dezinho passou por eles e brincou.

— Querem saber das últimas? — Lorenzo quebrou a conversa do Dezinho com os netos do Valentim. — Venham ver! — abriu a *Folha Paulistana*.

— Eu quero ouvir, Lorenzo. Nessa correria nunca ouço e nem leio nada direito — Diogo, o vendeiro, ainda que assinasse a Folha, pediu.

Conversavam alto no interior do salão da venda. Lorenzo imaginou que não lhe dariam atenção. Ainda assim, determinado, abriu o jornal e iniciou a leitura. E o fez como lá na sua cozinha com a mulher Domênica e Filippo. A algazarra cessou. Um pouco mais, somente a voz de Lorenzo aparecia. O silêncio ficara absoluto. Um copo caiu. Pularam de susto. Riram. Lorenzo, pedindo silêncio, voltou ao texto.

— É uma resenha. Escutem!

"*O general nazista Alfred Jodl assinou a rendição da Alemanha, colocando fim à Segunda Guerra Mundial. A Alemanha sucumbiu.* <u>Hitler</u> cometeu suicídio dentro de um *Führerbunker. Cerca de 70.000 soldados nazistas se renderam.*"

— Posso perguntar? — Dezinho levantou a mão.

— Pois não, Dezinho!

— Tem uma "palavraiada" estranha, seu Lorenzo... esse tal de..., de...

— *Führer... F...?* — a professora Elisa o socorreu.

— É um complexo subterrâneo de salas em Berlim onde Adolf Hitler passou as últimas semanas do regime nazista e cometeu suicídio. Foi feito para ele e a família se esconderem. Li mês atrás que toda vez que a coisa piorava, ele mais a família corriam para lá. Do mesmo jeito que os ratos fazem. O gato aparece e os ratos se safam. Entendeu?

— Cagão! — Dezinho julgou. Todos riram.

— E a sua turma, Lorenzo? — Theodoro perguntou. Lorenzo baixou o jornal e, por sobre ele, desceu os óculos sobre o nariz e respondeu:

— Pergunta-me dos italianos? Já conversamos outro dia aqui mesmo sobre a Itália. Não se lembra? — pausou. — Mas se quer, posso refrescar sua memória... — fechou o jornal.

E com ele fechado, Lorenzo foi desfilando os pontos mais importantes sobre a rendição da Itália.

— Theodoro, a rendição da Itália aos Países Aliados aconteceu em 1943. Seu general, um tal de Pietro Badoglio, então primeiro-ministro da Itália, assinou um armistício. Não se lembra? O Dwight Eisenhower falou pelo rádio à população italiana que estavam livres a partir daquele momento. E que *todos os italianos poderiam ajudar a expulsar o invasor germânico do solo italiano sob o apoio das Nações Unidas. Fim do regime fascista.*

Um copo andou sobre o balcão. Depois mais outro. Em seguida um terceiro. Lorenzo fechou o jornal. Valentim levantou a mão, pediu a palavra:

— Pois não!

— O jornal traz quantos morreram? — Lorenzo o abriu e retornou à matéria.

— Traz, sim. É ainda incompleto porque podem descobrir muito mais mortos queimados, outros em valas, no mar, nos rios, em cemitérios clandestinos etc. Vou ler por país, escutem.

"Estima-se um total de 70 milhões de pessoas mortas. Isso representa 3% da população mundial. A população do planeta é 2,3 bilhões de pessoas."

— Para se ter uma ideia, a nossa população hoje, digo, agora em 1945, é mais ou menos 45 milhões de pessoas. É como se tivessem matado um Brasil e meio. Sentiram o tamanho da maldade?

— Meu Deus! — Ana Flor exclamou.

— Morreram 500.000 italianos. E tem um especial entre esses quinhentos mil — olhou nos olhos dos do seu entorno. — Alguém arrisca dizer quem? — arregalou os olhos.

— Acho que sei, seu Lorenzo. É o pai do Filippo.

A professora acertou. Ela sabia; aliás, quase toda a vila sabia dos porquês e das circunstâncias em que o menino Filippo chegara ali na Vila do Rio.

— Os soldados brasileiros também estão? — Ana Flor perguntou à filha.

— Sim. Bem aqui, mãe! Quase 2.000 soldados mortos.

— Seu Lorenzo! Gostaria de compreender, ainda que minimamente, por quais razões Hitler foi tão longe? Fez tudo isso para se vingar? Estou certo? — Gerônimo perguntou.

— Sim, amigo! — olhou para ele e demais do entorno. — Outro dia, acho que na semana passada, a *Folha Paulistana* trouxe uma matéria assinada pelo professor Hans Stein. Aliás, o mesmo dessa de hoje. Caso queira, eu a tenho — pausou.

— Também estou assinando a Folha, Lorenzo. Mas tenho tanta madeira para serrar que não consigo ler todos os dias — sorriu.

— E eu não sei, Gerônimo! Olha os pregos que estou levando! Amanhã mesmo os enfio nas suas tábuas — Lorenzo sorriu.

Todos riram. Tinham admiração por esse homem sabichão, sabedor de tudo, pessoa culta. Olhavam-no com admiração. Bem que podia pensar em ser o primeiro prefeito dali, já que a Vila do Rio, pelo andar da carruagem na capital, seria, brevemente, emancipada.

— Se tiverem mais um pouco de paciência e interesse, posso ir em frente... — sorriu. — O que acham?

Ninguém discordou. Lorenzo sorriu.

— Já que não discordaram, e para esquentar, me traz um corote de vinho dos grandes para brindarmos ao fim da guerra. Também mortadela fininha e pão francês para todos.

Aplaudiram. Quem estava lá fora entrou. E ali fizeram brindes. Depois que os beiços se amoleceram, Lorenzo retomou. Não sabia se prestariam atenção ou não. Mas decidiu continuar.

— Quero lembrar que o Hans que assina essa matéria do jornal com o José Vasconcelos não é qualquer um. Trabalhou na universidade Humboldt, em Berlim.

— É longe daqui? — Dezinho perguntou. Riram todos.

— Muito longe, amigo. Bem para lá do seu Ceará! — Gargalharam.

— Mais, bichim! Então é bem pra lá do fim do mundo! — Riram mais.

Lorenzo foi ao copo e virou metade. Engoliu e retornou...

— Estava dizendo que esse professor é muito competente. Só está aqui no Brasil porque conseguiu fugir do campo de concentração. É um competente historiador. Mas de volta ao assunto, ele descreve na aludida matéria que o Hitler entrou em Paris para expor seus termos de armistício no mesmo local onde a Alemanha capitulara ante a França e seus aliados no dia 11 de novembro de 1918, então há 22 anos, isso foi na Primeira Guerra Mundial.

— Não esqueceu?

— Não. Esse fato é o que o fez ter sangue nos olhos esses anos todos.

— Pergunta para o Deoclécio se já se esqueceu da mulher e do padre Clemente? — Theodoro entrou. — Bobeia que o corno ainda pega o traste qualquer dia.

Lorenzo olhou nos olhos do Theodoro com reprovação. Olhou e, para fugir das ideias bestas dele, perguntou:

— Posso ir em frente? Então... Diz o repórter que estavam numa clareira em um bosque na cidade de Compiègne, e que ali o tirano, com crueldade, preparou tudo para se vingar.

— Vingança pura, então? Eu não sabia, mas imaginava... — Elisa falou.

— Isso mesmo. Se deixarem ir em frente, o Diogo abre mais um corote de vinho. — Bateram palmas. — Mas esse segundo será por conta dele. — Riram.

— Por que não abre já?

— Porque vão dormir, Dezinho! — Riram mais. — A guerra acabou. Devemos festejar. Vou continuar. Escutem... — e continuou a leitura. — Havia um bloco de granito. Hitler chegou nele, subiu a cabeça e, lentamente, leu uma gravação escrita em francês:

"ICI, LE 11 NOVEMBRE 1918, LA FIERTÉ CRIMINELLE DE L'EMPIRE ALLEMAND SUCE — VAINCUE PAR LE PEUPLE LIBRE QU'ELLE A ESSAYÉ D'ASSERVIR."[4]

— Em voz alta?

— Fez em voz gritada. Tanto que até corvos a cacarejar nas árvores assustaram-se e voaram. E depois que leu, engoliu saliva...

— Diogo! — Lorenzo o chamou. — Conforme o combinado, mais vinho para todos! — Bateram palmas.

---

[4] Aqui, a 11 de novembro de 1918, sucumbiu o orgulho criminoso do império alemão — vencido pelos povos livres que ele tentou escravizar.

ARRANCA-RABO

1946. Theodoro Fonseca saiu cedo da cama. Saiu porque passara a noite toda com os olhos nas telhas. A casa sem forro mostrava a inscrição: CERÂMICA SAN GIORDANO. Seu amigo, seu adversário, seu bem, seu mal cobria sua casa. Indignava-se com esse fato. Chegara ali na Vila do Rio e de cara deu-se com esse tal sabedor de tudo. Um douto.

Theodoro Fonseca Mazotti era um bipolar. Uma mistura de mel com fel. Indescritível psicose. Ciumento com a filha Maria Clara. Invejoso doentio. Via Lorenzo, bem agora, na boca do povo como notas de dois cruzeiros. E ele, que até uma cooperativa fundara, que era seu diretor, sentia-se desprestigiado. Então precisava mudar o rumo, modificar o jogo. Que tal se candidatar para concorrer à prefeitura desse município em criação?

Não chegara ali na Vila do Rio, um cafundó, para ser somente um picareta. Só por isso, teria ficado em Sorocaba. Além disso não se contentava em continuar um "rabo de gato" como fora em Sorocaba. Num lugar novo como era a Vila do Rio, bem pensado, poderia ser cabeça de tigre — um prefeito hoje, um deputado amanhã, um senador.

Diretor da cooperativa era só o primeiro passo. Sem contar que já era dono de quatro sítios na planície da margem direita do rio, mais três com café de seis anos em cima em franca produção.

As terras marginais da planície ele as escolheu por conta da quantidade e da qualidade da argila. Tão qualificada que Lorenzo se lambuzava nas telhas e tijolos que produzia.

Os sítios, que hoje eram brejos, e que por isso pagou barato, fornecedores de argilas amanhã, valeriam ouro lá na frente. Também era a forma de conter o crescimento desse Lorenzo sapientíssimo. Sem argila não cresceria, morreria em cima do rabo.

Theodoro na Vila do Rio estava como Hitler na Europa: já tinha o bastante, mas queria mais, muito mais. Estar com um olho no gato e o outro no peixe era seu passatempo.

A comissão chegou da capital com boas novas. Toda a papelada veio contida numa mala. Ali estava todo o rito, todos os passos necessários visando à criação do novo município. Theodoro estava à frente e comandava o grupo. Desceram na estação e foram para a hospedaria de Ilda. Ela tinha espaço, mesas e cadeiras para desembrulhar tudo, classificar, enfim, sistematizar. Ilda estava na porta e deu boas-vindas. O frei Giuseppe estava com ela. Eram cinco na comissão. Theodoro a presidia. Havia uma mesa com café e acessórios. Outra com uma Olivetti nova em folha.

Depois do deguste, os membros da comissão passaram aos trabalhos. Botaram sequência. Discutiram os passos, a forma, os prazos. Doutor José Castro, um advogado, contrapartida do Estado no processo, fazia parte dos cinco. E nele o douto operava como bússola.

Três meses depois a papelada estava pronta e, de acordo com o doutor Castro, toda nos conformes. Theodoro Fonseca acompanhou o eminente até a capital para as devidas aprovações, os carimbos e as assinaturas na Assembleia Legislativa e no Executivo.

Na venda do Diogo, na igreja, na beira do rio, nos sítios, em todo canto, a pergunta que não se calava era: quem será o primeiro prefeito?

Era uma sexta-feira de um fim de mês, perto das vinte horas. Dia de receber e de pagar.

A venda do Diogo Mascarenhas estava cheia, movimentadíssima. Diogo, Ana Flor e Elisa riam pelos cotovelos. Muçunga, o preto atarracado, balconista e fazedor de tudo, pelos extras que viriam, hoje estava ainda mais sorridente. Tanto que seus dentes alvos pareciam não caber na boca. Esperto como um serelepe, corria para todos os lados e fazia anedotas sobre o presidente Getúlio Vargas.

Theodoro chegou quando esse clima andava. Não sabia por que riam. Mas já que precisava desse contexto, por pretender ser o primeiro prefeito, embarcou nele com seus dentes à mostra. Ria e estendia a mão, cumprimentava cada um. Estranharam porque viam-no sempre mal-humorado, soltando fumaça pelas ventas. Esbanjando sorrisos, jamais. Por que tão pegajoso? — perguntavam-se.

Não demorou muito, descobriram. Fez um cigarro, pediu uma branquinha e abriu a boca. Informou que toda a papelada para a criação do município estava pronta na capital, que em dez, doze dias receberia tudo aprovado, carimbado e assinado, que iria providenciar a instalação de uma comissão eleitoral para os trâmites e marcar as eleições.

Quando terminava de informar, Lorenzo chegou com Filippo. Theodoro deixou os sorrisos e casmurrou. Perceberam, todos, que era tudo o que Theodoro não queria. Lorenzo entrou com o filho e foi ao balcão.

— Por favor, professora, Elisa! — Ela veio.

— Boa noite, seu Lorenzo! Boa noite, Filippo! Temos prova amanhã... está lembrado? — sorriu. Ele devolveu. — Alguma coisa para esquentar, seu Lorenzo? Vinho? Tem preferência ou vai o do corote?

— Hoje quero um especial — sorriu. — E o Filippo vai escolher o que quiser.

Elisa veio com um francês. Ele rodou a garrafa, viu que era uma casta nobre, um Merlot, sorriu e a agradeceu. Sacou a rolha e foi atender Filippo. E enquanto principiava no vinho, escutava o "converseiro" no salão. Sinalizou para Elisa com a mão. Ela voltou.

— Comemoram o quê?

A professora explicou brevemente e retornou aos atendimentos. Quando a garrafa ia pela metade, Lorenzo entrou na conversa.

— Posso entrar na conversa de vocês?

Ninguém respondeu.

— É que o Muçunga está embestado, hoje, seu Lorenzo! O homem está com a pega! — Samuel Neves falou. — Acho que comeu muita farinha com carne seca! — Riram todos.

— Estamos conversando sobre a aprovação da criação do nosso município, Lorenzo. Cheguei da capital. Está tudo certo. Agora temos que dar o próximo passo.

— Fiquei sabendo, Theodoro. Conversei com o doutor Castro. Esteve no escritório da cerâmica. Por sinal, foi comprar tijolos e telhas. Diz que vai fincar os pés aqui na Vila do Rio. Gostei. Precisamos, mesmo, de um advogado permanente. Mas ele me disse que depois do golpe — estou falando do ano passado, então depois da guerra, no fatídico dia 29 de outubro de 1945, em que o Getúlio foi deposto e que acabou com a estrutura do Estado Novo, as coisas serão adiadas até que a Assembleia Nacional Constituinte, eleita quase ontem, agora em setembro, faça uma nova constituição. Então, caro Theodoro... — pausou. — Por saber que anda interessadíssimo no assunto, vai ter que esperar — engoliu mais um trago de vinho.

— Mas se eu estive com o traste ontem, por que não me falou sobre isso?

— Conversamos hoje. Talvez não tivesse essas informações ontem. Vão fazer uma nova constituição, entenderam? É sob ela que tudo se dará... Ainda bem que teremos outra, não acha, Theodoro? Principalmente você que pretende ser o primeiro prefeito aqui. E mais... — botou reticência e levou o copo à boca. Engoliu.

— E mais? — Theodoro perguntou.

Lorenzo explicou que o Brasil ganhara destaque por ter participado com homens na guerra, que só por isso tornara-se o mais importante país da América Latina, já que nenhum outro enviou soldados.

— Mas vamos ganhar o que com isso? A ossada dos mortos? — babando cachaça pelo canto da boca, Zé Rufino soltou.

— Diria, Zé, que todos ganhamos e que a tirania perdeu. Ainda tem uns de pé, mas cairão também. É só uma questão de tempo. Ainda há um Salazar em Portugal, um Franco na Espanha... tem mais por aí. E cuidado... Pode ser que haja tiranos até aqui entre nós. Nunca vi um tatu, mas estão a fazer buracos por aí. Pensem nisso.

Será que entendiam a fala do Lorenzo? Provavelmente, somente dois ou três enfiados, como fossem tatus, naquele salão.

— Este país é muito grande e agora mais importante do que ontem. Por estar entre os vencedores do conflito, o país subiu um degrau na prateleira dos respeitáveis. E já que a democracia venceu, precisamos mudar nossa constituição.

— Então nem falar em eleição agora, Lorenzo? — Diogo, o vendeiro, perguntou.

— Podemos. Só não dá para realizá-las. Podemos discutir tudo.

— Acha que a mulherada com essa nova constituição vai continuar votando? — Dino Mekelê perguntou.

— Claro. As mulheres conquistaram esse direito em 1932.

— Pois eu já acho errado... Mulher não entende nada de política... — Dezinho cravou.

— Por que não, seu Dezinho? Mulher entende de sala de aula, de balcão, de criar filhos, de cuidar dos esposos... Por que não em escolher ou mesmo em ser candidata a um cargo de vereadora, de prefeita...? Por que não? — Eliza terminou com os olhos arregalados.

— De prefeita? — uníssonos, perguntaram. Até o Lorenzo com cabeça do próximo século arregalou os olhos.

— Assustaram-se? — a professora sorriu e saiu da roda.

— Mas a molecada continuará sem votar? — Zé Rufino perguntou.

— Pelo que ando a ouvir no rádio, também escrito na *Folha Paulistana*, essa nova constituição fará água... Os constituintes estão propondo reconhecer o voto secreto e universal para os maiores de 18 anos. Homens e mulheres.

— Está a nos dizer que daqui a pouco até esse "encarvoado do balcão" do Diogo e o seu bastardinho, o Filippo, poderão votar, então?

Lorenzo deixou o copo e foi na garganta do Theodoro Fonseca. Os deixa-disso apartaram. Diogo gostaria de, também, pegá-lo pela garganta na defesa do seu empregado negro, mas se conteve, ficou a pedir calma. Ana Flor veio com um copo d'água. Elisa foi ter com o Theodoro. Filippo entendeu. Era visto como um bastardo na Vila do Rio.

Era hora de acabarem com esse assunto, mudar o rumo da conversa — Diogo avaliava. Mas antes que interviesse, o doutor Castro botou o pé na soleira da entrada do seu armazém. Subiu o degrau e tirou o chapéu em cumprimento a todos. Theodoro aproximou-se dele. Cochichou qualquer coisa no seu ouvido.

Lorenzo, agora mais calmo, espiava a parceria dos dois. E quando achavam que o assunto já tinha ido, Valentim trouxe-o de volta.

— Agora que temos um doutor advogado, e que está auxiliando para que a Vila do Rio vire um município, podia me esclarecer se preto, padre, frei, essa "coisera" poderão votar ou não?

Doutor Castro encostou-se no balcão porque via que a conversa podia ser longa. Pediu antes por um guaraná. Enquanto bebia, respondeu:

— O assunto pode ser demorado ou não. De pronto posso dizer que a constituição que está indo embora até possibilitava. Agora, com essa nova carta, mais democracia teremos. Ela, além de ampliar, reafirma a democracia. Todos os brasileiros poderão votar, todos poderão ser votados. Lá bem atrás não era assim. Os indígenas, os negros e as mulheres foram por muito tempo tratados como desiguais. Bom lembrar que preto nem cidadão era até 1888.

— Uai! Então o Muçunga era o quê? — Dezinho perguntou sorrindo. E todos o acompanharam.

— Bicho que não, né, doutor Castro? — Muçunga entrou. — E se querem saber, votarei na primeira eleição que tiver — arrancou sua carteira do bolso e mostrou seu título de eleitor.

— E padre também poderá votar. Se foi capaz de escolher seu caminho, por que não saberia escolher um prefeito? — Castro perguntou com os olhos nos do seu entorno. — Vou contar um acontecimento para vocês: ao longo do tempo criaram uma porção de estigmas sobre as identidades negra e índia, sobre as mulheres e os analfabetos.

— Estigmas? — Samuel Neves perguntou.

— Teorias que diziam que determinadas raças eram inferiores às outras. Como a do crápula do Hitler, o nazista dos infernos — pausou. — E aqui no Brasil, não foi que um deputado ganhou uma eleição e não pôde tomar posse!? Já escutaram isso?

Ninguém respondeu. Nem o Lorenzo.

— Pois então... Monteiro Lopes é o seu nome. Por ser negro não conseguiu diplomar-se. Foi o primeiro "homem de cor" a ser eleito deputado federal no Brasil, e foi pelo estado do Rio de Janeiro. Alegaram uma série de fatores impeditivos. Mas o povo reagiu. Organizaram uma campanha e, finalmente, ele foi empossado deputado federal. Faz tempo. Foi em 1909 — pausou. — Resumindo: todos poderão votar a partir dos 18 anos. Pode aquele ali — apontou o dedo para o Muçunga. — Aquele lá da ponta com o baralho — olhou para o negro pescador Dino Mekelê. — Essa linda professora — olhou para Elisa. Pausou. — Esquecia-me dos índios... Sei que temos algumas aldeias de Kaingang aqui perto da Vila do Rio. Se tiverem o título de eleitor, podem votar também.

Tomaram mais algumas. Vinte minutos depois Diogo e Ana Flor puxaram as folhas metálicas de duas portas e fecharam o estabelecimento.

A BATALHA DO FREI GIUSEPPE

1946. O jovem frei Giuseppe travava sua batalha. Maria Eugênia, ainda com *O crime do Padre Amaro* na cabeça, continuava a suspirar pelos cantos. Mas hoje ela, nas folgas do balcão, lia *Dom Casmurro*. Nos finais de semana, com aulas de violão na casa da Flavinha, ela aprendia novos acordes, novas canções, enfim, treinavam para o coreto e as missas.

Giuseppe não suportava mais. Abriria seu coração à Tânia, a cuidadora da igreja e casa paroquial. Precisava contar, falar dos seus sentimentos, diminuir seu sofrimento.

Tânia prometera-lhe não passar nada para a frente. Sentaram-se, então, e ficaram por um tempo sob um pé de amoras do pomar da casa. Ele falava, ela ouvia. Começou pelo tempo em que fora aluno no ensino básico, depois no médio em Salerno, Itália, sempre dentro de colégios franciscanos.

Tânia perguntou-lhe se fora pressionado alguma vez a estar dentro de uma escola religiosa. Giuseppe respondeu que nunca. Que sua família era eclética, que via o mundo aberto, livre, mas convicta de que "ante os olhos de Deus, o homem vale pelo que é, e não pelo que tem".

Giuseppe recordou que certa vez teve um sonho, ou um pesadelo. Que nele recebeu uma espécie de chamamento. Que era uma sexta-feira e que rezava sozinho dentro da capela do colégio. Estava com um rosário nas mãos. Viu que seu crucifixo tremia. Assustou-se. Quis correr. Não conseguiu. Acordou em gritos. Sua mãe, Gioconda, correu e o abraçou. Beijou-lhe a face. Perguntou o que foi. Parecia realidade.

— Tânia... — ele pausou. — Longe, muito longe de comparações, mas sabia que em um certo dia Francisco rezava sozinho numa igreja, a de São Damião, em Assis, e que ele sentiu seu crucifixo falar?

— Nunca soube.

— Falou e foi por três vezes: "*Francisco, repara minha casa, pois olhas que está em ruínas*". E sabe o que fez? Vendeu tudo o que tinha e levou o dinheiro ao padre da Igreja de São Damião, e pediu permissão para viver com ele. Francisco tinha vinte e cinco anos — pausou. — E eu aqui com meus vulgares pensamentos. Com a cabeça na Maria Eugênia.

— Não será com ela sua construção? Ter família não é, também, uma construção divina?

— Ninguém vai me entender. Estou voando. Nem sei se Maria Eugênia estaria disposta, de verdade, a estar comigo.

— E se estiver?

Giuseppe não respondeu. Tânia não invadiu. Deixou que ficasse. Foi embora. No outro dia ela estava com Maria Eugênia no balcão da padaria, que lia *Dom Casmurro*. Viu que continuava a emagrecer, que estava abatida. Perdera peso nos dois últimos meses. Paixão faz isso. Tira a fome — dizem. Chegou, pediu dois pães e, antes que saísse, botou os olhos nos dela e...

— Tem certeza de que não quer me falar nada? — Maria Eugênia fechou o livro e o afastou para um lado do balcão.

— Estou, nesses dias, falando com Machado de Assis — trouxe o livro de volta e o mostrou. — Esse aqui. É uma história cativante. Se quiser ler te passo quando terminar — sorriu.

— Obrigada! Mas te pergunto sobre outra coisa.

— Eu sei. Estou meio sem saber o que responder.

— Estive com o frei. Ele está como você. Não sai da sua cabeça — pausou. — Quer que a ajude? — pegou em suas mãos.

Maria Eugênia estava com as mãos frias e úmidas. Suspirou com força. Sentia algo nunca sentido antes. Claramente precisava de ajuda. Aceitava. Depois recusava. É que ali na Vila do Rio, um lugar minúsculo, com mais conservadores do que avançados, isso viraria uma falação. Seria como mexer numa caixa de marimbondos. E mais... Sua família reagiria de que maneira?

Tânia continuava com as mãos nas de Maria Eugênia. Ela olhava para o vão da porta da padaria, parecendo espiar o nada.

— Já conversaram? Digo, você e o frei se falaram sobre o que sentem? — pôs a mão no seu queixo e trouxe rosto da moça para o seu.

Maria Eugênia não respondeu. Nem precisava. Lágrimas vieram e falaram da sua paixão e dor.

— Posso marcar um encontro, um momento para conversarem. Aí vocês verão os próximos passos. Só uma conversa. Pode aliviar... Não pode ficar assim. Vivemos somente uma vez.

— Não é tão simples assim, dona Tânia. Não posso invadir a vida dele. Ele é um padre, um frei. Sem contar que já tivemos um aqui e o que aconteceu?

Ela lembrava do padre Clemente Zappa, que fugiu com Lázara, a mulher do Deoclécio. Se esse deixasse a batina, para também esposar-se, seria repetição do sacrilégio anterior. Ainda mais o Giuseppe, que cativara toda a juventude, que enchia a capela. O de antes não, mas o de hoje tinha a admiração dos meninos, das meninas no coreto com seu violão, dos paroquianos com suas homilias cheias de conteúdos e graças, e, em sendo um franciscano, dos sitiantes em meio aos seus animais. Por todos esses atributos, Maria Eugênia achava impossível tê-lo como marido.

Que água bebiam na Vila do Rio que o primeiro padre não deu certo e por certo também esse não daria? — Tânia e Maria Eugênia, introspectivamente, perguntavam-se.

— Não importa se entenderão ou não, se te questionarão ou não, Maria! Todos e todas nascemos para sermos felizes. E o frei precisa compreender a sua dor e decidir o seu rumo — pausou, beijou sua face. — Está bem... Está bem... Tenho que ir. Mas se precisar, sabe onde moro. O Dino vai para o rio sempre pelas manhãs e no finalzinho das tardes. Vida de pescador é assim — abraçou-a e foi.

Quinze dias depois o frei Giuseppe foi para uma audiência com o bispo da diocese na sede da comarca. Foi de véspera para não perder o horário. Hospedou-se numa pensão, mas dormiu pouco. Tomou um café preto e saiu. Estava ansioso. Não sabia como e por onde começaria a conversa. Ainda mais porque já estivera com o bispo por conta da fofoqueira Candinha. O religioso maior iria dar razão a ela.

Doía-lhe o peito. A respiração estava ofegante. Lembrou-se que sentira isso somente em duas ocasiões: uma no seminário em Salerno quando fora ordenado frei; outra quando se despediu da família, no porto de Nápoli, para vir para o Brasil.

Depois de trinta, quarenta minutos, a secretária pediu que a acompanhasse até a sala de Dom Aristides, o bispo.

— Bom dia! Sente-se. — Giuseppe se sentou. — Soube que está indo muito bem na paróquia da Vila do Rio — sorriu. — Acertamos quando o designamos para ela. O padre Clemente se desviou. Saiu do caminho traçado. Mas acudimos em tempo — pausou. — Aí deu para entender que aquela leviana, a Maria Cândida, é ferina.

Pronto. Nem um bom-dia de volta Dom Aristides possibilitou que Giuseppe desse. Abriu com seu bom-dia, pediu que se sentasse e se enfiou numa galhada aparentemente sem saída. Como revirá-la?

Giuseppe abaixou sua touca, ajeitou-se na cadeira e...

— Gostaria de conversar com a santidade, sobre o celibato.

— Celibato? — pausou. — Celibato com o Papa Pio XII? Se fosse com o Pio XI, de alta sensibilidade, vamos lá. Sabia que quando faleceu estava a escrever uma encíclica contra o racismo? Acho que sua saída um pouco antes do início da Segunda Guerra Mundial foi obra divina. Vanguardista, os nazistas o teriam matado — pausou e se ajeitou na cadeira. — Mas voltemos... Celibato? Interessa-lhe o quê? — perguntou franzindo a testa.

Pronto. Giuseppe conseguiu colocar a cabeça para fora da galhada, dos garranchos iniciais.

— Estou com um problema pessoal, santidade! É de intensa gravidade. Preciso da ajuda de vossa santidade.

— A fofoqueira continua a te atrapalhar?

— Continua, mas não estou aqui por isso. Estou... Ran! — raspou a garganta. — É mais sério o que me traz aqui, Dom Aristides...

Dom Aristides franziu a testa e olhou fixamente nos olhos do frei. Seus olhos entraram nos do bispo. Precisa enfrentar com "olhos nos olhos", resolver de vez como fez Francisco de Assis quando enfrentou seu pai, porém em sentido inverso. Foram segundos intermináveis, sentimento inenarrável, uma mistura de dever descumprido, de falência. O bispo quebrou o silêncio das bocas...

— Está a me dizer que está apaixonado por alguém? — fez uma pausa. — Então a tal Maria Cândida não estava de todo errada?

— Não é bem do jeito que ela contou. Aliás, ela é uma pessoa má, desagregadora. Meu envolvimento com os jovens, com toda a comunidade, é verdadeiro. Ela é mentirosa.

— Vá em frente, frei. Abra seu coração. Não sendo isso só pode estar apaixonado. Acertei?

Frei Giuseppe mexeu-se na cadeira. Pegou no cordão que amarrava sua batina, foi ao laço do seu amarrilho e o soltou.

— E então, frei? Está apaixonado?

— Estou, santidade. Mas não quero que me excomungue. Se for do seu entendimento e bênção, em nome do amor e de constituir uma família, pretendo deixar essa batina.

— Jamais, Giuseppe! Jamais! Fez um belo curso, escolheu uma linda ordem, está a fazer sucesso na sua comunidade e vem aqui para que eu aceite deixar de ser um frei, abandonar nossa igreja, o sacerdócio por conta de um relacionamento, que pode ser um sentimento passageiro? — pôs os olhos nos do frei. — Quer saber? Eu já vivi esse drama uma vez. Ainda bem que resisti. Depois de um certo tempo, afastando-me um pouco, pude ver não só a casa, mas ela e todo o quintal. Teria errado — pausou. — Quem é? Uma vizinha? Uma devota?

Giuseppe não respondeu. Estava gelado. A descarga de adrenalina fora gigante. Sem contar que estava decepcionado com o entendimento e a insensibilidade do bispo. Disse-lhe um não sem rodeios. Iria se refazer, se pôr de pé e sair. Iria logo. Nem mesmo beijaria seu anel de pedra roxa da sua mão direita. Não o considerava, de agora em diante, uma santidade. Os santos entendem. Ajudam. Quando terminava essa sua breve avaliação introspectiva, o bispo retornou...

— Pode estar decepcionado. Também fiquei.

— Sei que sou mesmo uma negação, um fracassado.

— Não me entendeu. Ouça-me... Comigo aconteceu com uma cuidadora da casa paroquial. Minha primeira capela. Eu estava com vinte e sete anos. Ela trinta e dois. Foi uma paixão fulminante. Como fosse um tornado. Varreu quase tudo. Eles se foram. Eu fiquei.

— Eles?

— Ela e o tornado. Acabou a colheita e a família mudou-se dali. Viu como erraria?

Giuseppe agora estava mais confortável. Estava, pelo menos nesse assunto, beirando o nível do bispo. Conversava com quem entendia a dor de um desejo, de uma paixão, de um amor.

— Abra logo. Envolveu-se com quem?

— Não é minha vizinha, nem uma cuidadora. É uma moça da comunidade. Conhecemo-nos dentro da igreja. Ela não frequentava, mas passou a ir depois que cheguei. Então foi ao confessionário. Não conseguiu falar comigo. Ficou emudecida. Começou a rir. Eu também. Do nada, rimos juntos. Apenas rimos. Ela se levantou e foi. Nunca mais esqueci seus olhos. Que era o que eu podia ver pelo estrado do confessionário.

— Giuseppe... Deus nos conduz para nossas escolhas. Conduziu-te para o sacerdócio em Salerno. Compreendo que vive um conflito entre razão e emoção.

— Então me compreende?

— Compreendo. Só que está indo com muita sede ao pote. É de barro. Pode quebrá-lo e perder a água — sorriu. — Precisa de tempo e, então, melhor avaliar, maturar. Sugiro voltar para a Vila do Rio e pensar bem. É um passo muito sério. E tem outra coisa: como sua família verá isso? Ela entenderá? Ficará decepcionada? E sua comunidade? Aliás! De que água bebem lá nesse lugar que o primeiro padre fugiu com a mulher de outro e você, o segundo, encontra-se desse jeito?

Dom Aristides estava convicto de que o frei, verdadeiramente, estava apaixonado. Ninguém se jogaria ao vento sem confiança de que teria às costas um bom paraquedas. Certo que Deus estava no leme desse frei franciscano. Estaria na condução para deixar a batina e constituir uma família.

— Frei! — tocou no seu ombro com a mão do anel. — Desculpe-me pela brincadeira — sorriu. — Não fique assim. Sabemos bem. Fizemos filosofia nos tempos do seminário. Compreendemos a força do subjetivismo. Aqui razão perde para a emoção. E assim sendo, nem sempre damos conta de resolver — sorriu. — Meu filho! Ore mais. Reze mais. Lembre-se que a Bíblia é o nosso melhor travesseiro — levou suas mãos às duas do frei. Segurou-as com força.

— Obrigado pelas palavras, pela paciência em me ouvir, me compreender, Dom Aristides. Retorno melhor do que cheguei.

— Por nada. Foi um prazer. Falamo-nos mais adiante para um sim ou para um não. Como já vamos para o final do ano, no próximo nos falaremos. Mas quero ir até a sua paróquia. Até porque nunca estive na Vila do Rio, que, fiquei sabendo, será daqui a pouco município, tão logo a nova constituição seja promulgada. Estou certo?

— Isso mesmo. Vou então — botou-se em pé, amarrou a cordoalha da cintura e puxou a touca à cabeça. Beijou a mão do anel de pedra roxa de Dom Aristides e foi.

A voz do coração de Giuseppe pedia Maria Eugênia. Seus sentimentos estavam no coração, também à flor da pele.

Dom Aristides sentiu seu arrepiar ao falar da moça. Nesses últimos dias Giuseppe estava na Vila do Rio como estivesse em um navio sem o leme em meio a fortes ondas.

PROMULGAÇÃO DA CONSTITUIÇÃO E ELEIÇÕES

1946. Dezoito de setembro. "QUARTA REPÚBLICA: ESPAÇO PARA TODOS", era, em letras garrafais, a manchete da *Folha Paulistana*. Lorenzo bateu os olhos e respirou fundo. Sentou-se na cozinha com uma xícara de café e foi ao segundo caderno, que continha extensa matéria sobre a promulgação da nova Constituição Federal do Brasil.

Iniciava por breve editorial, depois ia aos contextos dos presidentes da câmara e senado federal. Fazia também no dia de hoje um convite para lerem as próximas edições, que, em cada dia, trariam a sequência de toda a constituição, ou seja, os seus 218 artigos.

Domênica saiu da cama primeiro que Lorenzo. Fez o café e foi à padaria. Maria Eugênia a atendeu com um olho numa cesta de pães e o outro no jornal.

Quando Lorenzo já ia ao meio do primeiro terço da matéria, Domênica chegou da rua, desejou um bom-dia ao marido e colocou a sacola sobre a mesa.

— Está feliz? — perguntou sorrindo.

— Se aplicarem o que estou vendo aqui, melhora — Lorenzo respondeu sem lhe dar o rosto. — Temos que festejar. Aliás, o país precisa festejar essa nova constituição. Ela é o resultado da derrubada do Estado Novo. E só foi possível com a deposição do ditador Getúlio. Nunca vou esquecer o 29 de outubro.

— Guardou a data?

— Guardo as significativas.

— Então lembra a do nosso casamento? — sorriu para ele.

Lorenzo deixou o jornal, levantou-se e a beijou. Não falou nada. Não precisava falar, nem ela ouvir. Eram cúmplices na relação.

— Esperto esse Getúlio. Fez uma carta-testamento. Renunciou ante a iminência de ser deposto por um golpe militar. Coisa de rir: seria feito pelos mesmos que o ajudaram a dar o golpe no outro presidente.

— Isso não é esperteza. É safadeza.

— Também acho. Aqui se faz, aqui se paga, diria minha avó, benzedeira lá em Faenza, na Itália. Depois foi conduzido ao exílio na sua cidade natal, São Borja, no Rio Grande do Sul.

— Mudando de assunto, vi Maria Eugênia com a Folha no balcão. Também me disse que gostou da matéria.

— Maria Eugênia... Ah, sim, a da padaria...

— Não gosto das suas reticências. O que há depois delas?

— Nada há. Essa moça é a mais culta da Vila do Rio. Ela e a professora Elisa leem muito. Por isso falo dessas duas com respeito. Sabia que as mulheres poderão votar para presidente na próxima eleição?

— Uai! Que eu saiba podemos votar já desde 1932.

— Sem eleição, de que jeito? — gargalhou. — Agora teremos.

— Você está muito piadista hoje! — Riram.

Lorenzo deixou Domênica e foi ao escritório. Delegou ao encarregado as prioridades do dia. Três caminhões já estavam estacionados no pátio para carregamentos de telhas e tijolos.

Dinheiro entrava, dinheiro saía. Estava ampliando a cerâmica. Duas dezenas de empregados já não davam conta da demanda. Uma tabuleta fixada no portão de entrada pedia por mais gente, abria contratações.

Filippo continuava a trabalhar no escritório da cerâmica. Menino bonito sem igual, fazia suspiros nas meninas. Entre tantas, Maria Clara era a do seu radar. Suspirava por ela dia e noite. Theodoro Fonseca que se cuidasse. Qualquer hora esse italianinho faria o mesmo que o José Timbó, o peão da obra da ponte, fez com Anabela, a castiça, a recatada.

Nos dias em que o PSD lançava o general Eurico Gaspar Dutra, a UDN o brigadeiro Eduardo Gomes, o PAN Mário Rolim Teles como candidatos a presidente do Brasil para o período 1946-1951, Vila do Rio, o mais jovem município do estado, lançava o advogado José Castro (PSD), o diretor da cooperativa agrária Theodoro Fonseca Mazotti (UDN) e o serrador Gerônimo Belizani (PAN) como candidatos a prefeito.

Enquanto o país discutia com certa suavidade as propostas desses três candidatos a presidente, a Vila do Rio pegava fogo com os seus a prefeito. Não faltaram mentiras, esporadas e promessas.

Theodoro Fonseca armou palanque sobre um caminhão, que na verdade não era seu, mas da cooperativa agrária e, em cada localidade do jovem município, ele passou a fazer seus comícios.

A professora Elisa e a amiga Maria Eugênia, duas assíduas leitoras, então conhecedoras de literatura, diziam que Pinóquio fora deposto do trono de maior mentiroso, que seu nariz se amiudara de quase desaparecer frente ao do candidato Theodoro Fonseca. O Lorenzo e o Diogo Mascarenhas contestavam suas bravatas. Mas ele não os ouvia. Percorreu todos os lugares, todos os sítios com o tal caminhão, também com o chofer e o combustível dos cooperados.

Doutor José Castro, o candidato advogado, abriu um processo contra Theodoro. Fez nos conformes da lei e encaminhou à capital. Faltando apenas duas semanas para o dia da votação, ainda não tinha resposta do fórum eleitoral.

Gerônimo, na campanha alcunhado de "Serra-Pau", fez a sua como podia. Seu palanque era seu caminhão de puxar toras da zona rural para sua serraria. Ele conhecia todo o município, cada buraco, cada vale e morro. Serrou tábuas, vigas, caibros, mata-juntas para todos os pioneiros. Embora sem escolaridade alguma, Gerônimo era um craque nas quatro operações. Falava errado, jamais soube conjugar um verbo corretamente, mas sabia cubicar madeiras como fosse um engenheiro florestal. E por falar nessa profissão, por último estava a medir terras com um teodolito que adquiriu de um parente em Campinas. Comprou o equipamento com a promessa do seu proprietário de ensiná-lo a manejar. Simpatia sem tamanho, sempre com um sorriso aberto nos atendimentos desde sua chegada ali em 1931, tempo em que também chegara Valentim, hoje seu vice na chapa, cativava todos.

O advogado cuspiu marimbondos quando soube que o processo que movia contra o uso do caminhão, do motorista e combustível da cooperativa estava numa fila. Pelo andar da tartaruga, o dia da eleição chegaria e o processo continuaria no fórum sem julgamento.

Theodoro procurou por Lorenzo. Queria seu apoio. Lorenzo negou com justificativas. A discussão fora acirrada. Theodoro o ameaçou. Disse que, uma vez prefeito, poderia fuçar para descobrir pendências contábeis na sua cerâmica. Não foram para as vias de fato porque Diogo Mascarenhas os apartou.

Esse enfurecimento do Theodoro dava mostra de candidato perdedor. E foi o que aconteceu. O candidato "Serra-Pau", o Gerônimo Belizani do PAN, venceu a eleição. Theodoro Fonseca ficou em segundo lugar, o advogado José Castro (PSD), ali recém-chegado, em último.

Dois meses depois de finalizado o pleito, chegou a resposta referente ao processo encaminhado ao fórum eleitoral da capital, cassando a candidatura do Theodoro Fonseca. Mas, como o ditado diz, "aí a Inês já era morta".

A eleição presidencial ocorreu normalmente. Foram três meses de campanha. A *Folha Paulistana* trouxe matéria sobre o dia da eleição e, seis dias depois, veio com a manchete "O BRASIL TEM UM NOVO PRESIDENTE", e os números da apuração. Dutra fora eleito com 55% dos votos. Eduardo Gomes ficou em segundo lugar com 35% e Mário Rolim com 9%.

De lá e de cá, vieram as posses. As promessas estavam vivas na cabeça dos eleitores. Hora de cobrar, então.

Para Lorenzo e Theodoro, que comiam sal grosso no mesmo coxo ali na Vila do Rio fazia tempo, e que vez ou outra coiceavam-se, agravara-se, e muito, a convivência após essa eleição.

Theodoro Fonseca entrou com pedido à comissão eleitoral solicitando recontagem de votos. A comissão eleitoral indeferiu. Então ele *fechou-se em copas*. Tomou chá de sumiço. Estava muito decepcionado por ter, ele, um diretor de uma cooperativa, perdido a eleição para um candidato "Serra-Pau", um borra-botas". Um vexame — avaliava enquanto, dentro da sua casa, chutando bunda de cachorro, se embriagava com um engradado da cachaça Oncinha, porque a do Valentim, vice na chapa do "Serra-Pau", nem pensar.

Depois de duas semanas ele reapareceu. Mas evitava falar sobre o pleito. Continuava magoado. Mas sua melancolia nem era, na verdade, o Serra-Pau. Seu problema era Lorenzo, que lhe negou apoio.

Lorenzo era justo. Não devia nada a ninguém. Ficava com o que seu era. O que é de Cézar, de Cézar é. O que era do fisco, do fisco era. Todos os meses ia pessoalmente na Coletoria Estadual pagar seus tributos. Embora houvesse essa relia besta com o abestado, estava feliz da vida. Amava Domênica, amava Filippo. Menino que chegou como chegam as flores na primavera. Saem os botões e, em seguida, vem a antese, acontece a floração.

Tão feliz que ele e Domênica tinham um plano para o mocinho. Ir para a capital para especializar-se em argilas, ou então fazer engenharia, expandir sua indústria de telhas e tijolos. Tanto que uma planta baixa sobre papel por esses dias encontrava-se estendida sobre uma mesa no escritório da cerâmica. Domênica participava com entusiasmo. Tinham espaço suficiente para um novo barracão, entretanto precisavam de uma nova área com argila, algo como dois, três alqueires da planície do rio.

CASUAL ENCONTRO

1946. Filippo estava com dezesseis anos, quase dezessete. Hormônios à flor da pele. Voz engrossando. Barba saindo. Olhos verdes acesos. Lábios vermelhos. Lindo de matar qualquer menina.

Maria Clara vivia pelos cantos em intensos suspiros. Tão apaixonada quanto Maria Eugênia pelo frei. As duas não conseguiam esconder mais seus sentimentos.

Para Maria Clara todas as cartas de amor eram ridículas. Escrevera duas, três, ao final as rasgara. Achava-as patéticas. Horrorosas.

Que paixão fulminante era essa que ao mesmo tempo mostrava-se sem coragem para, pessoalmente, dizer o que sentia? Insegurança. Medo de um não. Do mundo acabar, então? — perguntava-se todos os dias diante do espelho.

Filippo estava lá no escritório. Ela sabia onde era. Os dois iam à igreja, ao coreto. Por que até agora não abrira seu coração, dizer tudo, e ao final tacar-lhe um beijo naquela boca de embevecer?

Maria Clara não queria falar dos seus sentimentos para não explodir. Se pudesse faria com prazer. Mas tinha um pai doentio, maluco de ciúmes. E piorou quando Anabela, a mais velha, engravidou-se do peão de obra da ponte, o José.

Ela sabia muito bem por que a irmã fez isso. Prometera guardar esse segredo com todas as chaves de que dispunha. Mas hoje, bem agora, precisava do ombro dela para amenizar sua dor.

Às vezes Maria Clara achava-se egoísta. Melhor que fosse minimalista, porque a história por outra vertente, como essa paixão, seria quase nada, pequeníssima comparada a tantos, a tantas outras. Quantas dores e amores maiores já tinha visto, lido nos diversos livros que trazia na cabeceira de sua cama? E quase ninguém morrera por conta deles. Romeu e Julieta do William Shakespeare fora uma exceção.

Tanto a Maria Eugênia do Giuseppe como a Maria Clara do Filippo queriam experimentar cada gesto, cada detalhe dos olhos, dos lábios, do cheiro desses dois belos e ternos homens. Que paixões avassaladoras, medonhas! — sentiam. As duas sentiam-se, hoje, sem bússola, perdidas como se estivessem num mergulho profundo em um rio, capaz de fazer perder a noção da superfície.

Era sexta-feira. Os meninos deixaram a estação depois do trem das dezessete. Maria Clara estava determinada. De longe observava. Viu quando o frei Giuseppe pegou o caminho do rio, uma rotina das tardes mais quentes. Dino Mekelê, o pescador, estava com ele. Levava uma tarrafa nas costas e um cesto numa mão. Certamente iriam até a canoa, depois passar os olhos nas redes, espinhéis, nos anzóis de galho.

Maria Clara chamaria as colegas para, também, irem até o banho? Eram carne e unha, mas, hoje, decidira estar sozinha.

Assim que entraram na trilha do capituval, Maria Clara apressou-se. Não podia estar muito perto deles, mas, distante demais, não os veria. Seu coração disparou quando pensou que seu pai poderia descobrir. Ia fritá-la viva.

Ela arrepiou-se inteira. Sinal de maus presságios — pensou. Então, quis voltar. Na verdade, voltou dez, doze passos. Parou. Botou sentido no que ouvia. Uma família de anus pretos cantou freneticamente e voou da copa de uma árvore. Arrepiou-se, novamente. Lembrou-se do ditado: a fome faz a valentia.

Faminta encorajou-se. Suspirou fundo. Virou-se e continuou no rumo dos banhistas. Andou trinta, quarenta passos. Viu onde ela e as amigas caíram tempo atrás com um violão, uma cesta, um livro. Riu da lembrança. Foi mais um pouco. Escutou a algazarra que faziam. Estavam animadíssimos. E a voz do frei destacava-se entre as dos meninos. Ela não identificou a de Filippo, que, por esse tempo, estava, já, grave, até mais grossa que a do frei Giuseppe. Será que não estava com eles? — se perguntou.

— Perdi meu tempo — sussurrou.

Caminhou um pouco mais, entretanto não chegou na boca da trilha com o rio. Parou ao lado de um tronco de jataí bem espesso. E nele viu uma ranhura em forma de coração. Mais abaixo a inscrição: Maria Clara & Filippo.

Seu coração bateu muito forte. Acelerou-se. Disse, baixinho:

— Meu amor! — levou sua boca à inscrição e a beijou.

Filippo, que saíra atrasado do escritório do Lorenzo, dez, doze passos atrás dela, assistia tudo. Seu coração disparou. Suou frio. Suas mãos ficaram molhadas. Não sabia o que fazer. Não queria constrangê-la. Resolveu chegar a Maria Clara pé ante pé. Chegou e a apanhou por trás.

Maria Clara virou-se assustadíssima. Quis gritar. Foi impossível. Filippo a beijou carinhosamente. Sentiram, a um só tempo, o doce beijo de uma paixão. Não disseram nada. Nem sabiam o que dizer. Palavras não dariam conta. Os olhos, os lábios, os cheiros falaram por elas.

— Vá! — Maria Clara, trêmula, pediu.

— Não! Não posso! Não quero! *Dio ti amo davvero!* — beijou-a outra vez.

— Não pode? — murmurou e o puxou para seu corpo. — Eu amo você.

— Eu também — Filippo pegou nos seus cabelos loiros, levemente ondulados, longos e perfumados.

— Seus amigos te esperam. Vá. Eu preciso voltar. Meu pai me mata se souber que estou aqui. Não posso ficar.

— Está bem. Está bem. *Capisco. Io non vivo senza te. Ti penso ogni giorno.*

— Em português, meu italianinho... — beijou-o com doçura. — Quanto tempo faz que gosta de mim?

— Faz tempo... — sorriu. — Desde a pipoca do circo quando eu morava debaixo da ponte. — Os dois sorriram. — *Ricordare?*

— Claro! Foi a melhor pipoca da minha vida, Filippo. Mas agora tenho que ir — olhou a trilha de volta e deu os primeiros passos.

— Vá, então. Mas não vou conseguir dormir hoje. O que faço depois de agora? Nossos beijos? Sua boca? Seus olhos? *Dio santo!* — Riram. — Sou muito feliz! Muito Feliz! *Il mondo è mio!* — Filippo gritou.

Maria Clara saiu olhando para Filippo, caminhando de costas. Dois, três passos, ela quase foi ao chão quando um cipó rasteiro na trilha enroscou nos seus pés. Filippo correu, acudiu-a em tempo. Mas com tempo para beijarem-se mais uma vez.

— Volto com você — ele disse com as mãos nos seus cabelos. Nero espiava.

— Não! De jeito nenhum. Meu pai ou alguém pode nos ver. Por favor. Fique com seus amigos. Estou feliz, meu amor! — beijou-o e, finalmente, o deixou.

Maria Clara voltara cantarolando. O céu era ali. Não precisava de mais nada na sua vida. O nada de momentos atrás virou, como num passe de mágica, o tudo de agora. Filippo era o que de mais importante ela tinha na vida. Voltava leve como uma pluma ao vento, como um barco sobre a água na superfície límpida de um rio. Precisava contar, dividir. Maria Eugênia precisava saber. Pelo frei, tinha uma paixão tão avassaladora quanto a sua. Queria expandir sua felicidade. Contar e rirem do jeito que se deu esse encontro não combinado. De como um tornado empoeirado pode, repentinamente, tornar-se brisa fresca.

Em que roda o amor fora feito e andava? Será que numa gigante em que todos caibam ou numa minúscula para poucos? Maria Eugênia lera Eça de Queirós. O Amaro do romance estava na sua cabeça como estava o frei da Vila do Rio. Imaginava-o numa roda-gigante sentada do seu lado com seus cabelos esvoaçantes e ele com seus olhos azuis e lábios róseos fartos com hálito de hortelã, docemente, beijando-a.

Intermináveis momentos, giros na roda, com o vento soprando, soprando sem parar. E lá de baixo muitos aplaudindo, torcendo por eles. Que perfeita e bonita simbiose. Os olhos de Giuseppe dentro dos de Maria Eugênia, boca com boca, coxas com coxas. Êxtases... Êxtases...

A roda, o vento, o bailar do tempo. Tempo. Que tempo? Tempo para decidir. Tempo para amar. O vento é o vento. O tempo é o tempo. Tal como Maria Clara encontrou a superfície, Maria Eugênia haveria, também, de encontrá-la. Não ficará ao fundo.

MAIS UMA TENTATIVA

1946. Filippo pegou o trem na direção oeste. Soube, por meio de um viajante que atendia Diogo Mascarenhas, que havia dois irmãos italianos próximo da Vila Mandaguari. Que moravam numa fazenda de café.

Pela descrição, idade, tempo em que migraram para o Brasil, podiam ser os tios Ruggero e Tommaso Melinni. Se fossem, que felicidade. Já tinha Lorenzo e Domênica, que o consideravam filho e ele, pai e mãe, o amor de Maria Clara, e agora, para completar, os dois irmãos de sua mãe, gente do seu sangue. Então, o que mais?

O trem estava com meia carga, com muitos bancos vazios. Filippo sentou-se num deles à beira da janela. Viajava em meio às lembranças desde os idos em Aosta.

Como fosse um filme, tudo lhe veio claramente. O que fizera como guia mirim de turismo, caricatura do rosto da sua mãe, seu pai fardado dando ordens, medonhamente bravo empunhando um fuzil e gritando, saldando Benito Mussolini, os caminhões do exército italiano, os tiros, os muitos tiros. A correria.

O bater e o ranger de portas e janelas e os moradores freneticamente amedrontados. Estouro de bombas. Tanques, muitos nas ruas, nas praças, nas estradas. O cemitério e a catacumba semiaberta. Os ossos frios da caveira. Que maluquices fizeram Mussolini e Hitler para conquistar mais terras.

O trem parou numa estação. Depois de duas horas estava a meio caminho de onde o tal viajante sugeriu que Filippo descesse. Não podia cochilar, dormir, perder a parada. Muitos desceram ali, outros subiram. E pela janela meninos com cestas e tabuleiros de salgados, doces, pipocas se puseram a oferecer.

Filippo sorriu, mas recolheu em seguida. Teve pena. Ao mesmo tempo, não. Era a oportunidade de cada um. Como fora o seu momento tempo atrás na estação da Vila do Rio quando pegava coxinhas e quibes do seu Ibraim, para vender.

Enfiou a mão no bolso e comprou dois salgados. Conversou com o menino vendedor pela janela. Percebeu que lhe faltavam dois dedos. Perguntou por quê. Respondeu que foi um acidente quando vinham do Nordeste, lá da Bahia, num caminhão pau de arara, quando o caminhão tombou numa ribanceira. Que morreram mais de dez, mas que Deus teve pena dele, e o salvou.

O trem apitou. Hora de partir. O sino badalou. Moveu-se vagarosamente. Os meninos ficaram com suas dores, também com esperanças de que no próximo venderiam ainda mais. E Filippo foi, mas agora não somente com seus botões e lembranças. A história do menino sem os dois dedos lhe roubou, ao menos por agora, suas dores.

Pena que não perguntou seu nome. Mais um anônimo na cabeça do Filippo. Já tivera dois na fuga. Deram-lhe pão, boina e blusa e não lhe perguntara os nomes. Falha imperdoável. E agora, mais outra. Mas, na volta, se o visse, o chamaria e perguntaria. Gente não pode ser somente um número. Números como tornaram-se os mortos na guerra, certamente com seu pai entre eles.

Nova parada. Pronto. Se o viajante estivesse certo era ali que Filippo desceria para, finalmente, encontrar os dois tios. Na frente deles diria o quê? Sorriria inicialmente? Diria: — Oi! Como vão! Sou o Filippo, o sobrinho de vocês, filho do Agostino Conti e de Giulia Melinni Conti, irmã de vocês? Querem ver meu registro de nascimento? Tenho também aquela carta que vocês escreveram, desbotada, mas olhem-na, ela está aqui.

Hoje Filippo podia mostrar o registro. Papel novo com carimbo ainda com cheiro de tinta. Recente. Lorenzo o conseguiu com ajuda do doutor José Castro, que chegou com indicação do Estado somente para fundar o município e ficou. Tanto que se tornou candidato a prefeito. E, pelo andar da carruagem, não ia mais. Já estava construindo sua casa. Fincara o pé na Vila do Rio a convite do Gerônimo, o Serra-Pau, agora prefeito. Como ele só entendia de serra e troncos de madeira, e por esses dias de teodolito, o advogado o assessorava na burocracia e nos trâmites jurídicos.

Filippo desceu do trem. Foi numa torneira que dava água aos burros ao lado da estação. Um ponto de carroças, animais de tração. Passou água na cara e espiou no entorno. Próximo viu um ponto com três carros de praça, todos pretos.

Lembrou-se dos de Aosta com sargentos. Os daqui eram Ford, os de lá Fiat, também pretos. Vieram-lhe saudades da Itália. Também repugnância.

Puxou conversa com um dos carroceiros. Mais dois se achegaram. Explicou o que fazia ali. Os três disseram que nunca ouviram falar o nome da fazenda indicada pelo viajante na venda do Diogo Mascarenhas — Fazenda Perdizes. Então Filippo foi aos choferes dos carros de praça, aos taxistas. Não sabiam porque eram novos no lugar. Entretanto, um deles sugeriu que fosse até a cooperativa agrária, duas quadras acima da estação.

Entrou na cooperativa. Explicou o que procurava. Um coxo veio manquitolando. Falou-lhe que a fazenda ficava beirando o rio Pirapó. Mais ou menos uns trinta quilômetros. Filippo agradeceu e saiu. Dez passos à frente, parou. Voltou para perguntar seu nome.

— Santana — disse com um sorriso aberto.

Perguntou do problema na perna. Contou que foi obra divina. Que dez morreram, mas que ele estava vivo. Que um pau de arara rolou numa ribanceira quando vinham da Bahia. Filippo franziu a testa.

— Obra de Deus? — perguntou-se, agradeceu e foi.

Pela primeira vez, tinha uma referência do paradeiro dos tios. Então ele voltou ao ponto com os carros de praça. Combinaram o preço. Entrou. Era quase noite quando chegou no lugar. Daí um pouco escureceria de vez.

Saiu do carro na direção da casa maior, certamente a do proprietário. Estava tudo muito quieto. Nem cachorro havia. Resolveu bater palmas. Uma mulher saiu na varanda.

— Boa tarde, boa noite! Nem sei o que digo... — Filippo sorriu.

— Para nós aqui na roça já é boa noite. As galinhas já se empoleiraram. Olha para aquele pé de laranjeira. Temos umas quarenta. Por acaso você veio comprar frango?

— Estou vendo. Mas frango, hoje, não — sorriu. — Sabe o que é, senhora? Estou procurando por duas pessoas, na verdade dois homens, dois italianos. São meus tios. Vieram para o Brasil, me deram o endereço, mas quando eu cheguei no lugar combinado, não estavam. Um viajante, que passa por essa região, informou que poderiam estar aqui.

— Italianos? Está procurando dois italianos, o Alfredo e o Arthur?

— Meus tios são Ruggero e Tommaso Melinni. *Caspita! Dio santo!* Mas que falta de sorte a minha! Não são esses dois. Mesmo assim, será que posso vê-los? *Mama mia!* — retirou a boina da cabeça e passou as mãos nos cabelos.

— Não trabalham mais aqui na fazenda. O patrão os despediu. Chegaram juntos e juntos se foram.

— Despediu os dois de uma vez? Por quê?

— É que não trabalhavam. Não entendiam nada de roça. Gostavam de contar histórias, fazer mágicas, essas coisas — riu.

— *Mama mia*! Ri do quê, senhora?

— Rio porque enganar era com eles. Um deles um dia transformou uma ninhada de ovos em papel picado, nosso galo de briga em galinha choca. — Agora quem riu foi Filippo.

— *Caspita!* Estou rindo da minha falta de sorte. Procuro e encontro dois transformando ovos e galos — pausou. — *Sono magici!* — Filippo murchou, mas voltou. — Por acaso a senhora sabe para onde foram? Comentaram alguma coisa, um lugar?

— O patrão acertou as contas deles pela noite e mesmo antes que o sol desse a cara os dois pegaram a estrada. Nem vieram forrar o estômago. Sei lá para onde foram. Devem de estar fazendo gracinhas, magicando em algum circo por esse mundo afora.

Filippo agradeceu, desejou uma boa noite à senhora e retornou ao Ford preto. Entrou nele sem falar nada. Chegaram na Vila Mandaguari próximo das vinte e uma horas. Pagou a corrida e foi para uma pensão ao lado da estação ferroviária. E na cama ficou com suas lembranças. Jogou fora as que não valiam a pena e ficou com as de Maria Clara. Adormeceu com a roupa do corpo e os sapatos.

No outro dia pegou o trem de volta. E quando fez parada na estação do menino sem os dois dedos, botou a cabeça de fora na tentativa de revê-lo. Precisava corrigir, saber o seu nome. Viu-o dois vagões além. Vendia numa das janelas. Filippo gritou:

— Ei! Ei! Você!

Depois de pegar o troco da venda de um salgado, ele veio correndo. Chegou e...

— Lembro-me de você. Esteve ontem indo. Agora está voltando — sorriu. — Vai mais dois salgados, hoje?

— Três! Mas qual é o seu nome? Eu sou Filippo.

— Eu sou Humberto. Humberto Costa. Mas me conhecem aqui por "Dois" — olhou para a mão direita e riu. — É por causa da falta desses dois dedos. Mas eu não ligo, não. Tenho um tio que foi pior. Ficou manco. Mais que manco. Falta-lhe metade da perna. Eu tenho as duas mãos e as duas pernas. Sou um felizardo — gargalhou.

Pronto. Que lição recebia desse menino vendedor de salgados.

— Olha! Escrevi nesse pedaço de papel meu nome completo e meu endereço. Moro na Vila do Rio, um lugar bem pequeno. Mas esse trem passa lá. Conversei com um coxo na cooperativa da Vila Mandaguari.

— Ele mesmo. Meu tio trabalha lá.

— *Dio santo!* Então é, também, um Santana! Queria dar esse bilhete a ele. Se quiser, pode ler — Filippo passou o pedaço de papel.

— Desculpe. Só sei contar dinheiro. Ler eu não sei. Mas meu tio sabe as letras. Dou para ele. Mas o que você quer?

— Procuro por dois tios desaparecidos. O Santana, seu tio, disse-me que sabia. Ele me indicou onde poderiam estar. Fui, mas eram outros. Também italianos como os meus, mas nem estavam mais, um tal de Alfredo, o outro, Arthur. Os meus chamam-se Ruggero e Tommaso. Preciso que me avisem se aparecerem. Somente isso.

Um apito saiu. Depois veio o sino. O trem se moveu. Filippo, com a cabeça para fora da janela, gritou:

— "Dois", esse trem passa na Vila do Rio! É fácil chegar lá! Avise-me!!! — Filippo foi. O "Dois" e o Santana coxo, seu tio, ficaram.

UM ROMEU E UMA JULIETA NA VILA DO RIO

1946. Nesses últimos dias Theodoro Fonseca fora visto muitas vezes com Candinha, que de tudo sabia, que falava pelos cotovelos. Ela fazia um leva e traz sem igual na Vila do Rio. Contavam que seu marido lá em Sorocaba deu no pé. Deveria ser verdade porque chegara ali na Vila do Rio sozinha. Ou não?

Mas alguma coisa havia entre ela e esse Theodoro mandão que, na mesma semana — ele na sexta-feira, ela no sábado, chegaram de Sorocaba. Sempre aos cochichos, escondiam o quê?

Maria Clara, nessas últimas semanas, era somente sorrisos. Ia para o colégio e, após o almoço, enfiava-se no seu quarto em meio às tarefas e um novo livro que Maria Eugênia lhe emprestara.

Depois de *A Moreninha*, lia agora Romeu e Julieta de William Shakespeare. Sabia do desfecho da história por ouvir contar, mas não estivera até então com o livro nos olhos. Quando não entendia algo nele, para esclarecer corria na Maria Eugênia ou na professora Elisa.

Apaixonada, Maria Clara ajeitou seu travesseiro e foi à página 39. Puxou o marcador e se pôs a ler. Adormeceu... Quimeras lhe vieram: a trilha; o coração arranhado no tronco do jataí espesso e frondoso; o rio e a algazarra dos meninos no banho; o frei com eles; os cabelos longos... Miragens sonambúlicas...? Ela quis ser Julieta, e Filippo, seu amado, o Romeu.

Que paixão fulminante sentiam os protagonistas do livro e ela por Filippo! Será que teriam destinos semelhantes? Não. Não podia ser. Jamais seria.

Enquanto Romeu e Julieta, casualmente, se conheceram em um baile de máscaras em Verona e se apaixonaram, Maria Clara e Filippo se encontraram entre pipocas junto a um picadeiro de um circo.

Theodoro não disputava nada com os pais de Filippo como ocorre no romance. Ele não era um "Capuleto", um italiano, um veronense. É um Fonseca Mazotti, um sorocabano, um híbrido de português com italiano. E Filippo não é um "Montecchio". Filippo é um Melinni Conti, nascido em Aosta.

Que problema há se Filippo é órfão de pai, de mãe? Fora adotado por Lorenzo e Domênica, um casal amoroso. Bem que o frei Giuseppe poderia fazer seu casamento, como fizera, às escondidas, o frei Lourenço, o amigo e confidente de Romeu. Afinal de contas, iam, Filippo e ele, aos banhos no final das tardes quentes no rio da Vila do Rio. Seria secreto junto à árvore de jataí com o coração impresso no seu espesso tronco. Não precisariam duelar com ninguém como no romance. Tudo feito escondido. Combinariam com o frei Giuseppe e, em nome do amor, faria, sem alardes, o casamento. Mas sem o exílio, sem as mortes do romance do Shakespeare. Não! Não! Isso não!

— Maria Clara! Maria Clara! Acorda.

— Onde está meu Romeu, mãe?

— Seu Romeu eu não sei. Sua bolsa está aqui!

— Que sonho maluco, mãe... — espreguiçou-se.

Metade do que Maria Clara sonhara já era mais que o suficiente para Theodoro, seu pai, dar cabo da sua e da vida do Filippo.

Maria Clara foi à pia e jogou água fria na cara. Espreguiçou-se. Abriu a porta do quarto e deu com o pai. Ele cuspia marimbondos. Ela desviou os olhos dos dele. Foi para a sala. Tereza, sua mãe, chegou. Sentaram-se os três. Theodoro pegou a frente.

— Já sabemos de tudo. Quer detalhes da minha boca ou da sua? — falou com a imponência de um imperador.

E era. Theodoro Fonseca, depois que virou diretor da cooperativa e que perdera a eleição, piorou: mandava prender, mandava soltar. Dava-se bem com pouca gente do jovem município. Comprava e vendia. Vendia e comprava. Hoje, tinha escritura de compra de dez, doze sítios.

Dinheiro de onde? Essa era a pergunta que não se calava. Lorenzo, Diogo, João Manfrinato, que dava duro, ainda não tinham como provar, mas sabiam que comprava com o lucro da cooperativa. Ao invés de distribuir os dividendos aos cooperados, desviava numerários para sua conta bancária, ou de laranjas.

— Pai, não estou lhe entendendo? — Maria Clara tremia. Mentia. Ela estava entendendo bem.

— Eu e sua mãe soubemos que faz tempo que se encontra, às escondidas, com o bastardinho do Lorenzo. Não queremos saber desse merda contigo. Se soubermos que de novo encontrou com esse desclassificado, vai ter! — enfiou os olhos nos dela.

Maria Clara tremia como uma vara verde ao vento. Seus olhos encheram-se de lágrimas. Tereza, a mãe, mesmo vendo a filha subordinada como um rato preso às unhas tortas de um gato, não abriu a boca.

— Esse merda apareceu por aqui igual um piolho de cobra. Igual esse bicho que, do nada, aparece e do nada desaparece — pausou. — Filho de quem esse moleque é? Fugiu da Itália por quê?

— Da guerra, pai. Todo mundo sabe — falou tremido, em pranto.

— Essa é a versão que conta. Conheço a versão dele de trás pra frente, de frente pra trás. Pense bem: acha que um menino de doze anos ia ter coragem para fazer o que fez? Está inventando. E nem que verdade fosse. Quero gente de bem do seu lado, e não um bastardo. Basta o Zé Timbó. Basta! Entendeu? Não sabe do que sou capaz! — levantou-se e foi.

Tereza ficou com a filha em pranto. Não houve como consolá-la. Chorava de soluçar. Beijou sua face e a aconchegou no seu colo por longos vinte, trinta minutos.

Maria Clara precisava conversar sobre isso com as amigas. Dividir sua dor. Pensou em Maria Eugênia, que dor semelhante sentia. Duas horas depois, já quase dezessete...

— Mamãe! Vou buscar o pão da tarde. Do que mais precisa?

— Eu busco. Não está bem.

— Não estou, mas vou. Preciso respirar... pensar..., mamãe! — pegou sua bolsa e foi.

Maria Eugênia estava no balcão. De cara viu que os olhos da amiga estavam avermelhados. Pegou nas suas mãos e...

— Vem aqui... — Maria Eugênia a puxou para um reservado todo farinhado. — O que aconteceu?

Maria Clara debulhou todo o rosário. E enquanto ia, chorava de soluçar. Maria Eugênia trouxe um copo d'água. Aos poucos a acalmou.

— Estamos no mesmo barco, amiga! Mas não estamos à deriva. Vou te contar uma coisa. Mas que fique entre nós duas. Estou me encontrando com o Giuseppe, digo, com o frei — sorriu. Maria Clara arregalou seus olhos muito verdes. — Ele está me ensinando violão. Só isso.

— Só violão? — sorriu. — Nada mais? Não acredito! — sorriu mais.

— Só.

— Minha nossa! E consegue aprender alguma coisa? — gargalhou.

— Claro que não! — Riram as duas. — Por isso continuo com as aulas da Flavinha.

— Entendi! Para disfarçar? — Riram mais.

— Está vendo como sempre tem um jeito de irmos levando sem causar turbulências? Imagina se a peste da quitanda ficar sabendo!

— Eu acho que foi ela que fofocou para o meu pai. Estávamos sozinhos, eu e o Filippo. Juro! E aí meu pai ficou sabendo de tudo, no miúdo.

— E o que pensa em fazer?

— O mesmo que a Julieta e o Romeu fizeram — botou os cabelos para cima e sorriu.

— Você é linda, Maria Clara. É a mais bonita que conheço. O Filippo também é muito bonito. Fazem um casal perfeito. Mas no livro o Romeu é exilado, os dois não acabam bem...

— Essa parte eu não quero — sorriu outra vez. — Somente a parte boa. Filippo nem canivete tem. Imagina um punhal! — sorriu. — Se o William Shakespeare estivesse por aqui, eu iria ter uma boa conversa com ele. Onde já se viu os dois morrerem! — As duas se abraçaram.

— Sempre há um jeito para driblar situações... Se não pode ser na trilha do rio sob o jataí, será noutro lugar. O que não podemos é deixar de amar. "O amor é uma divindade" — disse-me Giuseppe. Sabia que ele foi ao bispo?

— Ao bispo? — arregalou os olhos.

— Estamos caminhando — sorriu.

A conversa foi boa. Maria Clara estava bem mais aliviada. Tinha uma parceira e tanto para trocar experiências sentimentais. Maria Eugênia era experiente. Amor proibido lá, amor proibido cá. Elas sentiam as mesmas dores. Também as mesmas doçuras.

THEODORO, O COMPRADOR DE TUDO

1946. Lorenzo entrou como um foguete no comércio do Diogo. Entrou com a *Folha Paulistana* debaixo do braço. Foi ao balcão e pediu um copo de vinho, mas que fosse o melhor. Ana Flor já sabia. Tanto que mesmo antes de pedir veio com a garrafa e um abridor. Cumprimentou o amigo, abriu e o serviu.

— E os negócios, Lorenzo?

— Vão bem — deu o primeiro gole. — Também esse vinho — sorriu.
— Por onde anda o amigo?

— Saiu daqui para a coletoria. É o último dia para recolher o que é do homem. Se não pagar o presidente nos pega. Estou gostando do Dutra. Não escutei, pelo menos até agora, nenhuma bobagem, Lorenzo.

— Tenhamos calma, Ana. Tenhamos calma — levou o copo à boca.
— E o nosso prefeito?

— Está vendo como não é só um Serra-Pau como o tal falava sobre o caminhão que nem dele era? O Gerônimo está administrando bem. E é esperto, viu? Botou o advogado junto dele para resolver as coisas mais complicadas.

— E o tal?

— O tal vai acabar sendo dono desse município se bobearmos. Já tem, acho, doze ou treze sítios. Agora eu pergunto: como esse homem arruma tanto dinheiro assim?

— O doutor José Castro vai descobrir. E tem mais do que isso. Toda essa barranca do rio já é dele.

— Não acredito!

— Estou te falando. Ele, por meio da cooperativa, requereu toda essa área argilosa à Agência Nacional de Mineração, a ANM. Requereu uso de lavra. Eu que tenho a cerâmica não posso expandir porque fez isso.

Discutimos feio, ontem. Por pouco não rolamos na rua. Uma estupidez. Tenho o projeto de expansão pronto. Está lá no escritório. Seria bom para todos do município. E outros poderiam, também, montar outras cerâmicas aqui — pausou e bebeu mais um gole. — E sabe o que ele me respondeu? Que se eu o tivesse apoiado para ser o prefeito não teria feito isso.

— E agora?

— Conversei com o doutor Castro para ver o que fazer. Esse Theodoro é um crápula!

Diogo chegou. Estacionou sua camionete em frente ao seu comércio, bateu a poeira da calça com a aba do chapéu e entrou. Cumprimentou o amigo e...

— Já estou sabendo — sorriu.

— Ri do quê?

— Rio só de coisa boa. Rio e ainda brindo! Ana, por favor, me vê um copo! — Ela veio com um americano. — Amigo, eu soube da expansão que fará. Isso é muito bom. Escutei que, além de telhas e tijolos, também teremos, daqui a pouco, manilhas e vasos? Sempre achei que essa nossa argila era de primeira qualidade. Escutei certo?

— Sim. Mas tem que mudar o tempo verbal. Em vez de "teremos" é "teríamos".

— Não entendi.

Enquanto iam na segunda garrafa de vinho, Lorenzo contou toda a história, ponto a ponto, toda a sacanagem do Theodoro. Já na alta temperatura do vinho, Diogo Mascarenhas prometeu esganá-lo. Ana Flor contemporizou. Terminaram essa garrafa e, antes que Lorenzo fosse, Diogo mudou o rumo da conversa.

— E seu menino? Foi ao encontro dos dois tios?

— Foi, mas não os encontrou. Anda meio desanimado. Este país é imenso. Procurar onde?

— Mas ele conseguiu achar a tal Fazenda Perdizes?

— Achou. Filippo é esperto. Pegou o trem, depois um carro de praça até essa fazenda. Dois italianos moraram e trabalharam nela, mas eram outros.

Até poderiam dar informações, mas não estavam mais, que foram despedidos. A maioria dos italianos que conheço são bons de serviço, mas tem uns que não valem a roupa que vestem. Ninguém despede gente boa.

— Fazenda do quê?

— Não perguntei. Mas certamente de café. O menino sonha com eles. Mas está difícil. Tem só uma carta, mais nada. Se tivesse um retrato, ficaria mais fácil. Mas o mundo gira. Quem sabe uma hora não os encontra!

— Mas... Mas se por um lado está ruim por outro não, não é? — sorriu. — É que eu soube que seu menino anda com as asas baixas pela filha do crápula.

— Faz tempo. Gosta da Maria Clara desde quando ainda nem estava lá em casa. Esteve, por esses tempos, amuado, triste, magro. Desconfiamos. Eu e Domênica conversamos com ele. Não gosto do pai dela, mas gosto da menina, também da mãe, a Tereza. Coitada! Sofre nas mãos do traste. Mas Filippo e Maria Clara são crianças ainda. Pode ser só um fogo de palha.

— Melhor que seja. Imagina se acender e não apagar? Será uma briga difícil. Não acha?

Antes que respondesse, Samuel Neves parou sua condução junto da porta de entrada da venda. Parou, desceu, bateu a poeira e entrou.

— Boa noite! Tudo bem com os senhores?

— De condução nova, Samuel? Vejo que o sítio vai bem. Como vão Niceia e os meninos?

— Estão bem. Cresceram mais rápido do que abóbora em ponta de rama. Mas estamos saindo daqui, dona Ana. Vendemos o sítio. Essa condução entrou como parte do pagamento.

— Vai me dizer que também vendeu para o Theodoro Fonseca? — inconformado, Lorenzo perguntou.

— Foi, Lorenzo. Aconselhou-me outro dia, mas ele fez uma proposta irrecusável. Gostei e vendi.

— Então foi à vista? Bufunfa para cá, sítio para lá?

— Em três parcelas iguais, Lorenzo. De entrada veio essa camionete — apontou o dedo. — Daqui a seis meses, paga a segunda. E a terceira aos doze.

— Está seguro de que vai receber?

— Deu-me garantias. Até me mostrou uma porção de escrituras. Vi no escritório da cooperativa. O homem está poderoso, Lorenzo. Devia ser nosso prefeito, e não esse Serra-Pau, o Gerônimo.

— Tem uma condução, mas dinheiro que é bom, nenhum? Pode te passar um caminhão velho no segundo pagamento — pausou. — Fica esperto. A cooperativa tem uns dois ou três caindo aos pedaços — Lorenzo foi de sola.

Samuel Neves não quis entrar na discussão se ia ou não receber, dar certo ou errado. O negócio estava feito com papel passado e tudo. Na verdade, já estava arrependido de ter entrado ali. O sítio era dele, era batizado, crismado e ninguém tinha nada a ver com seu negócio. Vendia para quem quisesse, comprava de quem quisesse. Que mania de dar opinião na vida alheia — avaliava.

— E vai fazer o quê? — Ana Flor perguntou. — Pergunto porque tem a Niceia, os mocinhos. E sabemos que o Pedro está de namoro com a Bartira, a neta do Valentim.

— Isso é bom — Lorenzo cravou. — Família de primeira qualidade.

— É. Mas não sei, não...

— Algum estranhamento? — Ana Flor perguntou.

— Pedro foi no sítio dele nesse último sábado. Foi com essa camionete. Sabe o que o Valentim lhe perguntou? — Arregalaram os olhos querendo ouvir a resposta. — Perguntou para meu filho se ele tinha caneta e tinteiro cheios.

— Caneta e tinteiro cheios? — Ana repetiu e franziu a testa.

— Se o rapaz tinha enxada e terra, Ana — Lorenzo explicou.

— Eu sei, Lorenzo — Samuel informou. — Mas o Pedro, sem experiência, não. Amanhã ele volta lá e vai levar a minha pergunta.

— Qual?

— Se Bartira costuma dormir amarrotada ou lisa?

— Não entendi... — Lorenzo riu.

— Mulher que se preze arruma sua cama todos os dias. Deixa tudo esticado. Colchão, lençol e colcha. Quarto arrumado. E, caso seja um casal, como os dois dormiram na mesma cama, é tarefa dos dois. Somos, eu e Niceia, assim. E você com Ana Flor, Diogo? — sorriu.

— Vamos mudar o rumo dessa conversa! — Diogo respondeu.

— Quer mudar porque não convém... — Ana Flor riu.

— Se tem mais uma garrafa, por favor, Diogo — Lorenzo apontou seu copo vazio. — Samuel, você vendeu o sítio e vai fazer o quê?

— Lorenzo... Ran! Ran! — raspou a garganta. — Estou pensando em pegar esse trem na semana que vem e ir até o fim da linha. Nossa ideia é irmos para além do rio Ivaí. Ouvi dizer que com o dinheiro de um alqueire de café daqui, lá se compra até quatro de mato em pé. Como vendi oito, posso comprar uns trinta e poucos. Recupero o que o carcamano do Matarazzo me levou. Negócio bom, não concordam?

— Se receber e se comprar, é bom — Diogo entrou.

— Mas que insistência! Por que não receberia? — Samuel aumentou o tom da voz.

— Não sei. Desculpe-me pela invasão. Pode, sim, dar certo. Passar de sitiante a fazendeiro é bom demais — Lorenzo contemporizou.

E lá dentro ficaram os três esticando a corda sobre o Theodoro, o agora comprador de mais um sítio.

FREI GIUSEPPE E MARIA EUGÊNIA

1946. Maria Eugênia chegou com seu violão e um caderno com partituras. Tânia varria a frente da entrada da casa paroquial. Era, hoje, sua confidente. Sabia de tudo: das aulas de violão e das visitas extras. Prometera não contar nada. Torcia para que o amor vencesse.

A moça estava ansiosa. Respirava ofegantemente. Tremia. Que paixão maluca, fulminante!

— Bom dia, Tânia!

— Bom dia, Maria Eugênia. Entre. O frei te espera — sorriu.

Frei Giuseppe estava na cozinha com uma xícara de café e o violão debruçado em seu colo. A Bíblia sobre o tampo do instrumento, mas fechada. A tribulação batia à porta.

Maria Eugênia caíra, pesadamente, sobre esse jovem franciscano. Prendia-o num círculo de aflições, causava danos, noites de insônias, pesadelos profundos, dias de delírio, até sonhos eróticos. Seu projeto eclesiástico reduzia-se a cinzas.

O que faria, bem agora, diante de tamanha sede de prazer? Resistiria ou deixaria que fosse levado?

Tal como passa o vento, vai também a juventude. Ondas que tombam navios, mais além, tornam-se espumas. Não seria somente uma dessas ondas e Maria Eugênia uma embarcação? Quantas perguntas sem respostas.

Francisco de Assis também perguntou muito. Certa vez, o portão de Moiano[5], da cidade amuralhada, para os campos abriu-se. Mesmo enfermo, ele precisava dar luz à sua existência. Então saiu pelo portão e viu-se envolvido em suas flores. O céu estava com um azul sem igual. Longe avistou um cone

---

[5] Portão da cidade por onde Francisco de Assis deixou as muralhas de Assis.

branco azulado, mas não um qualquer, era um misterioso. Estava sobre uma colina. Tinha deslumbrante beleza. Entendera essa visão como fosse expansões harmoniosas da criação como um todo: a relva, as árvores, os bichos. Francisco vivia uma gratuidade infusa extraordinária: claridade, clarividência, júbilo, paz, força, doçura, liberdade...

Já Giuseppe sentia-se como em um maremoto. Seus portões estavam fechados e a muralha era muito alta. Como clérigo estava aniquilado. Como homem, embriagado por um amor carnal. Só uma boa escada para escalar e sair. Maria Eugênia chegou na cozinha e...

— Bom dia, frei! — foi um bom-dia exclamativo, com um sorriso aberto, lindo para ser beijada.

O frei assustou-se. Estava tão dentro das suas reflexões, tão imerso que não ouviu quando esteve com Tânia no portão, nem o barulho dos seus passos com seus sapatos de saltos altos no assoalho da casa. Ele, abruptamente, virou-se e...

— Bom dia, Maria Eugênia. Trouxe seu violão?

— Sim.

Maria Eugênia entrou com o violão. O frei estava tão fora de si, desbaratado que não viu o instrumento. Ela percebeu, mas já estava sentada. Pensou em levantar-se e sair. Colocou-se de pé e...

— Volto outra hora. Vejo a Bíblia sobre seu violão. Acho que atrapalho — pegou o violão para ir.

— Não vá. Sente-se — levantou-se, ajeitou o instrumento e a Bíblia sobre a mesa e foi ao armário pegar uma xícara limpa. — Tome um café comigo. Hoje eu fiz. A Tânia chegou agorinha. Ela está lá fora. Tânia! — ele gritou.

Mas Tânia não estava mais ali. Tão logo Maria Eugênia entrou, ela saiu. Não queria atrapalhar. Cupido é para ajudar, não para atrapalhar.

— Tânia! — voltou a gritar e virou um restinho de café da xícara.

— Frei, está seguro de que devo ficar? — sorriu e arregalou seus olhos verdes.

— Sim, claro. Precisamos ensaiar os cantos de Francisco. Seu dia está logo ali. Morreu em 4 de outubro, em 1226. Quase milenar. Este nosso 4 de outubro cai numa sexta-feira. No seminário em Salerno, onde me ordenei, se faz uma grande festa. Festeja-se por uma semana inteira.

— E contam que os italianos são trabalhadores, e nós que paramos somente um dia, não?! — sorriu.

— Esse povo não sabe do que fala — pausou. — Imagine, então, em Assis, onde ele nasceu! — beliscou um mi no seu violão de sobre a mesa. — Giovanni di Pietro di Bernardone! — falou em tom exclamativo e voz grave. — Sabe quem foi esse Giovanni? — sorriu. — Esse Giovanni nasceu em Assis na Itália, no dia 5 de julho de 1182. Seu pai, Pedro Bernardone Maricone, estava na França quando ele nasceu. Ele não gostou do nome. Então na volta o rebatizou com o nome de Francesco — arregalou os olhos. — Mas deixemos a história e vamos ao violão. Trouxe as partituras?

— Estão aqui. Treinei ontem com a Flavinha. Não sei se vou acertar — sorriu.

Maria Eugênia apanhou duas, três de uma bolsa de couro, as colocou em um pedestal e perguntou por onde começariam. O frei se levantou, veio na sua direção e, meigamente, a beijou. Maria Eugênia tremeu toda. Não esperava. Nunca havia sido beijada por ninguém, e hoje, bem agora, o fora por um frei franciscano. Um jovem italiano lindo como um dos deuses do panteão. Foi um beijo demorado, doce como o mel, inenarrável.

Maria Eugênia se levantou, ajeitou os cabelos e...

— Meu Deus! O que eu fiz? Estou envergonhada. Desculpe-me, Giuseppe! Melhor... Desculpe-me, frei! Vou embora.

— Não. Não vá. Não temos culpa de nada. Se nos amamos, que culpa temos? Nenhuma. O amor é divino.

Maria Eugênia correu e o abraçou com força, com todas as que possuía.

— Giuseppe! Giuseppe, eu o amo muito!

— Eu também. — Beijaram-se, novamente.

Plaft! Plaft! Plaft! — alguém batia palmas no portão. O frei correu para atender. Maria Eugênia correu para um dos quartos. Ela torcia para que não fosse nenhum conhecido, menos ainda a dona Candinha da quitanda.

— Trouxe sua encomenda, frei! Onde coloco? — Foi uma pergunta tão ligeira que, sem a resposta, ela já estava enfiada na sala.

— Deixa aqui mesmo, Maria Cândida. Depois eu levo à cozinha.

— Eu mesma faço isso, frei — entrou na cozinha e colocou tudo sobre a mesa.

— Obrigado...

— De nada. Mas está com dois violões, hoje? Sempre o vejo com esse mais claro, acho que de marfim. Comprou esse outro há pouco?

— Tenho os dois já faz algum tempo, dona Maria Cândida — ele mentia.

Mentiras podem ser ditas por qualquer um se for para o bem. Para o mal, jamais. Aprendera no seminário que havia categorias de mentiras. As santas, as medianas, e as infernais. Hoje, para lidar com essa próxima do Lúcifer, botava do seu lado uma santa mentira.

— Não sei...

— O que a senhora não sabe?

— Uma bobagem que passou por minha cabeça. Tenho que ir. Mas, antes, só mais uma coisa. O frei, que fica com essa meninada para cima e para baixo nesse rio, precisa tomar cuidado. Estou sabendo que tem gente do Lorenzo interessado na filha do diretor da cooperativa. Isso ainda vai dar ruim — arregalou os olhos.

— E o que a senhora tem a ver com a vida deles? Por que não cuida da sua, dona Maria Cândida? E que papelão me fez, inventar coisas sobre mim quando cheguei aqui, e ainda foi ao bispo Dom Aristides fofocar! Por que não veio conversar comigo? Tenha um bom dia, senhora!

Candinha saiu da casa paroquial a passos largos. Foi soltando veneno pelas ventas. E lá dentro do quarto, Maria Eugênia tudo ouviu. Tremeu de medo e de raiva. Precisava ver bem onde pisar porque cobras tão venenosas como essa não é qualquer soro que dá conta.

— Maria Eugênia! — ele a chamou.

— Estou aqui! — do quarto, ela sussurrou.

O frei entrou e a pegou pela cintura. Precisavam vingar-se das palavras da Candinha. Beijaram-se e juraram amor eterno. Combinaram continuar a encontrar-se, sigilosamente, até que o bispo compreendesse e aceitasse a decisão de deixar o sacerdócio.

AQUI SE FAZ, AQUI SE PAGA

1946. Sete de Setembro, feriado da independência do Brasil. Ilda escutou um rufar de tambores no colégio. Meninos esquentavam o couro da sua fanfarra. Logo mais sairia o desfile. Certamente o prefeito, os secretários, os vereadores e seus assessores, as professoras e professores estariam sobre o palanque montado na praça da igreja.

Ilda, como sempre, levantou cedo. Muitas tarefas a faziam correr. Toda a arrumação e, bem hoje, um feriado, com a hospedaria cheia, faltou uma das colaboradoras.

Um turbilhão de serviço, mas como entrava dinheiro, Ilda estava sempre a sorrir. O café era a base de tudo. Garantia o movimento. Tanto que os trens de carga iam, todos os dias, em grandes composições, com milhares de sacos, para navios do porto. E os de passageiros saíam e voltavam de São Paulo sempre cheios, a maioria paulistas e mineiros.

No balcão da hospedaria gente chegava para se hospedar, outros acertavam as contas e saíam. Um movimento sem fim.

— Bom dia! — Caetano Rarotto, vindo de Jaú, com uma mala estufada, visivelmente pesada, chegou no balcão.

Ilda, ao vê-lo com tamanha mala, arregalou os olhos e sorriu. Suspirou fundo. Pelo peso da mala, ela entendia que não viera para poucos dias. De verdade, nem esperava por esse ilustre hóspede, hoje. Quando ele esteve, gostou da conversa, do seu jeito. Meio complicado, às vezes, mas lhe pareceu boa gente, sensível. Ele ficou por alguns dias. Até visitaram o sítio do Valentim. Bebeu cachaça do seu alambique. Mas não tirou muito. Riram.

Ilda, tempo atrás, chegou a ter dor na consciência, não compreendia por que — de repente — esse Caetano entrou na sua cabeça a ponto de estar num sonho seu. Ficou indignada. Também riu. Perguntou a si como podia uma viúva como era, presa ainda ao marido que a deixou, ser tão leviana. Concluiu que era uma bobagem. Queria evitar esses pensares estranhos. Um novo relacionamento na altura dos seus quarenta e dois anos só podia ser uma anomalia. Com idade de avó, pensar nos olhos e na boca desse Caetano era coisa de mulher de miolo mole.

Lázara, antes de ser a esposa do Deoclécio, fora desse Caetano. Ela deve ter tido razão de sobra para essa troca, assim como para se amasiar com o padre Clemente.

Que fila andante. Difícil julgar cada um, difícil compreender. A casca está à mostra. É possível vê-la, já o recheio não.

Atormentada sem igual, dias atrás Ilda correu ao confessionário do frei Giuseppe. Ajoelhou-se e, nele, derramou todas suas dúvidas e dores: a da saudade de Joaquim, que perdera num acidente ferroviário, e a de estar com a cabeça desequilibrada pensando em Caetano, que sem pedir licença chegou e se hospedou nos seus pensamentos. Ela contou toda a história ao frei e terminou com uma pergunta:

— O que devo fazer?

E o frei a surpreendeu com outra:

— Tem flores na sua casa?

Ilda respondeu que sim. Aí Giuseppe lhe disse que as irrigasse quando lembrasse do finado porque ele ficaria feliz. Que uma vida não se fecha numa pessoa ou entidade; enquanto ela irrigasse as flores, que rezasse três pai-nossos e nove ave-marias. E por que não o Caetano? Falou que ele poderia ser, para os dois, recomeços.

Ilda respirava ofegantemente. Jamais pensara dessa forma. O castigo admitido era, talvez, pela educação rígida e fechada que tivera. Fora do regulamento — se punia profundamente. Leveza, nunca. E o frei foi adiante: que lembrasse que todos os vivos, até os pequenos seres, pulgas, piolhos e carrapatos, existem porque não são solitários. Que nem as plantas eram.

— Leu alguma coisa sobre o monge Mendel, o religioso holandês, o das ervilhas?

— Não.

— Pois então... Filha. Ninguém veio ao mundo para ficar sozinho. Nem as ervilhas. Caetano na sua vida será uma nova oportunidade. Ninguém nasce para sofrer. Nascemos para a felicidade. Ou acha que um cardume sobe uma tremenda corredeira, trombando em pedras, se machucando, gastando energia, por nada?

— Nunca pensei nisso!

— Ainda há tempo. Mas não perca o horário — pausou. — Amor é uma divindade. Você é jovial, animada, cheia de vida. Cada um de nós tem a sua corredeira. Suba a sua — sorriu.

Depois da confissão e das palavras do frei Giuseppe, Ilda saiu da igreja leve como uma pluma. Desejou que Caetano voltasse um dia. E ele voltou. Hoje estava ali com uma mala estufada. Passou dias a fio pensando na sabedoria desse frei jovial e tão cheio de conhecimentos. Um saber diferente, positivo, propositivo, não preconceituoso.

Ilda tornou a sonhar com o Caetano. Achou-se adolescente. Cantarolou pela pensão. Izolina, sua auxiliar para tudo, riu, caçoou dela por nunca a ter visto tão feliz.

O que acontecia? — Izolina se perguntava.

— Bom dia, Caetano! — ela sorriu escancaradamente. Izolina viu e, com seus botões, deu o veredito: — Agora, sim!

— Como vai, Ilda? — Caetano estendeu a mão. — Tem um quarto para uns dias ou procuro outro lugar?

— Estou bem! Que surpresa! Está movimentado, mas ainda tenho dois.

Ilda o acompanhou até o aposento. Ele deixou a mala e voltaram à recepção para o cadastro.

— A princípio ficarei por uma semana. Se precisar, por um pouco mais. Preciso fazer já a reserva?

— Não. O apuro é somente na semana de São Francisco. Comemora-se o dia desse santo em 4 de outubro. Ouvi dizer que até o bispo virá. Imagine um bispo aqui nesse cafundó! Não creio. Mas esse frei é diferente. Animou muito nossa igreja.

O desfile desse Sete de Setembro foi animado. Desfile das escolas e a fanfarra puxaram os moradores da Vila do Rio para a rua e a praça em frente à igreja.

O frei estava no palanque com as autoridades, as professoras e os professores. Também estavam o delegado Trombetas, o doutor Epaminondas, o dentista Ariovaldo, a Maria Cândida, também Ilda da hospedaria. Caetano, hoje ilustre hóspede, trajando um terno de linho cor bege, a acompanhava.

Lorenzo fora convidado, mas não subiu. Theodoro estava com pose de proprietário de quase tudo. Maria Clara e Tereza, sua mãe, o acompanhavam. Filippo a viu, sorriu, deu-lhe uma piscadela. Seu coração disparou. Também o dela.

Estavam encontrando-se clandestinamente. Uma centena de beijos entre muitos afagos aconteceram depois do encontro casual na trilha do banho. Confidentes mútuas, Maria Eugênia e ela encorajavam-se.

Valentim chegou com a família inteira. Tinha um *Pegaso* cara chata para oito mil quilos, espanhol, o maior da Vila do Rio. Vendera o café da última colheita e o comprou à vista. Fazia carreto para si e para quem precisasse de transporte. João e Aníbal, seus dois filhos mais novos, dirigiam-no. Eram barateiros. E, assim sendo, concorriam com os da cooperativa.

Transportavam café dos sítios para um armazém cafeeiro ao lado da linha férrea. E Theodoro Fonseca, o carcará, estava com a mira apontada para essa família concorrente, ainda mais que, do nada, o Valentim virou o vice-prefeito.

Assim que o desfile terminou, já quase meio-dia, sob um sol de rachar, cada um pegou seu rumo. Ilda e Caetano foram para a hospedaria. Izolina já estava com o almoço pronto.

O refeitório estava quase cheio. Ilda conferiu as panelas, os talheres, também os pormenores.

Do corredor Izolina saiu quase correndo. Chegou em Ilda e...

— Preciso conversar com a senhora — ela estava nervosa.

— Pode falar.

— Patroa, tem que ser no particular.

O que seria para Izolina estar com aquela cara preocupada? Alguma comida que não deu certo? — pensou. As duas saíram para a recepção e...

— Está me assustando. O que aconteceu? Fala!

— Não temos mais nenhum quarto. O último acaba de ser ocupado.
— Mas que bom! Temos é que comemorar. Não estou te entendendo!
— O hóspede é o problema...
— Quem?
— O Deoclécio.
— O Deoclécio da Lázara? Aquele mais duro que gelo?
— Ele mesmo. Mas não está duro, não. Pagou adiantado por cinco diárias. Nota sobre nota.
— Vixe! Vai ser um arranca-rabo dos diabos! Quando o Caetano souber que o Deoclécio que procura para um acerto de contas está exatamente aqui... Nossa! — Ilda pausou, franziu a testa, passou as mãos pelos cabelos. — Meu Deus! Ele está no quarto?
— Não. Saiu dizendo que ia na delegacia. Que ia fazer uma queixa.
— Queixa? O Deoclécio, depois desse tempão, só agora vai fazer a queixa? Tem alguma coisa que não se encaixa, Izolina.

As duas voltaram ao refeitório. O almoço andava bem. Comiam, conversavam, riam, pediam. Caetano continuava com a cachacinha do corote. Pelos olhos moles, provavelmente já ia com umas três doses. Ilda chegou e sorriu. Já não era o de antes, mas um preocupado, meio amarelado. Com as cachaças, Caetano nem percebeu.

— Vamos, agora, ao fogão? — Ilda propôs.
— Claro! A fome escancarou — ele sorriu.
— Posso te contar uma coisa, Ilda? Pensei bastante depois que estive aqui e te conheci. Eu estou sozinho e sei que você também está — deixou os talheres e pegou nas mãos dela. — Pensei bastante. Acho que merecemos um recomeço. Viver solitariamente é ruim. Posso cuidar de você a partir de agora? — beijou sua mão.

As mãos de Ilda esfriaram-se. Ela tremia. Não conseguia uma palavra sensata. Uma que estivesse à altura da sua idade naquele sublime momento. Se fosse uma adolescente, seria mais fácil. Mas pieguices a essa altura, não era com ela. Podia abreviar. Há palavras curtas que não permitem rodeios. Um sim. Um não. Usaria uma delas?

Conversava com tantos todos os dias na hospedaria, mas por pergunta assim, na seca, sem rodeios, nunca havia passado. Ela respirou fundo e disse um *sim* cheio de ternura. Sorriu em seguida. Caetano beijou-lhe a mão outra vez.

Izolina e mais duas que a acompanhavam nos serviços perceberam o ocorrido. Se Ilda já era carinhosa com seus funcionários, imaginavam ser ainda mais depois do chegar desse novo tempo em sua vida.

Mais tarde, já perto de quatorze horas, Deoclécio voltou à hospedaria. Na recepção, conversou com Ilda. Explicou o que viera fazer, a razão da ida até a delegacia da Vila do Rio. Tirou do bolso do paletó cópia de um boletim de ocorrência. Assinavam ele e o delegado Trombetas. Ilda pôs os óculos e viu seu teor. Deoclécio denunciava o padre Clemente Zappa por maltratar física e psicologicamente Lázara. Contou que, casualmente, a encontrou em prantos numa rua de Campinas com manchas arroxeadas pelo rosto e braços. Registrava que, se Lázara viesse a ter problemas maiores, não era, há tempo, seu responsável. Também explicitou que na delegacia de lá deu queixa sobre esse fato.

Assim que terminou a leitura do boletim, Ilda devolveu e o parabenizou pela iniciativa. Em seguida Deoclécio pediu se poderia lhe devolver quatro das cinco diárias pagas, porque não via mais sentido em permanecer ali na Vila do Rio. Ilda foi ao caixa e devolveu.

No dia seguinte Caetano e Deoclécio encontraram-se no café da manhã da hospedaria. Não trocaram as mãos nem sorrisos, mas se respeitaram. E assim ocorreu porque, pela noite, Ilda relatou o ocorrido a cada um antes que o fogo pudesse chegar ao palhario pela manhã.

Nos amiúdes da conversa que Ilda teve com Deoclécio, contara a ela que estava muito bem no *Circo Maximus*, que Francisco Maximiliano era bom patrão, também que se amasiara com Zuleica, uma das trapezistas dele.

Falou ainda que todos os dias aprendia, que não era mais aquele Deoclécio turrão, machista, bobo, egoísta. Que a rede protetora sob o trapézio ensinara-lhe ser prudente, como esse boletim feito há pouco na delegacia. Que noutros tempos ele mataria os dois. Pela manhã Deoclécio foi ter um dedo de prosa com Dino Mekelê e Tânia. Pela tarde pegou o trem de volta.

VÃ BACALHOADA

1946. Theodoro combinou tudo com o delegado Trombetas. Conheciam-se desde Sorocaba. Foram da mesma turma no colégio. Theodoro veio para o Paraná e o amigo foi para Guaratinguetá como subdelegado. Tão logo o estado do Paraná, em expansão, abrira concurso para delegado, Theodoro o avisou. O amigo fez, foi aprovado e assumira meses atrás a delegacia da Vila do Rio. Chegou com a esposa, Roberta, e dois filhos já rapazes: Humberto e André.

Se o Theodoro, mesmo antes desse delegado, já mandava, agora com o amigo na retaguarda, ia fazer e acontecer.

— O tempo dirá — Lorenzo previa.

Tereza e a filha, Maria Clara, se ocupavam da arrumação do dia de São Francisco, enquanto o marido dedicava-se à cooperativa e às suas trapaças. Continuava a comprar e a vender. Tanto que, nessa semana, mais uma escritura entrou no seu cofre. Adquiriu o sítio de Honório Lima, na Água Branca, vizinho do Samuel Neves.

— Estamos acertados? — sorriu.

— Conforme o combinado lá atrás. — Tocaram os dois cálices. — Quem diria que seríamos, um dia, compadres!? — sorriu.

— Eu desconfiava. Tenho razão para isso. Gostávamos das mesmas coisas. Até das mesmas meninas... Lembra-se da Helena?

— Como esquecê-la com aquelas pernas roliças e seios grandes? — Trombetas fechou os olhos e riu.

— Mas aí apareceu o Astolfo e a rapinou. Que decepção! O mais tonto da turma levou a Helena.

— Foi por isso que decidi pela Roberta. Se só tu sobraste, vai tu mesmo! — Gargalharam.

Os dois voltaram-se aos seus cálices e à garrafa sobre a mesa do reservado do comércio do Diogo.

— Às vinte horas lá em casa. E sem atraso. Combinado?

— Perfeito. Levo um vinho branco. Ganhei do Chico — sorriu.

— Que Chico? — Theodoro perguntou, com os olhos arregalados, já imaginando quem.

— Desse mesmo.

— Do carcamano Francesco Antônio Maria Matarazzo? Como?

— Fiz uma mutreta que o favoreceu em Guaratinguetá. Pagou-me bem e, de quebra, me presenteou com uma caixa de vinho. Doze garrafas e um italiano de tirar o fôlego. Vai adorar.

— E vais comer o melhor bacalhau da sua vida! Acha que carrego um Fonseca por nada? — sorriu. — Um ao murro, como os de lá da "Terrinha", lá de Coimbra.

Despediram-se e foram. E conforme o combinado, às vinte horas, a família do Trombetas estava na casa do amigo Theodoro.

Maria Clara estava, como sempre, linda. Não precisava de muito para isso. Nascera com todos os predicados, todos os atributos de uma deusa.

Os dois rapazes, embora novatos, já tinham visto Maria Clara, mas não assim tão de perto. Seu vestido vermelho realçava seus olhos intensamente verdes. Os de André entraram nos dela como luz numa retina. Tão descaradamente que ela percebeu. Então ela retraiu os seus, virou o rosto e saiu lateralmente.

Tereza e Roberta enfiaram-se às lembranças de Sorocaba. Saudosistas, as duas se puseram a lembrar fatos, amizades, também as peraltices.

O Trombetas da delegacia, ali dentro da casa dos amigos Theodoro e Tereza, era José Mário. Ele sacou a rolha e abriu a primeira garrafa de vinho, antes, porém, levou-a aos olhos do amigo para que visse seu rótulo: *Poggione Bianco di Toscana*. Com as taças empunhadas brindaram ao reencontro, ao futuro e à vida. Degustaram entre risos e lembranças dos idos na terra comum.

Maria Clara escafedeu-se da sala de estar. Provavelmente fora ao seu quarto. Via-se que Humberto e André estavam inquietos. Algo importante parecia ocupar a cabeça desses dois. Acompanhado de quitutes, passaram à segunda garrafa desse *Poggione Bianco di Toscana*, presente do *conde Francesco*. Maria Clara voltou.

— Está cheiroso seu bacalhau, compadre! — José Mário falou.

— Afinal, sou ou não filho de um português? — Theodoro perguntou e sorriu.

— Com uma italiana, não é, meu bem? Tens um Mazotti.

— Não há filhos sem mãe — Tereza considerou.

— Mas aqui tem. Na Vila do Rio tem filho sem pai e sem mãe — Theodoro cravou com os olhos nos de Maria Clara.

A mocinha deixou a sala correndo. Tereza foi atrás. Minutos depois ela voltou e foi ao forno.

— Posso servir? Se o cheiro conta, está a me dizer que melhor não há! Escutou que modesta sou, Roberta? — Riram todos.

Em dois tempos uma travessa com bacalhau em postas ao forno com batatas ao murro, cebolas, azeitonas pretas, ovos untados com azeite de oliva e guarnições, uma cópia dos feitos em Coimbra, foram para a mesa.

— E Maria Clara, não vem?

— Está indisposta. Come quando melhorar.

O jantar andou. Elogiaram. Pena que Maria Clara não esteve. Theodoro não gostou.

CORREDEIRAS E REMANSOS: CADA QUAL TEM AS SUAS E OS SEUS

1946. 4 de outubro. Um dia santo. A igreja estava completamente cheia. Além de ser dia de São Francisco, Dom Aristides Bievenutto Venturini, o bispo, estava presente. Vila do Rio, município ainda no seu primeiro ano de existência, gozava dessa ilustre visita.

A missa iniciou com um coro de meninas e meninos. Flavinha viera como maestrina e seu violão. Maria Eugênia a acompanhava com outro. Em combinação com Dom Aristides, ao frei Giuseppe coube o rito inicial, e, ao bispo, a liturgia eucarística e o rito da comunhão.

Candinha, pela cor, reconheceu o violão que Maria Eugênia tocava. Era o mesmo que viu e sobre o qual bateu boca com o frei na casa paroquial. Iria, depois dessa santa missa, que para ela de santa nada tinha, já que esse frei, feito pinguim com sua touca na cabeça, estava a botar suas sem-vergonhices com a moça.

Maria Eugênia e Maria Clara sabiam o porquê da presença do bispo. O frei esteve com ele por duas vezes tempo atrás. Prometera que viria. Não necessariamente no dia de São Francisco, mas que viria para conhecer o lugar. E ali estava a santidade. E o frei, que por esses tempos esteve e continuava a estar "entre a cruz e a espada", esperava resolver-se já. Seu coração estava profundamente dividido. Fez duras, profundas imersões.

Frei Giuseppe mergulhou, encontrou novos textos sobre a vida de Francisco de Assis, emergiu cheio de segurança, mas tão logo via Maria Eugênia, todos eles saíam como as folhas de outono, amareladas, saem dos galhos com o soprar dos ventos.

Assim que a missa terminou, o frei e Dom Aristides foram para a casa paroquial. Enquanto Tânia e a Izolina finalizavam o almoço, na antessala os dois conversavam amenidades.

Eles riam de lembranças da Itália dos dois, embora de diferentes regiões e momentos. O bispo do norte, um vêneto, o frei da costa amalfitana, no sul. O bispo de antes da Primeira Guerra Mundial, o frei vizinho da Segunda.

Achavam graça das diferenças dos costumes comparando o sul com o norte, também criticavam os preconceitos regionais. Lembraram da travessia do Atlântico por mais de trinta dias dentro dos navios, das intempéries, e de um sujeito que dizia ser ateu no início da viagem e que, depois de brava tormenta, converteu-se.

Almoçaram e, em seguida, depois que as duas senhoras se foram, o frei Giuseppe e Dom Aristides iniciaram a conversa para a qual a santidade, conforme a promessa, ali estava. Sentavam-se um de frente ao outro.

— Dom Aristides. Pensou no meu caso?

O frei perguntou à toa. Sabia que sim. Não fosse não estaria na Vila do Rio. Fazer o que um bispo em um lugar insignificante?

— Não pensei... — sorriu. — Não vim por sua causa. Estou aqui para conhecer a cidade, o rio cheio de corredeiras, os remansos... — riu mais. — As corredeiras e os remansos são partes de nossas vidas.

— Francisco de Assis também teve suas corredeiras e seus remansos, não foi? — arregalou os olhos.

— Sim, Giuseppe. Também tive as minhas. Aliás, ainda as tenho. Ran! Ran! — raspou a garganta. — Conhece a passagem do Francisco por um leproso?

— Li em algum lugar, Dom Aristides.

— Vou refrescar sua memória. Certa vez Francisco, sobre seu cavalo, viu um leproso. Tocou a espora na virilha do animal e saiu a galope. Lá adiante ele puxou a rédea e o freou. Freou e puxou com força um lado da rédea. Fez o cavalo girar os pés e voltar. Apeou-se dele. O leproso estendeu-lhe sua mão escarnada. Francisco pegou nela, e com a outra o abraçou e beijou sua face cheia de feridas.

— Lembrei-me...

— Então continua, frei.

— Francisco fechou os olhos e se perguntou: "O que eu fiz?". Francisco nunca havia experimentado estar em um remanso, experimentado sensação semelhante. Depois...

— Eu continuo... "Senti um oceano de doçura, o perfume das rosas mais fragrantes, favos de mel" — o bispo pausou. — Está me entendendo, frei?

Frei Giuseppe não respondeu. Pensava que entendera, mas não imaginava o bispo entrar nessa seara.

— Giuseppe... Francisco provou a maior doçura da alma e do corpo. Deve ter sido um dos dias mais importantes de sua vida, o ponto mais alto da sua conversão. Temos corredeiras e remansos todos os dias, todos os anos, na vida inteira. E você está como está esse rio. Ora corre, ora para. Mas, agora, indo para a moça... Ainda não sei o seu nome.

— Maria Eugênia, Dom Aristides. Aquela...

— A dos olhos verdes com o violão...

— Como sabe?

— Não tirava os olhos dela. Amor é divindade. Seja de que forma for. O de Francisco ao leproso. O seu a Maria Eugênia.

— Então...?

— Eu os abençoo, filho!

Frei Giuseppe deixou sua cadeira, ajoelhou e beijou a mão com o anel de pedra roxa.

— Espere... — sorriu. Giuseppe sentou-se. — Vamos fazer a coisa certa. Há trâmites a cumprir. Faço o encaminhamento do seu pedido. Isso leva tempo, afinal, Roma, digo, o Vaticano, não é logo ali — sorriu. — Tem que esperar a decisão do papa Pio XII.

— Será muito demorado?

— Bem menos do que o celibato — sorriu outra vez. O frei o acompanhou.

— Dom Aristides, que tal um licor? — levantou-se da cadeira.

— Seria um excelente regalo. Tem?

— De jabuticabas do nosso quintal. Tânia fez. Vai gostar.

Quando o frei se levantou para pegá-lo, alguém bateu palmas no portão. Giuseppe deixou o rumo do armário e foi ao atendimento. Arregalou os olhos quando viu que era Candinha. Quis mandá-la embora, mas se conteve. Estava em um dia santo. E uma santidade o visitava. Quem sabe viria hoje para um pedido de desculpas. Ele abriu o portão e...

— Entre, dona Maria Cândida.

— O bispo já foi?

— Está na cozinha... — estendeu a mão na direção dela, sinalizando que pegasse a frente.

— Boa tarde, dona Maria Cândida! — o bispo, sorridente, levantou-se da cadeira e a cumprimentou. — Com que boas e novas nos visita? Espero que esteja bem, com a graça de Jesus e de São Francisco! — sorriu para ela.

Dom Aristides tirou, com seu sorriso e suas palavras, a arma que Candinha usaria contra o frei, ou seja, sua língua. Sentira-se, talvez, e pela primeira vez na vida, desencorajada a seguir. O bispo fê-la amiudar-se. Ele sabia, como poucos, tratar de pessoas, assim, tão maléficas. Ao invés de descer ao nível delas, puxava-as para o seu. E antes mesmo dela ter respondido sobre o que viera fazer, emendou:

— Brilhante e transparente como seu nome significa, dá-nos, Maria Cândida, o prazer da sua companhia para um licor? O Giuseppe tem um especial. Traga-nos, frei! — Ele foi ao armário. — A senhora deve gostar de licor de jabuticabas! Todos os bons e as boas pessoas gostam. Não gostar de um favo de mel é um imperdoável defeito — sorriu.

Candinha se ajeitou na cadeira. Ela suava frio. Que expertise! Que estrategista, esse bispo...! Por isso era um bispo... — perdida no que foi fazer, ela o avaliava. Não dava para ir ao rebuliço que pretendia. Sentira-se completamente desarmada. Sabia xingar, mandar à merda...

Giuseppe chegou com a garrafa e mais um cálice. Serviu-os. Saudaram São Francisco de Assis. Brindaram à saúde de todos os moradores da Vila do Rio, hoje o mais jovial município do estado. Por último brindaram ao amor que tudo pode e vence. Depois de dois cálices de licor cada, e amenidades sobre o país, o rio de corredeiras e a cidade, Candinha deixou a casa paroquial, sem dizer, nem de longe, o que fora fazer.

Tão logo ela saiu, Giuseppe e o bispo deixaram a casa paroquial e foram à hospedaria de Ilda. Caetano estava na recepção. Ao ver os dois paramentados, se levantou, sorriu e estendeu a mão.

— Como vai? Por obséquio... Ilda está? — frei Giuseppe perguntou.

— Está. Vou chamá-la — saiu pelo corredor.

Minutos depois estava Ilda com os dois. Trocaram palavras e, em seguida, entraram na condução dela e foram andar pelo município.

Viram o rio com suas corredeiras e remansos, os sítios e seus cafeeiros exuberantes, também a localidade Frei Timóteo, lugar com uma estação ferroviária, uma capela e uma escola. Giuseppe rezava, nela, mensalmente, uma missa. Ali desceram e, ao ver a capela com um retrato desse Timóteo de há muito, Dom Aristides foi ao âmago:

— Depois de quantas corredeiras acha que esse Timóteo encontrou seu remanso? Pergunto-te, frei Giuseppe, porque li sobre ele. Esteve a vida inteira a correr com os índios e os primeiros não índios a chegarem aqui cheios de maleita e febre amarela. Ele não fugiu. Se algum dia pensou em fuga, voltou como fez Francisco de Assis com o leproso.

Melhor seria não ter vindo até esse lugar com o bispo — o frei Giuseppe pensou. Mas ali estava. Não podia correr. Mais uma questão para pensar, refletir sobre a decisão que tomava.

Dali foram até o sítio do Valentim. A família estava de prosa na varanda quando chegaram. Zózimo correu para abrir a porteira. Bartira, menininha com cinco anos quando chegaram, era agora moça alta, bonita, de namoro com Pedro, filho do Samuel Neves. João, com três na chegada, e Aníbal de colo, hoje entregavam os produtos no comércio do Diogo Mascarenhas. Dirigiam o *Pegaso*. Ao que parecia, a família, que em 1931 ali chegou em intensa correria vindos de Jaú, estava hoje num belo remanso.

Depois de alguns aperitivos, dona Valéria, esposa do Valentim, Luzia, sua filha, e Joana, sua nora, foram para a cozinha. Em dois tempos uma mesa de quitutes e café da hora abarrotaram-na. Sentaram-se, mas antes que se deliciassem, Valentim pôs-se em pé para umas palavras:

— Poucas vezes recebemos religiosos aqui em nossa casa. Uma vez veio o Januário, que era um diácono, um "servente" que até faleceu de maleita. Depois veio o frei Giuseppe — sorriu para ele. — Hoje, neste santo dia, o dia do Francisco de Assis, nosso São Francisco, o santo dos animais e dos pobres, volta o frei, mas acompanhado de um bispo. Não tenho como pagar santíssimas visitas! Não são, simplesmente, duas pessoas. São dois religiosos.

Um frei e um bispo. É muito honroso para nós, frei Giuseppe, bispo Dom Aristides — abaixou a cabeça visivelmente emocionado. — Desculpem-me! Depois de uma certa idade, voltamos a ser criança, choramos fácil. Frei Giuseppe, Dom Aristides, levem consigo nossos agradecimentos e admiração! — sorriu, aplaudiram-no.

Sentaram-se e comeram. Foi um café regado a deliciosos quitutes caseiros. Já era noite quando entraram na condução de Ilda e foram.

No outro dia Dom Aristides e o frei foram para a estação. Lorenzo, Domênica e Filippo os acompanhavam. Enquanto o trem não vinha, ficaram a conversar sobre tudo.

O bispo viu meia dezena de meninos vendendo quitutes a quem embarcava. Retirou uma carteira de couro preto, cor da sua batina, pegou vinte cruzeiros e chamou por um deles. Comprou meia dúzia de salgados. O menino foi e Dom Aristides disse aos do seu entorno:

— Já fiz isso na nossa Itália. Minha família era muito pobre. Acabei em um seminário. Bem diferente de Francisco de Assis, de família rica. Ele deixou a riqueza e acabou um santo — sorriu. — Sentiram a diferença? — sorriu mais, agora com os olhos arregalados.

Quem imaginaria que Aristides Bievenutto Venturini, menino ontem, bispo hoje, fora um vendedor ambulante? Ficaram atônitos. Boa história para ser contada para aqueles pobres meninos com tabuleiros e cestas nas mãos. Funcionaria como um bom espelho.

— Eu vendia na estação de Mestre. Sei que não conhecem. Fica do lado de Veneza. Essa eu sei que sabem. É turística. Mas Mestre também é. Ela se conecta com o centro de Veneza por estrada e ferrovia por meio da Ponte da Liberdade. Tem o Teatro Toniolo. Cheio de grã-finos quando há concertos clássicos. Bom lugar para vender quitutes. Porque, sabem vocês, claro, que esses meninos são muito espertos. Sabem onde vender — sorriu.

Filippo sabia bem. Fora, tempo atrás, também um vendedor ali. Vendia os quibes do seu Ibraim.

Ouviram o som do apito do trem ao pegar a planície marginal do rio. A locomotiva entrou na estação. Enquanto parava, despediam-se do bispo.

Ele entrou sorridente em um vagão. Sentou-se e, pela janela, chamou por mais um menino vendedor. Agora comprou um pastel.

— Volte! Não nos esqueça — Domênica, da plataforma, gritou.

— Sim, eu voltarei! Mas depende da decisão do frei Giuseppe! — O trem foi e, com ele, Dom Aristides.

De que decisão falava o bispo? Lorenzo e Domênica retornaram com essa pergunta na cabeça, mas Filippo sabia bem. Eram, ele e o frei, confidentes. Iam ao banho no rio pelas tardes só por conta de refrescarem-se? Também para isso, mas não somente.

O frei sabia da sua paixão desmedida por Maria Clara. Filippo, de intensidade parecida, sabia a dele por Maria Eugênia. Também sabia o porquê do bispo, ontem e hoje, na Vila do Rio. Não viera, tão somente, por conta do aniversário do santo. Viera também para ajudar o frei a decidir sua permanência ou não no sacerdócio.

INTERNATO MARIA AUXILIADORA

1947. Saíram de madrugada da Vila do Rio. Depois de mais de dez horas de sacolejos dentro de um jipe, chegaram ao meio da tarde no Internato Maria Auxiliadora em Sorocaba. Nada conversaram antes. Maria Clara fora surpreendida. Chorou por toda a viagem. Não pegaram o trem porque previram isso. Theodoro dirigia e berrava. Tereza tentava consolá-la.

— Está chorando? — perguntou a madre levantando a cabeça de Maria Clara e pegando em seu queixo. — Eu cheguei sorrindo. Depois passa. Aqui tudo passa. Até paixão exacerbada — sorriu.

Madre Benta, a superiora, pegou um corredor longo. Atrás iam Theodoro Fonseca, Tereza e, arrastada, a filha. Ela iniciou a apresentação começando pela fundação da congregação mantenedora na Itália em 1898, depois veio para a capital do estado em 1911, e a partir de 1922, interiorizou-se. Hoje o internato tem esse braço em Sorocaba.

— Esta nossa terra é fértil. Temos hoje quatro internatos. E nossa missão é a formação de nossas meninas. Este nosso aqui vai fazer 11 anos — parou e pôs o dedo indicador nos lábios. — Estão escutando alguma coisa? Claro que não. Nosso ambiente é silencioso. Nada de barulho. Estudar com barulho, como? — arregalou os olhos.

Maria Clara preferia morrer a estar ali naquele ambiente sem vida, sem ruído algum. Afinal, não era uma surda. Ainda mais ela, cheia de futuro na cabeça, com livros, músicas, uma dezena de amigas e uma indomável paixão.

— Eu até sei como ela está se sentindo agora — olhou para seus pais. — Não fiquem preocupados. Isso passa. Uma das nossas chegou aqui esperneando. Sabem o que aconteceu? Nunca mais foi embora. Hoje é a nossa melhor professora.

— Ela é de fora?

— Da capital. Houve um desacerto por lá, um namoro que não deu certo, e os pais trouxeram-na para cá. Um ano depois nem se lembrava do nome do infeliz — pausou. — Sei que não é o caso da Maria Clara, mas muitos escolhem estudar aqui e até viver. Meu caso e o da professora mencionada foram assim. Eu renunciei à minha família por um tempo. O que aconteceu? Estou na instituição desde sua fundação no Brasil em 1922. Uma parte em São Paulo, a outra aqui.

— E sempre disposta, não é, madre?

— Muito. Temos uma boa vida religiosa. Vida religiosa sem ser clausura! — sorriu. — Somos contra o isolamento — pausou, passou a mão na testa, mas continuou a discorrer sobre os predicados do Internato Maria Auxiliadora. — Parabéns pela sábia decisão de colocar a filha de vocês neste internato. No passado criaram estereótipos sobre internatos. Com o tempo vão perceber que estão no caminho certo — olhou no rosto do pai e da mãe de Maria Clara buscando aprovação às palavras ditas. — Nossas professoras são experientes. Sabem o quanto de cuidado devem ter, principalmente com as noviças. Falo da adaptação... — botou reticências e pausou. — Gradualmente, a Maria Clara vai aprender a assumir responsabilidades. Não é, Maria Clara? — sorriu para ela.

Maria Clara queria morrer. Em que inferno seu pai e sua mãe a metiam! Que audaciosa essa Benta das trevas. Desde muito pequena ela nunca fora irresponsável.

— Com o passar dos dias as alunas tornam-se cada vez mais independentes, adéquam-se ao ritmo do internato. Administram seus horários. Porque, não sei se sabem, têm atividades o dia inteiro, refeições na hora certa e atividades extracurriculares. Também têm que manter os quartos arrumados, sua roupa lavada e passada. Se sobrar tempo, podem ter algum lazer.

— Tenho certeza de que ela vai se dar bem aqui, madre — Theodoro cravou.

— E a senhora, dona Tereza? Tem alguma dúvida?

Tereza não respondeu. Era tão submissa que, mesmo cutucada, não abria a boca.

— Aqui é o lugar certo para aprender a serem responsáveis e organizadas. Daqui a quatro anos, quando se tornar uma normalista formada, e chegar a hora de voltar para casa, tenho certeza, Maria Clara será outra. E digo uma coisa: talvez nem queira voltar — sorriu. — Vai agradecer.

Em pensamento, Maria Clara questionava tudo:

"Será outra? Vai agradecer? Que filha da mãe essa Benta dos infernos! Adoro ser Maria Clara. Odeio pensar em ser outra. Que lugar é esse? Lugar de transformar cérebros, modificar as pessoas? Li alguma coisa na *Folha Paulistana* que meu pai assina. Certa vez o jornal trouxe esse assunto. Tão disparatado que veio com a manchete: LABORATÓRIOS NAZISTAS MODIFICAM CÉREBROS. Tão aloprado foi esse regime quanto é esse internato."

— Maria Clara! — madre Benta a chamou. — Ao final do curso você estará pronta para fazer o melhor para si e para a família. E principalmente à sua futura família, pois, linda como você é, antevejo que terá meia dúzia de filhos — sorriu.

— O que não fazemos por uma boa causa, não é Madre? — Theodoro sorriu.

Maria Clara quis responder, mas se conteve. De que boa causa esse pai falava? Estava tirando-a do convívio deles, das suas amigas, do Filippo, que não sabia o que estava acontecendo. Que raio de pai ela tinha, também de mãe, tão submissa que não tivera coragem para expor suas ideias?

Anabela, sua irmã, hoje mãe de dois, sabia bem. Fugiu com o peão José Timbó para escapar-se do pai. Também ela, não fosse esperta, teria caído na sua armadilha. Ainda bem que Tânia ouviu seus gritos pela janela do banheiro e a acudiu. A cuidadora da igreja bem que podia tê-lo denunciado. Mas não o fez. Teve dó de dona Tereza. Melhor ser órfã, melhor ser como Filippo sem mãe e pai — ela, retrospectivamente, pensava.

— Aqui está seu uniforme. Dona Tereza, se a senhora passou as medidas corretamente, a sua filha vai ficar bonita dentro dele.

"Filha da mãe!" — Maria Clara sentenciou sua mãe, que se fingira de amiga o tempo todo e, escondida, passou suas medidas. Do pai até esperava, porque sempre teve olhos para suas trapaças e "outras coisas", mas não dela.

— Temos clausura aqui? Literalmente, não. Claro que não — sorriu. — Mas algumas proibições, sim. Falo de abdicações aos prazeres biológicos. No mais, nossos dias são alegres. E vão me dizer que lá fora não há dias sem graças? Nenhum dia é igual ao outro. Agora é o seguinte: entrou aqui é para ficar.

O internato é responsável por você — olhou para a noviça. — Nada de saidinhas. Está me entendendo, Maria Clara? — olhou para ela arrastando sua pálpebra para baixo. — Nada de trilhas, matinhos, coração apaixonado, cupido... — sorriu para ela.

"Meu pai é um salafrário" — em pensamento ela o sentenciou. É um crápula. Um hipócrita. Contou em miúdo sobre a minha vida para obter uma vaga aqui. Se eu contasse a metade dos seus predicados, ele seria preso.

— Maria Clara, a saída do internato só é possível em ocasiões especiais. Por exemplo, quando precisar ir ao médico, ao dentista... — pausou. — Ah, sim, ia me esquecendo... Poderá também ir ao cinema. Mas somente para ver filmes religiosos; por exemplo, *A Paixão de Cristo*, ou numa sessão especial em um circo com apresentação de um drama de caráter familiar, religioso. Já passaram alguns por aqui. Quando vêm, pedimos uma sessão especial.

A cabeça da Maria Clara foi ao *Circo Maximus*. Foi ao seu picadeiro. Nele viu Filippo, seu italianinho lindo de morrer, sorridente, gritando, com um tabuleiro de pipocas, pirulitos e sucos.

— Está vendo, Maria Clara, como também há diversão? — deu uma piscadela para ela e outra para seus pais.

— Pensei em comprar um rádio e colocar aqui no quarto, madre. Assim poderá ouvir músicas.

— Rádio nunca, seu Theodoro! — pausou. — Tem um tal de "Balança, mas não cai", que é um absurdo. Falam um monte de besteiras.

— Como a Madre sabe? — Maria Clara, muda até agora, não aguentou e perguntou.

— É atrevida, não é, seu Theodoro? — pausou. — Vou completar as informações. Critérios: é muito difícil estranhos entrarem aqui. Estranhos têm que preencher um rigoroso cadastro. Entram os credenciados: manutenção elétrica, encanadores, os envolvidos com reparos. Para aquilo que não sabemos fazer, mas sob nossos olhares. Agora, caso quebre uma cama, temos a Madre Adélia que conserta. Ela é a nossa marceneira — sorriu. — Muito bem. Sei que falei demais por hoje. Pernoitarão por aqui ou pegam o trem de volta ainda hoje?

— Viemos com condução própria, madre. Dormiremos na cidade. Foi cansativa nossa vinda.

— Opa! Estou falando com quem pode. Quem tem dinheiro escolhe a condução e a hora — sorriu. — Espero que descansem bem e que façam um bom retorno. Têm, seu Theodoro e dona Tereza, uma hora para permanecerem aqui no internato. Para colocarem a conversa em dia com a filha de vocês. Prolongar mais é bobagem. Deixo vocês, então. Daqui a uma hora uma campainha soará. Aí, por favor, saiam por aquele corredor à direita. Ele dará no portão da rua onde deve estar sua condução. Ia me esquecendo: aqui neste impresso tem o banco, a agência e o número da conta do internato. O banco é o Noroeste. O senhor me disse que tem esse banco lá. Então está tudo certo. Tenho que ir. Obrigada! — sorriu e foi.

Dentro do prazo estipulado, com muito choro e lamento, Theodoro e Tereza deixaram a filha e foram.

Maria Clara estava com os olhos inchados. Soluçava quando alguém bateu na sua porta. Era madre Helena, a designada para as noviças. Ela entrou no quarto. Encontrou-a seminua sobre sua cama. Seu uniforme estava rasgado e jogado no assoalho. Uma manga retirada e os botões do peitilho espalhados pelo chão.

Ao ver a balbúrdia, irmã Helena reagiu:

— Epa! Epa! Epa! Aqui não é lugar de rebeldia, mas de obediência. Levanta-te, já, e organiza tudo. Nessa gaveta desse armário tem agulhas e linhas. Cerze tudo. Repregue a manga que retirou e os botões. Entendeu? — fechou a porta do armário com força. — Volto dentro de duas horas! Quero ver tudo consertado e já debaixo das cobertas. E para aprender rapidinho, esta noite você vai dormir de barriga vazia — fechou a porta com força e saiu.

Conforme o dito, duas horas e pouco depois, a madre voltou ao quarto. Maria Clara, adormecida, não a viu. Então ela, em um pedaço de papel, desejou que tivesse uma noite boa.

No dia seguinte, quando a madre retornava, Maria Clara estava com o bilhete nos olhos. Ela trazia para a noviça, numa mão, uma Bíblia, na outra uma xícara de café. Pelo café Maria Clara entendia que a madre lhe estendia a mão.

— Bom dia, Maria Clara! Dormiu bem? Vamos! Nossa rotina começa ainda com o escuro. Cheguei só agora porque é o seu primeiro dia. Mas aqui o sol nasce mais cedo, às cinco da manhã. Põe a roupa e vá ao refeitório. Não pode perder a oração matinal. Não se põe comida na boca sem agradecer.

E depois da quebra do jejum, há leituras sacras. Aí vocês revezarão. Cada uma lê uma parte. Vai receber um boletim semanal impresso. Entendeu?

Maria Clara entendeu, mas não respondeu à irmã Helena. Não iria conversar nem ler nada para idiotas — pensou.

— Quer continuar como Maria Clara ou quer mudar o nome? Aqui todas são Marias. Como o seu primeiro já é Maria, pode mudar o segundo. É comum trocar o nome civil. Que tal Maria Mercês? — sorriu. — Acho bacana... Tem origem no latim. Significa *"misericórdia"*, derivado de Nossa Senhora das Mercês. Não temos nenhuma. Pense nisso — saiu.

Não era uma louca varrida para trocar de nome. Mais uma maluquice! Esse lugar estava mais para um convento beneditino do que para um colégio. Só faltava virar uma pinguim — como, aliás, ria com as colegas quando viam uma freira com seu hábito passar. Isso aqui é o começo do inferno, talvez o purgatório — ela cravou.

DORES DO CORAÇÃO

1947. Filippo voltou cabisbaixo. Foi ao encontro de Maria Clara, mas ela não foi. Nunca falhara. O que teria acontecido? Estava sedento pelo cheiro dos seus cabelos, sua boca perfumada, seus beijos. Não via seus olhos, intensamente verdes, fazia mais de quarenta horas. Era impossível ficar sem o brilho deles. Que paixão fulminante, amor gigante, infinito.

    O frei sentia, como ele, tamanho amor parecido por Maria Eugênia. Conversaram os dois. Não importa a idade ou outras diferenças. Sentimentos comuns aproximam pessoas. Eram, por isso, mútuos confidentes. O frei contou-lhe tudo sobre a visita do bispo. Torcia muito pelo amor deles. Que batalha travavam. Ele por ser um sacerdote, ela por desafiar os linguarudos, principalmente a língua da Candinha, a venenosa sem igual. Filippo foi para a cama. Rolou muito até adormecer.

    Pela manhã, Lorenzo lia a *Folha Paulistana* quando Domênica chegou na cozinha. Depois de seu costumeiro bom-dia com rápido beijo no marido, pegou a fazer o café. Ele a olhou por trás e, mansamente, se levantou, deu dois passos e a abraçou. Virou-a e se beijaram, agora longamente. Colocou seus cabelos para trás. Sorriu. Deixaram a cozinha. Jogaram-se na cama como fossem adolescentes. Amaram-se longamente.

    Filippo chegou na cozinha. Estranhou tudo aceso e sem ninguém, inclusive a lenha flamando no fogão. Botou água numa chaleira e iniciou o café. O pó no coador, o cheiro. O estalar da língua no céu da boca. Maravilha! — exclamou.

    — Bom dia, meu filho! — Domênica entrou sorrindo, com os cabelos molhados, ajeitando-os sobre os ombros. — Senti o cheiro de longe.

    — Bom dia, mamãe! Olha uma xícara para a senhora — não sorriu. — E o papai?

    — Está no banheiro. Já vem. Mas acho você preocupado. O que é? — pegou nas suas mãos e as trouxe para si.

— Não é nada — abaixou o olhar.

— Está com problema no colégio? São as provas? Ou é a Maria Clara?

— Pois então...

— Bom dia! — Lorenzo entrou na cozinha. — Eita cheirinho bom! É o café do Valentim ou o do Samuel Neves?

— Esse é o do Samuel. Aliás, ainda é o dele, porque vai embora e será, o da próxima colheita, o do Theodoro.

— O da safra que vem, o do Theodoro? Café dele não entra aqui, mas de jeito maneira. Quero esse "pica-fumo" longe. Comprou mais um lote. Sei bem como arruma dinheiro. Ainda não fez nenhuma reunião com os cooperados. Ele acha que a cooperativa é dele. Cadê os dividendos?

— E não vão fazer nada?

— O doutor José Castro está mexendo os pauzinhos. Coisa sigilosa. Sabem eu, o prefeito e agora vocês dois. Bico fechado, então. Na hora certa ele abre a mala com as ferramentas. E o traste, que nem para prefeito se elegeu, sabiam que quer se candidatar a deputado estadual? Francamente! — pausou, olhou para Filippo. — E você, meu filho?

— Estou bem... — disse um *bem* reticente, pouco verdadeiro.

— O que foi? Coisa do coração, né? — Lorenzo acertava.

— Já vivemos isso, não foi, meu bem? — Domênica sorriu.

Filippo se contorceu na cadeira e...

— É que estamos nos encontrando... Mas não é no colégio, não. Temos um lugar que é só nosso. É secreto. Fica depois da corredeira do rio. Lá na "pedra furada" — pausou. — Não a vi no colégio nesses dois últimos dias. A professora Elisa me disse que ela faltou. Não posso nem passar em frente da casa do seu Theodoro para saber. Por duas vezes ele já me escorraçou. É por isso que estamos nos encontrando secretamente. Não temos outro jeito — pausou, novamente. — A cada dois dias vamos na "pedra furada". Ontem era dia do nosso encontro. Ela não foi. Tem alguma coisa errada.

E tinha mesmo. Maria Clara estava longe, enfiada em um internato. Andaram um dia quase inteiro até lá. Pegaram a estrada ainda com o escuro. Fora surpreendida. Quando viu já estava de mala e cuia dentro do jipe do pai.

— Temos como saber, filho. Ele quer ser dono de tudo, mas não das nossas vidas. Vou falar com a dona Mirtes. A diretora do colégio é gente boa. Passo lá agora.

Lorenzo deixou o café pela metade e saiu. Chegou no colégio antes da diretora. Ficou pelo jardim até que chegasse.

— Bom dia, seu Lorenzo!

— Bom dia, professora Elisa! Como vai?

— Estou bem. O Filippo não virá hoje?

— Daqui a pouco — sorriu. — Preciso falar com a diretora.

— Chega daqui a pouco. Mas se quiser adiantar!

— Nem sei por onde começar... Acho meio esquisito... Meu filho, o Filippo, não sei se você sabe, está de caso com a Maria Clara..., com a filha do Theodoro Fonseca. Ele me falou que ela faltou por dois dias. Não sei se devo me intrometer, porque isso é coisa deles, mas será que está acontecendo alguma coisa?

— Já aconteceu, seu Lorenzo. Seu Theodoro esteve aqui na semana passada e pediu o seu boletim de notas e uma guia de transferência. Desde antes de ontem, já não é nossa aluna. Uma pena!

— Foi transferida? — cerrou os lábios e franziu a testa.

— Foi. Mas não sei o motivo... Nem para onde. É que não tenho acesso aos documentos administrativos. Minha função é pedagógica. A diretora sabe. Só não sei se vai abrir ao senhor, porque ouvi o seu Theodoro lhe pedir sigilo.

Pronto. A coisa era mais séria do que Lorenzo imaginava. Não estava no colégio e nem na cidade, quiçá nem no estado.

Como Filippo reagiria? Já não tinha pai e mãe, depois não encontrara os dois tios e, agora, para dar o laço, ficava também sem a Maria Clara.

Meia hora depois a diretora chegou. Viu Lorenzo no jardim e foi até ele. Cumprimentou-o com um sorriso aberto e...

— Bom dia! E o Filippo, como vai? Vi-o meio casmurro ontem... Melhorou?

— Piorou. Ele está preocupado.

— Nem começamos as provas e já está assim?

— Não é por isso. Soube que a Maria Clara foi transferida. Eles se gostam. Então...

— Seu Lorenzo, ela não foi levada por isso! Justificou que vieram de Sorocaba e que deixaram muitos parentes por lá, e que por isso era bom a filha já ir se ambientando para, daqui a pouco, estar numa faculdade em São Paulo, que fica ali do lado etc. e tal.

— A primeira parte é verdadeira. A segunda não. Ele não tem noção do que fala. Estúpido como é, jamais tem, na sua agenda, uma faculdade para os seus. Mente mais que o Pinóquio, o narigudo.

— O senhor conhece esse personagem?

— Não muito. Vi uma resenha sobre ele na *Folha Paulistana*. É um filme de animação de 1940, acho.

— Mas voltando... Ainda que tenha mentido, não posso interferir, seu Lorenzo.

— Mas poderia me passar o nome do colégio e o endereço?

— Pediu-me certo sigilo. Dei minha palavra... — apertou os lábios. — Esse homem chegou por aqui quase com a roupa do corpo... Agora tem um monte de sítios, é diretor da cooperativa... Sabe como é, né, seu Lorenzo? A corda mais fraca é a que arrebenta. Não pretendo ser transferida da Vila do Rio.

Lorenzo entendeu. Não era da sua índole apertar, ganhar no grito. Gostava de uma boa discussão, mas com argumentos. Não iria prejudicar dona Mirtes. E ela tinha razão. Tinha que se precaver porque esse Theodoro Fonseca era um aloprado. Lorenzo agradeceu, disse que compreendia e foi para seu escritório na cerâmica.

Quando chegou encontrou Filippo. Falou que estava sem cabeça, que não iria, na tarde de hoje, no colégio, que não se concentraria nas aulas. Lorenzo o beijou na face.

Uma bandeja com xícaras e café estavam sobre um aparador. Encheu duas e trouxe. Filippo apanhou uma e, antes de beber, olhou nos olhos do pai e...

— Um brinde à vida, meu pai! — sorriu.

Que surpresa boa — Lorenzo pensou. Para quem não iria à tarde à escola por falta de cabeça, estava ali a brindar mesmo em sendo um pai postiço.

— Posso sair? — Filippo pediu.

— Pode. Mas...

— Vindo para cá topei com o frei. Falei sobre as ausências da Maria Clara. Ele não podia esticar a conversa. Então me pediu que fosse até a casa paroquial. Tenho um parceiro e tanto, pai! — tacou-lhe um beijo e foi.

Filippo não sabia da missa o pai-nosso. Imagina se passava pela sua cabeça que a Maria Clara estava noutra cidade — sabe-se lá qual, neste país gigante?

Filippo fez um rosário de lamentações. Os escorraçamentos do pai da menina, as vezes em que o chamou de bastardinho na frente de muitos, também os momentos felizes com ela aos beijos na trilha e, por último, na "pedra furada" da corredeira do rio.

Tânia varria, ouvia tudo, mas se fazia de surda. Quando Filippo falou que suspeitava que Maria Clara nem na cidade estava, porque não percebeu qualquer movimento na casa dela, ela não aguentou e veio:

— Eu sei onde o traste está escondendo a filha. Que fique bem claro que não sou nenhuma Candinha, mas, em nome do amor, não vou ficar calada. Não vou, mesmo! — falou indignada. — O meu Dino, quando vinha da pescaria e passou, de madrugada, pela frente da casa dela, ouviu muito choro e um converseiro danado. Dona Tereza também chorava. Mas, coitada, não manda em nada. Sua Maria Clara está em um internato. Num desses colégios fechados, Filippo! O Dino é bom de ouvido. Disse ter escutado "Sorocaba". Aliás, só é bom pescador quem bem escuta — diz o ditado. Sua menina não está aqui na Vila do Rio. Foi transferida.

Filippo ficou atordoado. Chorou. Enxugou as lágrimas, tossiu. Chorou novamente. O frei o acalmou. Passou as mãos pelos seus cabelos. Abriu a Bíblia, foi à marcação da página e leu dois salmos. Em seguida ele prometeu, juntos, encontrá-la.

— Vou ao ginásio ainda hoje falar com a diretora. Ela tem que nos dar o nome desse colégio e o endereço. Aí você pega o trem e vai atrás dela. Mas temos que ter calma. Não podemos alarmar, senão ele a manda para mais longe. Sorocaba é logo ali. Oito horas de trem você estará lá. Levanta a cabeça. Olhe, tome mais um pouco de café. — Filippo sorriu. Os dois acompanharam-no até a saída.

UM PIPOQUEIRO PROTAGONISTA

1947. Dezessete horas. Na direção para São Paulo o trem parou na estação da Vila do Rio. Gente desceu, gente subiu. Filippo deixou a plataforma depois de um beijo na mãe e uma carícia em Nero. Pela janela sorriu. O Nero latiu. O trem partiu. Lorenzo, com um compromisso inadiável com o doutor José Castro, assessor do prefeito, não pôde estar. Na verdade, queria muito acompanhar Filippo até Sorocaba. Mas, com o que o douto conseguira sobre a relação do Theodoro Fonseca com a cooperativa que dirigia, urgia decisão rápida. Foram, os dois, tratar sobre isso na capital.

 O importante é não se dar por vencido. O trem levou Filippo cheio de saudades, mas esperançoso. Já há três semanas sem ver Maria Clara. Faria uma bela surpresa. Ela veria seu amor incondicional, arrebatador. Grande como a fúria dos mais fortes ventos. Ele chegaria no colégio e procuraria a direção. Depois a sala de aula e, na porta, Maria Clara o veria e correria aos seus braços. Ele a pegaria pela cintura e a giraria como uma roda de um moinho. Suas amigas aplaudiriam. Quimeras? Lampejos da mente e do coração desses que amam incondicionalmente entre tresloucados?

 O desvairado do seu pai, na Itália, aplaudia Benito Mussolini, os loucos contemplavam e desfilavam para Hitler, o Theodoro picareta da Vila do Rio enganava os cooperados, cada um a seu jeito e dimensão, mas todos loucos varridos, aloprados.

 Por outro lado, o frei Giuseppe com Maria Eugênia, Maria Clara com ele próprio, não eram também impávidos, ao disporem-se ao amor incondicional, e a desafiar tudo? E de igual maneira não fizeram os tios Ruggero e Tommaso e todos os pioneiros que trocaram suas terras, seus amigos e vida para estarem num lugar novo? Não fizeram isso o "Dois" e o "Coxo" tombados numa ribanceira quando vinham da Bahia em um pau de arara? — Filippo pensava, matutava enquanto o trem ia na direção de Sorocaba.

Atravessou o rio Paranapanema. O maquinista desacelerou. Parou o trem um pouco antes da estação sob uma grande caixa d'água. Ali encheram a barriga da maria-fumaça de água. Depois reabasteceram o vagão depósito de lenha. Era uma locomotiva *Baldwin*, americana, 1912. Estava impresso no tíquete da passagem, propaganda do fabricante. Filippo tinha mania por máquinas. Quem sabe seria, um dia, um engenheiro mecânico, pois ficava na cerâmica a fuçar numa maromba encostada, uma *Bonfanti* quebrada. Nela enchia-se de graxa.

Um apito saiu forte. Um tucho de fumaça o acompanhou. Era noite. Partículas abrasivas voavam pela chaminé da locomotiva como fossem minúsculos vaga-lumes. Bonito de ver. Meninos punham a cabeça para fora das janelas e riam. Mães e pais as traziam de volta para não se queimarem.

O vento trouxe algumas fagulhas para a janela de Filippo. Ele ria e livrava-se delas. Uma maior colou na sua boina, hoje uma xadrez, uma caxemira de lã de cabra. Tirou e bateu a mão, mas o buraco já estava feito. Filippo apertou os lábios e mostrou a um que se sentava ao seu lado. Esse tirou seu chapéu de pelica e mostrou dois pequenos orifícios feitos dias atrás. Conversaram. Riram.

Cinco horas da manhã o trem parou na estação de Sorocaba. Filippo desejou boa viagem ao do lado e desembarcou. Seu coração estava acelerado. Logo mais se encontraria com Maria Clara, isso se dona Mirtes, a diretora do colégio da Vila do Rio, dera o endereço corretamente ao frei Giuseppe.

Ele desceu e foi a um café da estação. Lembrou-se de que passara por ali em 1942, cinco anos atrás, do lado de uma senhora, da dona Domênica, quem imaginava, hoje sua "mãe". Quanta mudança houve nesses cinco anos! Que tempo esse, que tudo pode, que vive a compor destinos... Nada tinha em 1942. Hoje quase tudo. Pai, mãe, casa, comida, trabalho num escritório, muitos amigos... quase tudo... quase tudo...

Tomou café e saiu com uma folha de papel numa mão e uma sacola miúda na outra. Subiu cinco ruas e deu-se na do colégio. Conferiu. Rua e número certos. Buscou ar. Respirou fundo. Agora precisava esperar. Era muito cedo. Deu uma volta no quarteirão. Viu que era todo murado, fechado a sete chaves. Maria Clara estava ali, certamente dormindo como um anjo, talvez sonhando com ele. Uma boa miragem?

Às sete e trinta da manhã uma freira veio ao portão e voltou. Certamente, freira, porque usava um hábito. Lembrou-se da figura de um pinguim. Sua cabeça foi ao convento com sua capela de afrescos em Aosta quando olhava suas pinturas e duas freiras riram dele e ele delas. Lembrou-se que até se perguntou:

— Que ligação teria, freiras, comigo? A freira de agora liga-se àquelas do passado?

Hoje ele tinha tudo para rir. Como não se sua amada estava a metros dele. Veria, logo mais, seus olhos verdes e sua boca rosada. Sentiria, dos perfumes, o mais doce.

Tudo muito quieto. Filippo puxou por um cordão junto do portão. Era um sino-campainha. A freira veio ao atendimento. Desejaram, mutuamente, um bom dia. Ela se dispôs. Ele explicou para o que estava ali. Mentiu que era primo da Maria Clara, que veio de longe e que precisava vê-la para dois dedos de prosa. Impossível, a freira respondeu. Ele insistiu. Ela voltou a negar com base nas normas do Internato Maria Auxiliadora. Falou que visitas somente nos fins dos meses, que ali era muito rígido, que somente eletricistas, pedreiros, obreiros em geral entravam, mas somente com permissão da Madre Superiora — falou soletrado —, e não por aquele portão. Por ali somente docentes, pais e mães, autoridades e religiosos.

Filippo insistiu. Ela não recuou. Pediu que se retirasse. Então ele deixou o portão e atravessou a rua. A freira não arredou os pés. Depois de vinte, trinta minutos, Filippo saiu, deu mais uma volta completa no quarteirão do internato.

Verificou que podia, mesmo com seu muro de uns dois metros de altura, como fosse o de uma prisão, subir numa das dezenas de árvores em toda sua extensão, e pular lá dentro.

Andando um pouco mais viu uma árvore com galhos pendentes para o interior do pátio do internato. Pensava bobagem? Talvez sim. Ou não. Subir em galhos e pular no rio ele fez uma centena de vezes acompanhado do frei Giuseppe e amigos no remanso do rio da Vila. Com essa árvore e esses galhos parceiros, sentiu que esse obstáculo era quase nada. Muito mais difícil foi escapar dos tiros e dos estouros das bombas sobre a cidade de Aosta. Subir, pegar um galho e se projetar para o pátio com Maria Clara de alvo era muito mais fácil que se esconder enfiado junto a uma caveira num cemitério.

Filippo voltou ao portão. A freira teimosa continuava junto dele. Destemido, ele chegou nela e...

— A senhora ainda continua aí?

— Eu e você. Pensa que nasci ontem?

Ela respondeu de boca cerrada e secamente, sem mostrar os dentes. Os lobos quando ficam bravos mostram os dentes. Nossa espécie é danada, muitas vezes os esconde, finge-se mansidão que nem sempre se tem.

Filippo deixou o portão como quem perde uma batalha, mas não toda uma guerra. Catou a sacola, olhou para a freira, ergueu a cabeça e saiu altivo. Quando estava a vinte, trinta metros indo na direção da estação, ela gritou:

— Não insista! Posso comunicar à madre Benta e complicar sua vida! Também a da Maria Clara!

"Que felina!" — Filippo pensou e continuou andando.

Ele chegou na estação de trens. Perguntou por uma hospedaria. Um fiscal indicou uma com o dedo: "Hospedaria Gina" — estava em um letreiro.

Uma atendente se prontificou ao atendimento. Ela não pediu nenhum documento. Fez com seu verdadeiro nome. Mas mentiu a idade. Botou dezoito anos. Podia barrar por ter dezesseis, quase dezessete, ser um menor de idade. Sabia bem quando saíra clandestino da Itália.

Às dez da manhã subiu a rua até o internato. A freira não estava. Animou-se. Fez planos. Pensou na árvore de galhos pendentes. Caminhou até ela.

Tirou os sapatos. Grudou no seu tronco e subiu como fosse um gato. Pegou por um dos galhos que se projetava para o interior do pátio. Viu-o deserto. Só uns quero-queros e uns bem-te-vis usufruíam, em alegres algazarras, do seu gramado bem aparado. De outro lado havia jasmins, hibiscos, azaleias, miosótis. Tudo florido. Como desejou ser uma dessas flores ou um bicho voador.

Saiu o som estridente de um sino. Certamente um intervalo, um momento de descontração, o lanche, as brincadeiras ali entre aquelas plantas e os pássaros. Quando esperava, já por uns cinco, seis minutos, algumas alunas apareceram. Logo depois entrou um carrinho com sorvetes, depois um com pipocas.

Filippo sorriu ao ver o último. Identificou-se com ele porque voltou às lembranças do *Circo Maximus*, as pipocas do picadeiro e a sua Maria Clara.

Pensava! Pensava! Desequilibrou-se de repente, por pouco não fora ao chão e estragara tudo. Mais algumas meninas chegaram depois do sorvete e da pipoca. Riam. Falavam alto. Mas e Maria Clara?

O sino voltou a badalar. Foram-se os dois carrinhos por um portão lateral. Foram-se todas as alunas. Filippo desceu se escorregando pelo tronco, cabisbaixo. Mas nem tudo fora ruim. Viu o pátio e, vendo-o, descobria como entrar.

Queria muito contar sobre o que viu e seu plano ao frei Giuseppe, o seu confidente. Mas de que maneira? Claro! Por meio de uma carta colocada no trem para a Vila do Rio, a caixa postal em que recebiam, todos os dias, a *Folha Paulistana*! Fácil, fácil — concluiu. Mas se tivesse um telefone como os que conhecera em Aosta, seria muito mais rápido.

Não havia qualquer um na Vila do Rio. O prefeito Gerônimo Serra-Pau esteve com seu assessor, o douto José de Castro, solicitando uma linha e alguns aparelhos na capital. E o fazia porque fora promessa de sua campanha. Fê-lo sob pressão. Casou que o estado prometera, no ano passado quando fazia campanha para governador, que faria interligação a partir dos núcleos populacionais desde a margem do rio Paranapanema para a direção oeste, até o rio Ivaí. Ele fora eleito e lhe sobrou essa promessa.

Na hospedaria Filippo pediu por uma papelaria. A atendente foi à porta e mostrou o letreiro "DE TUDO". Foi lá e comprou papel e envelopes. Depois selos. Na hospedaria escreveu duas cartas: uma ao pai e à mãe; outra ao frei Giuseppe. Colocou o remetente da hospedaria. Foi à estação e as enviou. Se não houvesse extravio chegariam logo no outro dia, linha direta, estação-estação. Nela ele pedia resposta urgente e sugestões.

No dia seguinte Filippo não foi ao portão. A freira poderia estar de olhos abertos. Perigosa. Ao invés dele e da árvore, ele procurou pelo sorveteiro e o pipoqueiro. Qualquer um poderia ser-lhe de boa serventia.

Como no dia anterior, às 10h10, o sino badalou e os dois entraram pelo portão lateral, o de serviço. Locomoveram-se até o gramado em meio às cantorias dos quero-queros e dos bem-te-vis de ontem.

As meninas foram chegando, chegando. Maria Clara estava entre elas. Seus olhos continuavam verdes e lindos, mas avermelhados. As pálpebras levemente inchadas. O melhor remédio seria beijá-las docemente. Com amor e carinho não há "doença" que resista — loucamente, pensava. E, enquanto esses pensares iam, as pipocas também foram como folhas em água corrente.

O sino voltou a badalar. As meninas deixaram o pátio e foram. Maria Clara, entristecida, pegava, do saquinho, pipoca por pipoca. Ela foi a última a deixar o gramado. Ao final das pipocas ela viu no fundo do saquinho um pedaço de papel dobrado. Era um bilhete. Abriu e viu:

"Gostou da pipoca? Estou pertinho de você."

Filippo

Ela quis voltar, mas os dois vendedores já tinham ido pelo portão que entraram. Maria Clara não abriu a boca. Não podia. Não conhecia ninguém para compartilhar nada. Não eram confiáveis. Se o pai e a mãe traíram-na, imagina as, ainda, desconhecidas.

Em que desafio esse italianinho, esse louco varrido, se metia? Ela quis gritar, sorrir, mas não pôde. Como fazer se estivera em prantos por essas três semanas? Não podia se precipitar. Precisava ter calma. Disfarçar essa repentina e exacerbada alegria. Também decifrar o que estava se passando.

Quem escrevera o bilhete fora, mesmo, o Filippo? Ou tinha algum truque do picareta do seu pai, o rabugento Theodoro Fonseca? Não seria uma armadilha? Se fosse o Filippo, estava onde? Sobre uma daquelas árvores do entorno do quarteirão?

Maria Clara não se cabia, não iria se concentrar em nada. Não teria cabeça para as tarefas extras da tarde ou os afazeres noturnos: orações, leituras dos salmos e demais *et cetera* da Bíblia. Como queria que o hoje fosse, já, o seu amanhã! — rolando na cama, sem sono, pensava, desejava.

No dia seguinte e no mesmo horário as meninas, certamente, alcançariam o mesmo gramado, também os jardins do internato.

Era aprazível estar entre aquele verde e os pássaros. Ainda mais que seria uma sexta-feira, último dia de aulas da semana. Viriam, então, festivas. Filippo precisava saber se teriam algum programa fora da área do internato no sábado e domingo.

Levantou-se cedo e voltou à papelaria. Depois ao lugar combinado com os dois vendedores. Abraçou-os e agradeceu por ontem. Deu dez cruzeiros para cada um.

— Quem trabalha tem que receber — falou.

Daria, hoje, mais algum dinheiro se o ajudassem.

— Mas hoje é mais arriscado — disse.

Por isso não combinaram o preço. Ficou aberto à dificuldade e ao êxito da tarefa. E esses dois estavam gostando muito: pelo ganho extra; porque, tão jovens quanto Filippo, também tinham suas dores, suas paixões e seus desafios.

Abriu um pacote e passou alguns apetrechos adquiridos na papelaria. Explicou. Duvidaram. Riram. Toparam a parada.

Às 10h10, como os britânicos fazem, o sino badalou. As meninas alcançaram o gramado. O pipoqueiro e o sorveteiro entraram com as caras caracterizadas de palhaço: chapéus, pinturas e narizes de palhaço.

Surpreendidas, as meninas riam, gargalhavam, compravam. Mas Maria Clara, não. Ela foi às árvores. Olhou cada uma que dava para esse lado do gramado. Voltou. Foi ao carrinho de pipocas. Pegou um saquinho e pagou. Comia rápido. Não encontrou o que esperava dentro dele. Nada havia no fundo. O que estava acontecendo? — perguntou-se, enigmática. O que seu italianinho aprontava hoje?

O sino as chamou para entrar. Era hora de deixarem o lugar. Conforme combinaram com Filippo, o sorveteiro pegou a frente. As meninas saíram em seguida. Maria Clara, entontecida por antes, esperançosa hoje, ainda procurando por algum sinal, ficou para trás. Não queria desistir.

O pipoqueiro moveu seu carrinho na sua direção e, solitários, ele a beijou. Um palhaço beijando-a? — num lampejo, se perguntou. Então quis gritar. Ele a abafou com uma mão. Olhou dentro dos seus olhos e ela o reconheceu. Aí beijaram-se docemente. Estremeceram-se. A maior emoção das suas vidas acontecia ali. Ele moveu-se rapidamente na direção do portão lateral. Precisava sair logo. Foi.

Maria Clara passou as mãos no rosto. Vieram manchadas de tinta guache. Viu que o nariz vermelho de palhaço ficara consigo. Tinha que escondê-lo. Enfiou-o no sutiã. Riu muito. Correu ao banheiro antes que alguém a visse. Foi ao espelho. Agora gargalhou.

Que sensação boa ela sentia. Nutria-se, bem agora, de não somente paixão. Era a força de um grande amor, puro, sublime. Também importante vitória. Vitória dos generosos sobre os desvairados, sobre os aloprados, os sem coração e sentimentos. Seu pai era tudo isso. Até mais: era um tresloucado. Tentou molestá-la algumas vezes.

Quem não sorriria em ser beijada por um palhaço? O palhaço da sua vida. Lavou o rosto. Entrou na sala quando madre Benta passava recados e programação para esse final de semana.

Maria Clara precisava de uma confidente. Contar o incontável. Narrar o inenarrável. Trocar sentimentos, sorrir, gritar, cantar. Desejou a presença da professora Elisa, a da Maria Eugênia da padaria. Impossível. Contar para quem? — perguntava-se.

E Filippo, exitoso, já na rua com os dois "companheiros", festejavam. Ele pagou dobrado por hoje. Depois passou aos dois o endereço da Hospedaria Gina e os abraçou.

FACES DE UM MESMO ROSTO

1947. Às vezes mergulhar é necessário. Necessário para ver as várias faces de um mesmo rosto. Pode surpreender quando descobrir duas, três ou mais — lados bonitos, outros hediondos.

Os hediondos se salvarão se, diante do espelho, reconhecerem-se. Certamente não está entre esses o Theodoro Fonseca. Pelo contrário, soberbo, se acha o máximo ao ver sua imagem refletida. Ele não nasceu para ser grande. O fato de ser o diretor da cooperativa da Vila do Rio já o empalhou. Encheu-se como tivesse substituído seus órgãos por palhas secas, das mesmas, aliás, que vive a fazer seus cigarros com canivete e fumo.

Lorenzo voltando da capital, sentado ao lado do doutor José Castro, o assessor jurídico da prefeitura da Vila do Rio, vinha com a cabeça quente. Pensava na papelada que traziam — duas pastas cheias com as provas do crime.

Tiveram uma densa reunião no Palácio do Governador. Estava com pressa. Queria chegar e já debulhar tudo: ofícios, requerimentos, memorandos, todas as erráticas do déspota. Mas não. Como a pressa é inimiga da perfeição em qualquer canto, ali no cafundó também o era. Tinham que pegar o rato. Então não podiam atropelar nada. O mais importante era segurá-lo na ratoeira e distribuir os dividendos aos cooperados. E caso não houvesse fundo, melhor, o numerário suficiente, que vendesse as propriedades adquiridas em seu nome ou as devolvesse.

Assim que Lorenzo chegou, Domênica veio com um envelope já aberto. Buscou e viu seu remetente: Filippo Melinni Conti, caixa postal 37, Hospedaria Gina, Sorocaba, SP.

— Uai! Se tem carta é porque não voltará. Estou certo?

— Está.

— Por quê?

— Leia e vai descobrir.

Lorenzo retirou a folha e descobriu.

— Esse moleque é maluco, Domênica — riu balançando, negativamente, a cabeça.

— Não são do mesmo sangue, mas bem que podiam. É igualzinho a um que conheço... — sorriu.

— É um maluco! Ainda nos pede sugestões? O que podemos sugerir à distância? Sei lá como é esse internato! Nunca estive dentro de um! Nem ao lado passei.

Tânia levantou bem cedo. Dino foi para sua canoa, tralhas e rio. Talvez só voltasse no dia seguinte, dormiria na casa da ilha. A mulher foi para a estação ferroviária ver a caixa postal da igreja. Pegou a *Folha Paulistana* e uma carta endereçada ao frei Giuseppe. O remetente era Filippo, Sorocaba.

Ficou curiosa. Mas abri-la, jamais. Certamente, Candinha a abriria — pensou. De que jeito ela sabia de tudo? Só podia ser por abrir as coisas dos outros — a reprovou.

Ela chegou na casa paroquial, abriu o portão e entrou. A porta do quarto do frei ainda estava fechada. Sinal, então, que dormia. Uma blusa azul feminina estava no chão da sala. Reconheceu seu pertencimento. Sorriu. Sinal de que as coisas estavam evoluindo.

Jogou os cabelos para trás e foi ao fogão. Atiçou as brasas de ontem com gravetos de hoje. Botou água na chaleira. Assim que o café saiu do coador para o bule e seu cheiro andou, o frei apareceu na cozinha com imenso sorriso.

— Nossa! Que sorriso mais lindo, frei! Esteve tão acabrunhado por esses dias, o que está acontecendo agora?

— O cheiro do seu café anima qualquer cristão!

— Mas o senhor não é qualquer um...

— Não era. Agora estou quase como você, o Dino, o Filippo... a Maria Clara — sorriu.

— Tem uma carta para o senhor, também o jornal. Estão na mesa da sala.

— Carta? — saiu para a sala já com uma xícara de café.

Sentou-se, viu o remetente e abriu o envelope. Começou a ler e a rir do que vinha.

— Tânia! — ele gritou. Tânia veio correndo. — É do Filippo. Esse moleque me surpreende todos os dias. Olha só o que escreveu!

— Posso ler?

— Claro! E pede sugestão... — riu e foi buscar mais café.

Tânia leu e riu. Riu muito. O frei voltou da cozinha e perguntou:

— Viu o que se faz quando se ama? A força de um amor incondicional?

— Sei. Claro que sei! — sorriu. — Essa blusa azul não é a da Maria Eugênia, frei?

— Veio para a aula de violão ontem, Tânia. Só isso — pausou. — Melhor eu não mentir... Só tenho uma face. Mas sabia que às vezes me sinto um hediondo?

Tânia não entendeu, não conhecia essa palavra. Olhou para ele querendo perguntar. Frei Giuseppe percebeu e...

— Francisco de Assis teve mais de uma face — pausou. — Ou não sabia? Uma de fanfarrão. Outra de santo. Rico e jovem, aprontava. Depois despiu-se de tudo. Tornou-se o santo que conhecemos e seguimos — pausou. — Mas voltando à Maria Eugênia, vou te falar com a face que tenho. Afinal, és tu minha confidente. Não vou mentir. Ontem ela esteve aqui e foi mais que o violão — pausou. — Tem razão. Fomos além das cordas. Bem mais. Amo Maria Eugênia. Ela me ama. Dom Aristides está movendo meu desligamento. Demora mais do que o celibato. — Sorriram. — Uma burocracia danada.

Calaram-se por alguns segundos. Tomaram mais café. Tânia perguntou.

— E o menino?

— O Filippo? Tenho uma ideia. Vou sugeri-la na resposta dessa carta. Só não sei se vai dar certo. Tem que ter coragem... Ser criativo... — sorriu.

— Ri do Filippo ou do que terá que fazer?

— Do que faremos... — riu mais.

— Bom, tenho que ir. Lavo suas roupas amanhã. Mas e Maria Eugênia? Não me falou dela.

— Linda como sempre — suspirou. — Está preocupada. Nossa sociedade é muito conservadora. Não aceita mudanças. Não falo pela minha. Em geral é assim. Não vê o Vaticano?

— O que tem?

— Nesse tempo, quase 1950, e ainda estamos com as missas em latim. Quem entende latim? Ninguém entende. E se entendo e falo foi porque fiquei dentro de um seminário por quase dez anos. É uma estupidez. Espero que venha logo o próximo Concílio Vaticano para discussão e mudança.

— Tenha um bom dia, frei. Fica com Deus — Tânia foi.

O frei respondeu à carta de Filippo. Enquanto escrevia, ria, depois ficava sério. O que teria nela para ir de um lado ao outro? Botou dentro de um envelope e fechou. Depois foi ao quarto, pegou um pacote volumoso e foi ao correio na estação ferroviária. Enquanto postava a carta e o pacote, Domênica entrou apressada, com um envelope lacrado nas mãos.

Cumprimentaram-se, trocaram gentilezas, também sobre os destinos das missivas. Descobriram ali que as duas iam para Sorocaba e para o mesmo destinatário, para Filippo. Ela não perguntou sobre o pacote. De volta para casa os dois conversaram sobre a paixão do, agora, moço, pela moça filha do traste. Pactuaram ajudá-los.

UM FRANCISCANO DENTRO DO INTERNATO

1947. Décimo primeiro aniversário do Internato Maria Auxiliadora. Os convites foram mimeografados e distribuídos por meio de cartas. Certos estavam, o corpo diretivo e as meninas, de que receberiam muita gente: professoras, professores, todos os familiares, religiosos e religiosas.

Um final de semana movimentadíssimo. Hora, então, de chorar, de sorrir, de matar as saudades. Seria uma festa interna, mas grande, com cantorias, projeção de filmes, apresentação de uma peça teatral, orações. Madre Benta, a superiora, estava agitadíssima, ansiosa.

Viam-na suspirando pelos corredores e cantos, porque madre Gioconda Mulinierii, diretora geral da *Congregazione Figlie di Maria*[6], com sede em Florença, Itália, chegara ao Brasil para visitar as quatros unidades do Internato Maria Auxiliadora, sob sua jurisdição. Mostrar os avanços pedagógicos e os financeiros, depois que estivera ali dois anos atrás, era seu objetivo.

Dias atrás um "palhaço" beijou Maria Clara e saiu rapidamente pelo portão lateral. Não falou se voltaria ao internato. Não trocaram qualquer palavra. Beijaram-se e só. Ele foi, mas o seu nariz vermelho como sangue ficou.

No quarto, de frente ao espelho, Maria Clara pusera-o várias vezes e riu muito. Ela tinha motivos de sobra para isso. Nem lhe disse que teriam uma festa no internato no próximo final de semana. Que bestagem! Tê-lo-ia ali em meio às colegas e apresentá-lo-ia a todas. Iriam morrer de inveja ao vê-la aos abraços e beijos. Morreriam de inveja. Miragem? Fantasia?

Madre Gioconda chegou acompanhada por um chofer de praça. Estava séria, com cara de dona do mundo, cabeça empinada, sem dar o rosto aos laterais que, em comitiva, a aguardavam. Deixou sua maleta ao pé da escadaria e voltou ao carro. Madre Helena, a designada para as noviças, a recebeu com

---

[6] Congregação Filhos de Maria.

ligeiro sorriso. Mas esta não o devolveu. Sisuda entrou na sala das professoras, professores. Puseram-se em pé para recebê-la. Ela agradeceu. Pediu que se sentassem. Era italiana, mas falava bem o português.

— Não vejo a madre Benta. Não está?

— Sim, estou! — entrou sorrindo. — Como vai a Madre?

— Bem, muito bem. Como disse o jovem escritor Saramago: "Não tenhamos pressa, mas não percamos tempo", vamos à nossa reunião? — sorriu pela primeira vez.

Foram à sala da direção. Dois ajudantes de contabilidade ajeitavam ofícios, memorandos, tabelas, comprovantes de pagamentos, enfim, o balanço contábil.

Madre Gioconda sentou-se e passou a ver um por um. Depois de duas horas a fio, chamou por madre Benta e a cumprimentou pela lisura contábil, também pelos lucros auferidos por essa unidade da congregação. A madre ficou satisfeita. Desmanchou-se num sorriso aberto. Metade das suas preocupações acabavam-se ali — sentiu.

Marcaram estarem no internato pela tarde para ver a questão pedagógica, a grade curricular própria dessa unidade interiorana e, principalmente, a extracurricular. Antes que saísse quis ver a sala onde guardavam os instrumentos, a sala de música, a dos ensaios, o anfiteatro das apresentações. Estavam impecáveis, dignas de elogios. Tudo muito limpo e organizado — a ilustre diretora geral comentou.

— Madre Benta! Gostaria de ver pelo menos um dos quartos.

— Claro! Venha!

Madre Benta caminhou até o quarto 29, o de Maria Clara, porque, em sendo o da noviça, reformado há pouco, ainda tinha cheiro de tinta.

Bateu na porta. Não respondeu. Virou o trinco e a abriu. Devia estar no pátio — ela pensou.

— Entre, madre. Olha que beleza! — Estava bem-arrumado, colcha esticada, armário e guarda-roupa organizados.

— Um capricho! — a Gioconda Mulinierii sorriu para madre Benta. — E esse nariz de palhaço? — perguntou pegando-o de sobre uma penteadeira.

— Esse nariz? Não sei... — dizia a verdade. — Lembro-me agora. Fizemos uma peça teatral. Ela usou na peça... — agora mentia.

A madre Gioconda Mulinierii voltou-se para o rosto da superiora do internato e nela colocou o nariz. Fez e...

— Veja-se no espelho, como te serviu! — riu. — Já tinha visto essa sua face? — pausou. — Podemos ter várias. Mas somente uma é verdadeira. Pense nisso, madre — pausou. — Vamos ao almoço...

Após a refeição madre Gioconda voltou. Madre Benta a recebeu, mas, depois do nariz do palhaço e suas palavras e olhares, ficara muitíssimo preocupada. Mas podia ser somente uma brincadeira, uma bobagem — reavaliava. Se a parte contábil estava bem, que era a que mais a preocupava, tinha era que comemorar. Iria esquecer esse nariz por enquanto. Seria conversa com a dona dele, com a Maria Clara, mais adiante.

Mais leve, sorridente, madre Benta estava certa de que continuaria nessa unidade como Madre Superiora. Somente perderia essa função por uma fatalidade. Não havia pendências: as contas em dia, como ela já viu; as salas visitadas; os instrumentos musicais, os quartos, tudo muito bom. E quando ela visse e ouvisse o que haviam preparado para essa comemoração, para o décimo primeiro aniversário, ficaria mais feliz ainda. Certo que ela levaria esses bons exemplos para as outras três subunidades no Brasil e, quiçá, até às da Itália.

Piano afinadíssimo, os instrumentos de cordas idem, as partituras ordenadas, os cânticos sacros e outras composições nos pedestais, sem reparos, disse a madre Gioconda. Viram a grade curricular, depois a extracurricular e, nessa, arregalou os olhos para o que viria na semana seguinte: a programação comemorativa do referido aniversário.

— Toda essa programação? — ela perguntou.

— Sim. A décima foi parecida. Só não tivemos a peça teatral.

— Mas caberá tanta gente aqui?

— No ano passado coube. E depois temos o gramado, os jardins... e nem todos os pais, as mães compareçem. Já temos essa experiência. Temos uma estudante que seus pais a esqueceram.

— Nunca vieram visitá-la?

— Em dois anos, somente duas vezes. E olha que pagam direitinho. Acho que querem, mesmo, é livrarem-se dela — sorriu. — Andou chorosa no começo, mas não mais agora. Essa é uma das que acabarão ficando como professora no internato. E é uma boa pianista. Vai conhecê-la.

— E rebeldias? — madre Gioconda perguntou.

— Não temos problemas. Às vezes há estranhamentos na chegada. Falo das noviças. Mas temos a madre Helena, aquela que a recebeu pela manhã, que sabe como nenhuma outra cuidar delas. Até hoje, veja bem, com onze anos de história desse internato, só perdemos duas.

— Perderam?

— Pularam o muro e foram. Os pais as trouxeram de volta, mas por orientação da congregação, não as aceitamos.

— Está bem. Está bem. Isso acontece até em Florença — riu. — Uma pulou dentro do rio Arno, do lado da Ponte Vecchio — pausou. — Comparada às outras três subunidades, vejo que essa é a melhor administrada. Parabéns pelo trabalho.

— Obrigada! — sorriu. — As comemorações começarão na sexta da semana entrante, às oito e trinta. Espero que a madre venha e goste — pegou em sua mão.

— Pernoito aqui em Sorocaba. Pego o trem amanhã cedo para a capital. Como fizemos aqui, faremos lá na unidade matriz. Se houver tempo, digo, se conseguir desvencilhar-me de tudo que preciso fazer por lá, volto. Será um prazer. E mais uma vez, obrigada!

Já passava das dezessete horas quando a madre Gioconda Mulinierii, a diretora geral da *Congregazione Figlie di Maria*, deixou a sala de reuniões. Acompanhada pela madre Benta, ela caminhou até o portão de saída.

Conforme o programado, a sexta de aniversário chegou.

— Bom dia! Obrigada por virem. Por aqui, entrem, por favor! — madre Benta, entre sorrisos, no portão, recebia os convidados.

— Bom dia! Como vão vocês? Fizeram boa viagem? — Outro casal de pais entrou.

— Bom dia, frei! Nossa! Vejo que nos brindará com o som desse violão? — sorriu. — Entre por ali. Ali é a ala dos religiosos. Mas em sendo um franciscano, se quiser pode ir ao gramado e jardins. Há, nessa hora, muitas aves por lá. Sabemos do gosto da sua ordem pelos bichos — ela beijou sua mão. Ele, com o capuz de sempre na cabeça, ligeiramente sorriu e foi.

— Bom dia, seu Ernesto!

— Bom dia, madre Benta!

— Sua filha é uma boa aluna.

— Quanto tempo não nos vemos! — ele explicou o motivo. — Mas não vejo a Imaculada.

E foram entrando, entrando, entrando. O recinto dos convidados encheu-se. Alguns foram ao gramado, incluindo o frei com seu violão.

Entre tantos pais e mães em abraços e beijos com suas filhas, apesar dos pesares, Maria Clara estava à procura dos seus. Desejava vê-los, esquecer as maiores rusgas e abraçá-los. Continuava com raiva, sim, mas também com saudades.

Como fazia já uma semana que o "palhaço" ali estivera e a beijara, e depois disso desaparecera, queria deixar, pelo menos nessa festa, de tê-lo agudamente na cabeça. Ainda que, sem cessar, uma dor crônica por sua falta continuasse no peito.

O sino badalou. Hora de entrarem todos e todas ao anfiteatro do internato. Em dez minutos lotou. Uma mesa grande formada por docentes do internato fora constituída. Também estavam o prefeito de Sorocaba, o delegado e o vigário geral.

Quando a madre superiora iniciava a falar, a dar boas-vindas aos presentes, madre Gioconda, a diretora, adentrou o recinto. Todos se puseram em pé. Ela sorriu, agradeceu e pediu que se sentassem.

Madre Benta passou a palavra à superiora Gioconda. Ela foi breve. Agradeceu por estarem ali e, em seguida, rasgou alguns metros de seda sobre a boa administração e a rica ação pedagógica dessa subunidade educadora.

Assim que terminou, a aplaudiram e madre Benta abriu a programação com duas alunas ao piano; depois três meninas nas cordas — dois violões e um banjo; em seguida viria um coro formado por trinta vozes; e para encerrar, teriam a peça teatral intitulada *Frei Luís de Sousa* — um drama humano do autor Almeida Garrett, de 1843.

As apresentações musicais tiraram a plateia dos assentos. Aplaudiram longamente cada uma. Mas nenhuma fora melhor do que a peça teatral do Garrett. Fora espetacular. Tocou o coração e as vivências de cada um da plateia ao retratar a vida de *Manuel de Sousa Coutinho* e da sua esposa, *Madalena de Vilhena*.

Ela tocou no cotidiano de cada um porque dona Madalena era muito supersticiosa. Quem ali não era? Crendo, ela, que qualquer sinal fora do normal seria um aviso, pressagiava tudo. A peça é um drama romântico, com agoiros e superstições, amor pela liberdade, também catástrofes e sofrimentos. Ela se dá num crescente. E nesse crescente as alunas, mães, pais, enfim, todos, ficaram com os olhos marejados. Marejados porque, circunstancialmente, se viam como parte dela. E os de Maria Clara?

Antes das apresentações a maioria estava no gramado entre jasmins, hibiscos, azaleias e miosótis. Todas essas plantas estavam em flor, lindas. Flores vermelhas de hibiscos enfeitavam os cabelos da maioria das meninas. Nos de Maria Clara colocaram miosótis azuis.

Irmã Helena passou por ela e...

— Por que até nas flores és diferente das outras, Maria Clara? — perguntou com dose irônica, enciumada talvez.

— Diferente?

— Todas com hibiscos e você com miosótis? Francamente! — maneou a cabeça, negativamente.

— Nem percebi, irmã. É só uma brincadeira entre nós. Uma colocou na outra.

— Conhecemos seu histórico. — Maria Clara sorriu. — Acha-se especial, não é? A mais bonita do internato?

— Não é nada disso, madre... — baixou o olhar. — Deixe-me quieta.

Madre Helena quis consertar a agressão. Colocou uma mão no seu ombro e sorriu. Depois a abraçou.

— Seus pais não vieram, não é?

Maria Clara lacrimejava.

— Todos já foram ao anfiteatro. Vai ficar sozinha aqui?

Maria Clara não respondeu. Mas se via que gostaria de ficar. Melhor amargar suas dores solitariamente. A madre voltou e...

— Desculpe-me pela grosseria. Estou enjoada daqui. É isso. Acho que preciso ir para um outro lugar. Ver gente nova, outros olhares e sorrisos. Aqui está tudo pronto. Ficou mecânico. Sem alma — foi aos cabelos e arrumou uma das flores que o vento ameaçava derrubar. — Esse azul do miosótis é ímpar, sem igual. Sabia que essa flor significa recordação, fidelidade, amor verdadeiro? Também é conhecida como "não-me-esqueças" — sorriu e foi.

Maria Clara ficou ali sozinha. Todos estavam no anfiteatro. Em seguida deixou o jardim e entrou no corredor que, por um lado, dava às salas de aulas, ao anfiteatro e, por outro, aos quartos. Nele, abruptamente, parou quando se viu isolada. Sentiu-se perdida. Chorou. Queria sair dali, pegar o trem e voltar para sua cidade, seu rio, para a "pedra furada", suas árvores, suas amigas de verdade, as cantorias com sentimentos verdadeiros junto ao frei Giuseppe e Filippo no coreto.

Retirou todos os miosótis dos cabelos e os jogou em um vaso do corredor. Arrumou os cabelos que, em parte, vinham na testa e os arrumou sobre os ombros. Eram longos, levemente ondulados, claros, lindos. Enxugou as lágrimas.

Virou-se para ir ao anfiteatro, mas não conseguiu mudar os pés. Não o fez porque o frei franciscano que viera com o violão para o festejo a apanhou no colo. Ela gritou de susto. Depois, com delicadeza, ele, sob seu capuz, a beijou. E nos seus braços foi levada ao seu quarto, o 29. Ali ele retirou seu capuz franciscano. Trocaram sorrisos, palavras, abraços, mil beijos. Fizeram planos. Riram. Filippo recolocou o capuz. Despediu-se e foi antes que a peça teatral terminasse.

Minutos depois Maria Clara deixou o quarto e foi ao anfiteatro. Quando entrava aplaudiam. Não a ela, mas aos atores e atrizes da peça encenada, que à frente se posicionavam para agradecer.

Madre Benta subiu no palco e cumprimentou todos. Fez breve resenha sobre a importância, ainda hoje, do autor Almeida Garrett, que em 1843 escreveu esse drama humano, distante no tempo, mas, ao mesmo tempo, contemporâneo.

Os ausentes Maria Clara e Filippo, ainda que não tivessem visto a peça, de dramas humanos, bem entendiam.

No dia seguinte, sábado, o silêncio reinava no internato. Todos se foram. No quarto, Filippo e Maria Clara combinaram novos passos. No sábado ele, que nada sabia de violão, o devolveu à dona Gina da hospedaria.

— Que magnífico empréstimo! Obrigado, dona Gina! — beijou sua face e saiu correndo pelo corredor até o quarto.

Antes de deixar a hospedaria e pegar o rumo da estação de trens, Filippo foi para a sala do café. Ao entrar deu-se com a madre Gioconda Mulinierii. Ela conversava com uma servidora. Como se nada soubesse sobre ela, ele chegou...

— Bom dia! Como vai?

— Bom dia, meu jovem! Será que o conheço? — bebericou café da xícara.

— Talvez... — ele sorriu. — Vi a senhora ontem na festa de aniversário do internato.

— Não me lembro de tê-lo visto. Estava com seus pais visitando uma irmã, talvez?

— Mais ou menos... — ele sorriu. — Visitei uma amiga íntima, muito íntima. Mas não posso continuar. Preciso correr até a estação. Meu trem passa daqui a pouco — levantou-se para ir.

— Pelo sotaque vejo que não é brasileiro! Que é um italiano? Acertei?

— De Aosta! — começou a sair. — E a madre é de Florença.

— Guardou? — sorriu.

— Madre! Preste mais atenção no que ocorre dentro dos internatos. No daqui soube que duas pularam o muro nos últimos tempos — pausou. — E nem queira saber o que aconteceu ontem... Converse com a madre Helena, com os miosótis. Se a senhora souber, vai fechá-lo... E cuidado, não com o nariz do palhaço, mas com o dono dele! — sorriu já na porta de saída. — Que seu navio de volta à *nostra* Itália navegue em águas tranquilas. Vá com Deus, madre! — pegou sua sacola e foi.

A madre Gioconda devolveu sua xícara ao pires. Não conseguia engolir. Que conversa enigmática foi a desse jovem! Cuidado com o dono do nariz do palhaço? Como ficara sabendo? Entrou nesse quarto? — perguntava-se. Ela deixou tudo sobre a mesa e voltou ao internato. Esteve com a madre superiora e com a das noviças, a irmã Helena. Mas saber sobre o que conversaram ninguém soube.

Filippo pegou o trem e voltou para a Vila do Rio. E no trem foi lembrando dos feitos. Queria chegar logo e contar tudo ao frei Giuseppe. Também devolver o hábito franciscano que ele lhe emprestara. Fora de ótima serventia, decisivo.

COM AS PROVAS DO CRIME NAS MÃOS

1948. Fevereiro. Lorenzo e o advogado esmiuçaram a papelada que trouxeram da capital. O douto José Castro garantia que estavam com as provas do crime. E Theodoro Fonseca nem sonhava. Tanto que vivia especulando, às vezes pressionando um e outro para vender sua propriedade.

E o Samuel Neves, o do sítio da Água Branca, que recebera uma condução como entrada sobre a venda do seu sítio, estava às turras. A segunda parcela em dinheiro não ocorreu. E a propriedade com mato em pé que ele adquiriu além do rio Ivaí, com bom sinal em espécie na assinatura do contrato, estava para perder.

Lorenzo anteviu, aconselhou Samuel, mas empolgado em crescer, que poderia até quadruplicar em alqueires, não deu ouvido. Agora corria atrás do picareta.

A venda do Diogo estava cheia. Era final de tarde, quase noite. Lorenzo estava ao balcão com a professora Elisa. Dino Mekelê com suas cartas esperava por companheiros. Como os do carteado não apareciam, ele pediu atenção para um fato ocorrido dias atrás com o amigo Zé Rufino. Deixaram as conversas do balcão e voltaram-se a ele. Mas antes mesmo de começar a contar, o pescador já ria. Sinal de que teria graça.

— Olha, gente. Não é brincadeira. Não sei se ficaram sabendo, mas isso aconteceu de verdade, faz, acho, uns dez dias. O Zé Rufino, que tá ainda vivo e que tão cedo espero que não vá, pode confirmar... — riu. — Ele chegou lá em casa bem cedo. A Tânia coava o café. A conversa comigo foi assim:

— Bom dia, Dino!

— Cedo assim? Entre, Zé! Senta que o café tá saindo do coador.

— Não posso. Tô mais apertado que uma barrigueira de arreio.

— Se for dor de barriga, a privada é lá fora — apontei o dedo.

— Não, Dino. Hoje eu já caguei.

— Uai! Então não tô te entendendo...!

— É o seguinte, Dino... Preciso da sua ajuda. Recebi isso — retirou um papel do bolso. — Pode ver que é uma intimação do delegado Trombetas. Tem o dia e a hora que preciso estar na delegacia. Nunca entrei numa delegacia. E sem contar que não confio nesse delegado que vive de caso, de cochichos com o peste do Theodoro da cooperativa. Não quero ir sozinho.

— Fica sossegado. Vou contigo, Zé. Mas foi intimado por quê?

— Por causa de um poste que o Serra-Pau, o nosso prefeito, enfiou num lugar errado. O poste do telefone que está chegando aqui na cidade. Enfiou na esquina, quase na rua. Eu bebi umas no Diogo e abri demais o caminhão. Aí o para-choque dele bateu e quebrou o poste. Diz o prefeito que tenho que pagar. A intimação é por isso. O que você acha de testemunhar?

Todos do entorno do Dino riam, aliás, gargalhavam.

— E então? — Lorenzo perguntou. — Foi ou não?

— Não fui — riu.

— Não? — uníssonos, perguntaram.

— Mas por que se são amigos? — Diogo e todos queriam saber.

— Porque eu falei que testemunharia favorável ao poste — riu e todos o acompanharam.

Enquanto riam, Theodoro Fonseca apareceu na porta da venda. Tinha nas mãos seus cativos acompanhantes: uma palha de milho, um pedaço de fumo e o canivete. Vendo aquela alegria toda, quis logo saber:

— Qual é a anedota? — perguntou alto.

Entreolharam-se. Esperaram que o Lorenzo respondesse, já que quem perguntava era o diretor da cooperativa. E bem quando o ceramista ia abrir a boca, Samuel Neves estacionou sua condução bem em frente à porta da venda. Sabedores, todos, da pendência do Theodoro pica-fumo com esse chegante, Lorenzo esperou pelo desfecho que poderia vir.

Samuel entrou de cara fechada, testa franzida. Os do salão engoliram os risos. Fez-se silêncio. Ele pediu uma cachaça à Ana Flor. Derramou um pouco ao santo e virou o cálice numa só pancada. Tossiu. Arrepiou-se e foi ao que viera fazer.

— E então, pica-fumo? Vai ou não vai me pagar o que me deve pela compra do meu sítio? — falou com voz grave e olhos faiscantes.

— Devo e não minto, seu Samuca da Banha!

— Então paga, seu lombriga de porco-espinho!

— Pagamento em dinheiro, por agora, não! Se tem pressa, procure seus direitos — respondeu com descaso, picando fumo.

— Já perdi uma vez para um filho da puta de um carcamano lá em Juiz de Fora. Não vou perder para outro aqui na beirada desse rio. E tem mais, pica-fumo! Antes eu matava porco-caruncho para extrair banha. Aqui eu mudei de profissão. Prometi não matar mais nenhum. Mas se eu tiver que desfazer de um, e como desisti de banha, jogo o porco vivo de cima de uma das pontes. Aí a piranhada vai fazer a festa.

— Homem para fazer isso comigo ainda não nasceu, Samuca.

Samuel Neves deixou o balcão e foi para cima do Theodoro. Este se levantou e o esperou com o canivete corta-fumo na mão direita e o braço estendido. Dino Mekelê, como um gato, pulou em cima e desarmou o Theodoro. Os deixa-disso atravessaram. Lorenzo saiu com o Samuel para um lado, Diogo com o Theodoro para outro. Ana Flor soltou uma garrafa de cachaça e a discussão cessou. Lorenzo, no outro dia, enquanto o café matinal ia, contou à Domênica e ao Filippo a encrenca na venda. Os três jogaram fel no déspota.

Filippo já tinha relatado ao frei Giuseppe e aos dois sobre sua estada e as peripécias no internato. Logicamente que filtrou parte, a mais importante. Contara o possível. Ainda que tenham reprovado parte, tanto o frei quanto seus pais riram. E na conversa com os pais, Filippo soube que André, o filho mais novo do delegado Trombetas, dia desses também pegou o trem para Sorocaba.

Domênica soube pela boca de Tereza, a mãe de Maria Clara, que o moço dera com a cara de uma freira brava, ardida como pimenta-malagueta. Discutira com ela. A tal o botou para correr rua abaixo. O pretendente saiu corrido e sem ver a moça. Por fim Lorenzo e Domênica falaram ao filho que ficasse atento.

Depois do entrevero do Theodoro com o Samuel Neves na venda do Diogo, assim que a conversa com Filippo terminou, Lorenzo correu ao doutor Castro na prefeitura. Ele informou que as provas estavam organizadas cronologicamente. Quase tudo pronto, faltando tão somente formalizar a acusação.

Combinaram a data com um calendário nas mãos. Seriam dias duros para o diretor da cooperativa. Não podiam errar porque Theodoro era mancomunado com o delegado Trombetas. Eram do mesmo lugar. Amizade antiga. E Maria Clara prometida ao filho André.

— Como pensa em fazer, doutor?

— Trouxe seus óculos? — passou uma folha datilografada.

À Promotoria de Justiça

Em base a fatos e provas apresentadas no corpo do que se apresenta, encaminho à 3ª Promotoria de Justiça da comarca onde repousa o município Vila do Rio denúncia criminal contra a Cooperativa Agrícola e o seu Diretor, o senhor Theodoro Fonseca Mazotti, por irregularidades quanto a não prestação de contas e distribuição dos seus dividendos, assim como seu uso indevido. A farta documentação apensada, a maioria assinada pelo diretor em epígrafe, alicerça os reclamantes e, certamente, constituir-se-á em prova cabal dos seus atos delituosos. Pedem, os cooperados, julgamento, mas, de imediato, o afastamento, ainda que em caráter liminar, do diretor, assim como de todos os membros do seu conselho, para que essa prática possa imediatamente cessar. Também bloqueio de aporte financeiro à altura dos dividendos que não distribuiu aos cooperados, assim como, para pagamento de seus credores, os que venderam ao supra propriedades rurais.

As cópias das escrituras dos sítios anexadas, todas em nome do senhor Theodoro Fonseca Mazotti, organizadas cronologicamente, mostram, na linha do tempo, a dimensão dos desvios de recursos da cooperativa.

Atenciosamente,

<u>Doutor José Castro</u>

Advogado constituído

— Ele vai ficar demonizado.

— Aqui se faz, aqui se paga, Lorenzo. Temos que dar fim à sangria da cooperativa.

— Fiquemos de olho no Trombetas. São da mesma laia. Tramam tudo.

— O delegado eu não sei. Mas esse da cooperativa vai ser condenado. Além dos sítios comprados com os dividendos dos cooperados, também adquiriu um lote urbano. Ele queria dois, mas o proprietário só vendeu um.

— Eu o conheço. É o Samuel Neves. Vendeu, também, seu sítio. Recebeu uma condução de entrada e mais nada. E falou ontem que deve, mas que não pode pagar. Um crápula.

— Posso tocar em frente?

— Agora que sabemos, temos que dar continuidade. Senão seremos nós, no futuro, os acusados. Não é assim?

— Conivência também é crime.

— Então...! — Lorenzo arregalou os olhos.

— Vou encaminhar.

Preocupado, Lorenzo deixou a sala do doutor Castro, mas satisfeito. Tinham que tomar uma atitude, frear.

O advogado encaminhou. Três semanas depois um oficial de justiça bateu na porta do Theodoro com um mandado. Ele tomou conhecimento. Maltratou o oficial. Xingou o mundo. Falou que era amigo do delegado da Vila do Rio e de dezenas de influentes na capital. No mandado havia dia e hora para comparecer à Vara Criminal da Comarca. Relutou em assiná-lo, mas o oficial o convenceu.

RESGATE

1948. Tânia chegou cedo na casa paroquial com duas cartas para o frei Giuseppe. Uma vinha do papa Pio XII, outra de Dom Aristides. Seu coração disparou. Ficou trêmulo. Seu destino estava nelas — pensou. Foi na do papa. Era curta. Poucas linhas decidiam sua vida. Autorizava deixar o sacerdócio. Mas quem a assinava era Dante Nepomuceno, um "porta-voz" do vaticano. Depois foi na segunda. Era longa e sinuosa. Dom Aristides iniciava-a lembrando de um certo Francisco fanfarrão. Trouxe fatos dele, das suas extravagâncias com seus amigos. Em seguida, de um outro Francisco. O do bem, o descalço, o despojado, o generoso, o Francisco de Assis, o santo.

Na carta também vinha filosofia. Apontava que um retiro breve, de vez em quando, poderia ser necessário para, distanciado, ver não só a casa, mas ela com todos os seus contornos e entornos. Falava de repensar, sopesar. Refletir sobre o já vivido, o feito, as consequências do desfeito. Falava que a felicidade podia estar ao seu lado, com morada sólida, mas que por vezes não se vê. Seria necessário esvaziar o copo para voltar a enchê-lo? Dom Aristides partilhava seu ponto de vista, e ao fazê-lo, revelava sua motivação e seu desejo. O desejo de vê-lo feliz.

— E então, frei? Quero saber sobre as duas cartas. Leu, releu e não conta?
— Falar o quê? — iniciou devolver as folhas aos respectivos envelopes. — Não tenho nada para falar. Tenho é no que pensar. Tomar uma decisão.

Quando enfiava as folhas, ouviram palmas no portão.
— Marcou alguma reunião agora, frei? — Tânia perguntou
— Não. Deve ser algum vendedor ambulante.

Tânia foi atender. Era Filippo. Nero o acompanhava. Chegava apressado com uma carta na mão. Seus olhos estavam reluzentes. Entrou e foi diretamente até a cozinha. O frei retirava as folhas escritas por Dom Aristides para reler.

— Bom dia, frei! Sua bênção — beijou-lhe a mão direita.

O frei devolveu as suas folhas ao envelope.

— Olha o que chegou lá na minha casa — passou a carta.

O frei a abriu, começou a ler e foi arregalando os olhos. Tânia o acompanhava.

— Menino do céu! — exclamou em voz alta. — E agora? Vai ser uma tempestade com ventos e granizos! Quem sabe sobre isso?

Tânia estava curiosíssima. Mesmo não fosse uma Candinha, como queria saber, logo, o que era.

— Nossa, gente! Fala logo! O que aconteceu? Meu Deus!

— Seu pai, sua mãe já sabem?

— Não. Eles só abrem as cartas deles. Respeitam meus bilhetes, minhas coisas.

— Se o internato é rígido como me contou, como ela conseguiu postar, digo, enviar?

— O pipoqueiro. Virou nosso amigo — pausou. — Mas o que devo fazer, frei?

— Se você ler essas duas cartas que recebi agorinha e me disser o que devo fazer, te respondo! — sorriu e pausou. Olhou para Filippo, deu-lhe a mão e o puxou para junto de si. O abraçou.

— E então, frei?

— Sinto-me culpado, sabia? A sugestão que te dei não era para tudo isso. Foi longe demais, rapaz — pausou. — Não imaginava que ia atravessar a linha... Avaliei mal. Usou meu hábito para fazer isso..., Filippo? — maneou, negativamente, a cabeça.

— Vixe!!! Já pesquei... Nem precisam me contar.

— Só porque é a mulher do Dino pescador, acha que fisga quando quer? — o frei sorriu.

— Por isso não achei sua batina suja... Não estava com o senhor... — entortou a boca e arregalou os olhos. — Sim, senhor, hein, frei! De conchavo com esse aí, mandou-o para Sorocaba? — pausou. — Querem apostar que mato a charada, que sei bem o que tem nessa carta?

— O quê? — Filippo a desafiou.

— Você engravidou a menina. Vestiu a roupa de frei, entrou no internato e fizeram amor dentro do internato! — falou exclamativa e, malandramente, riu.

Os dois arregalaram os olhos. Que inteligente era Tânia. Esperta como um serelepe. O Dino que abrisse os olhos. Depois de breve pausa, Tânia voltou...

— Querem saber mais? — ficou esperando a resposta. — Gostei do resultado. Quero só ver a cara do safado do Theodoro Fonseca, aquele salafrário que desrespeitou Anabela.

— O que ele fez com ela? — o frei perguntou.

— Se é nosso frei..., o frei de todos, nunca confessou ao senhor? Não chegou aos seus ouvidos?

— Quem?

— O Theodoro. Quem mais poderia? — pausou. — Não quero falar sobre isso. Passou. Tenho dó da Tereza. É uma coitada. Mas se vingar do traste é muito bom. Já está fora da cooperativa respondendo a um processo e agora mais esse acontecimento.

— Nossa, Tânia! Não sabia desse seu lado ferino. Achei que era uma santa — o frei sorriu.

— Aqui se faz, aqui se paga, frei. O Theodoro é um desgraçado!

— Há muitos, Tânia. Muitos. Morreram milhares na guerra que acabou há pouco por causa deles. Mas se reproduzem como ratos.

— Faço o quê, frei? — Filippo reiterou.

— Mostre aos seus pais. Vão se assustar, mas também entender. Aposto que, ao fim, te abraçarão.

— Poderia estar comigo?

— Lá ou aqui?

— O que o senhor sugere?

— Na sua casa.

O frei acabara de decidir o seu rumo. O ocorrido com Filippo e Maria Clara o ajudara. Todos os vieses ficavam para trás. Maria Eugênia tirava-lhe, para sempre, seu hábito franciscano. Tê-la-ia nos braços como Filippo teve Maria Clara no internato. Continuaria um franciscano nos seus costumes, afazeres, práticas humanas, mas não mais como um frei, um sacerdote. Viveria com o amor da sua vida.

Filippo foi para sua casa. Com ele ia o conforto dos apoios do frei e da Tânia. Mas como iniciaria essa conversa com seu pai e a sua mãe? Que reação teriam?

Lorenzo e Domênica não eram contra a união dos dois. Pelo contrário, até lhe deram dinheiro para todas as despesas que teria em Sorocaba. Abasteceu-se nesses pensares enquanto caminhava.

Na caminhada encontrou com amigos, amigas, até com a professora Elisa. Embora os cumprimentando, fechou-se em copas porque a cabeça estava borbulhando — ele ali e ela lá no internato.

Era quase meio-dia. O portão estava aberto. Teria alguma visita? Seriam o frei e a Tânia? Como assim, se saiu primeiro?

Entrou devagar. Estava tudo meio quieto. Seu pai era de falar alto. Então não estava. Sua mãe conversava com dois, que pelo timbre das vozes, não os reconhecia. Mas ao se aproximar, Filippo os identificou.

Visitava sua casa o menino Humberto, o "Dois", e o Santana, o "Coxo", seu tio. Filippo não esperava. Arregalou os olhos. Não acreditava que poderiam estar com notícias dos dois tios. Nero resmungou.

— *Dio santo!* Bom dia! — Filippo chegou e desejou.

— Bom dia — uníssonos, devolveram.

— Nossa! Que visitas ilustres, mãe!

— Estão a dizer que são seus amigos. Amigos breves, mas são — sorriu.
— Tanto que vieram até aqui.

Santana Costa retirou o pedaço de papel do bolso e...

— Viemos porque acho que sabemos onde pode encontrar seus tios.

— *Mama mia! Dio Santo!* Onde? — Filippo saiu da cadeira.

Que turbulências esse menino moço vivia. Quantas notícias alvissareiras. Águas turvas, águas limpas, todas misturadas ao mesmo tempo.

Como ventos uivantes a varrer, misturar, quebrar galhos, mudar as coisas de lugar, ou uma chuva mansa, fresquinha, que aconteciam ali e agora. O coração de Filippo batia descompassadamente.

— Filippo! Achamos que seus tios estão dentro de um circo.

— Circo?

— Não temos certeza, mas passou um com dois palhaços com sotaques italianos. Não acha muita coincidência dois juntos?

— Que circo? O nome?

— Maximus.

— Mas esse circo esteve aqui. Faz tempo. Os palhaços não conversavam. Faziam mímicas, peças sem o uso de palavras. Aqui cortaram uma cadeira e não abriram a boca, como fossem o Charlie Chaplin. Tem certeza que tinha dois palhaços?

— *Bella Vita* e *Vita Bella*, esfarrapados.

— Viram-nos assim?

— Os dois rasgados. Eles são o sucesso do circo. E pouco abriram a boca. Só que o circo já foi embora. Não consegui te avisar em tempo. Meu chefe não me deu licença para vir até aqui. Podia perder o emprego.

Almoçaram ali e foram para a estação de trens. Filippo com os pais ficaram a matutar como encontrar esse circo neste país imenso. Mas por outro lado, achavam que poderia estar perto porque não teria dado tempo de ir longe.

Se era urgente encontrá-los, também o era estar pessoalmente com Maria Clara grávida. Precisava encarar os pais e contar sobre ele, ela e o bebê. Foi ao quintal, pensou, repensou. Voltou decidido.

— Pai, mãe... Preciso falar com vocês. O senhor tem que estar no escritório agora? — perguntou olhando-o.

— Você acreditou na conversa desses dois desconhecidos?

— Não é sobre esse assunto, pai. Os meus dois tios podem esperar, já que eu os esperei até agora. É sobre outro muito, mas muito mais urgente.

Domênica, que da cozinha escutava, veio e sentou-se ao lado do filho. Sentou-se e pegou nas suas mãos. Estavam frias e úmidas. A face pálida. Não o viu assim nem dentro do trem da Sorocabana quando, clandestino, viajara, casualmente, ao seu lado.

— Está me assustando, Filippo. Fala logo o que é! — esfregou suas mãos nas dele.

— Não sei por onde começar, mãe...

— Pelo começo, filho... Vamos...

Alguém bateu palmas no portão. Lorenzo foi atender. Era o frei Giuseppe e Tânia. Vieram sem avisar, sem hora marcada, nada. Lorenzo estranhou. Será que para a mesma questão do filho? — perguntou-se.

— Boa tarde, Domênica, Filippo! — o frei e Tânia, uníssonos, os cumprimentaram.

— Sentem-se — Domênica ordenou. — Chegaram em boa hora, eu acho. É que o Filippo está a nos dizer que tem um grande problema. Então, se é tão grande assim, que sorte termos a presença do frei e da amiga Tânia — sorriu. — O que acha, Filippo?

Os dois chegantes sabiam, "dessa missa", a homilia e todos os seus cânticos porque Filippo estivera há pouco na casa paroquial.

— Já sabemos, seu Lorenzo, dona Domênica. O Filippo já nos contou. E para ser sincero, eu sou o culpado... Mas, por outro lado, sabia que não me arrependo? — o frei se colocou.

— Não sei do que fala, frei. Está a falar por parábolas, metáforas, códigos? Fala do quê? Vá direto ao assunto — Lorenzo pediu.

— Desculpe-me ter atravessado. Achei que o Filippo já havia contado — o frei olhou para Filippo. Foi um olhar pedinte.

— Esperem! Pai, mãe... Vou direto: a Maria Clara está grávida.

— Grávida? — Lorenzo e Domênica reagiram arregalando os olhos e levantando-se das cadeiras. — Como assim? Como isso foi acontecer, filho?

Eles sabiam como foi. Filippo contou aos pais quando voltou de Sorocaba, sobre a "petulância" do frei ao emprestar-lhe a roupa. Só não esperavam que já numa primeira vez, uma aventura dentro de um hábito de frei, assim, num estalar de dedos, já engravidasse a moça.

Lorenzo levantou-se da cadeira, olhou para Domênica completamente atônita e, quando ia falar, Filippo atravessou:

— Pai... Antes que o peste saiba, preciso resgatar a Maria Clara. Se ele descobrir, pode ir até lá e sumir com ela. Também prejudicar o bebê.

— Já vi casos de pais botarem a filha dentro desses conventos fechados, que nem luz se vê. São os "Conventos Morcegos" — pausou. — Sabe o que eu penso? Se o frei te botou lá dentro, que apresente uma solução. Que tenha uma ideia para retirá-la. Tem que ser assim porque barriga de grávida não mente. Frei, precisamos resgatar a menina antes que o Theodoro e Tereza descubram.

Conversaram por mais de duas horas. Combinaram uma estratégia. Não podiam errar. E teria que ser feio às escondidas, em absoluto sigilo.

Uma semana e meia depois, chegaram ao portão do internato, um frei e uma freira. Irmã Helena estava lá, posta como em todas as manhãs, para dar entradas às professoras e professores.

— Bom dia, irmã! — o frei desejou.

— Bom dia, frei! Bom dia, irmã! — sorriu. — Entrem, hoje temos vinte meninas para confessarem. Conversamos isso com elas desde a semana passada. Estão preparadíssimas... Sabemos todos que, nessa idade, batem asas e voam, não é mesmo? Se não cuidarmos, acham que confissão é só um bate-papo como se estivessem no banco da praça — sorriu. — Mas aqui não tem essa não, nossa superiora é rígida.

— Que bom, irmã! Que bom. Essa aqui é a freira Tânia — mentia.

— Acho que nunca nos vimos... Nem o senhor e nem essa irmã.

— Não é a primeira vez que estamos aqui, irmã. Sou o frei Giuseppe. Estivemos ano retrasado, num dos aniversários do internato. Somente não nos encontramos — mentia novamente.

— Estranho. Nunca saio desse portão — sorriu. — Mas deixemos para lá... É que vocês franciscanos, com essa touca afundada na cabeça, quem poderá guardar as fisionomias? — sorriu. — O que importa são as confissões. Vou fechar esse portão e venham comigo — cadeou-o e pegaram o corredor.

Três horas depois as vinte confissões da agenda estavam concluídas. Frei Giuseppe e a "freira Tânia" despediram-se da irmã Helena e se foram.

Uma segunda que entrou "pagã" na sala do confessionário, a Maria Clara, e, momentos depois, dentro do seu quarto vestiu-se com um hábito de freira, fazendo-se de religiosa, saiu pelo portão lateral quando o pipoqueiro e o sorveteiro de todos os dias adentraram o pátio do internato. De hábito, ninguém desconfiou que se tratava de uma farsante.

Pronto. O serviço fora feito. O que não vale fazer para salvar um amor? Maria Clara estava fora do internato e longe das garras do espúrio do seu pai.

Na Hospedaria Gina, Maria Clara trocou de roupa. Retirou o hábito de freira que o frei e a Tânia haviam lhe arranjado e colocou a sua. Filippo, que ansioso como nunca a esperava na hospedaria, a beijou docemente. Sequiosos, jogavam-se com seus corpos e almas ao amor que sentiam.

COM OS BURROS N'ÁGUA

1948. Theodoro Fonseca levantou furioso. Chutou o traseiro do seu cachorro. Tereza se espantou. Nem bem virou um gole de café, saiu bufando. Bateu palmas. Tirou o delegado Trombetas e Roberta, sua esposa, da cama. Entrou. Conversaram sobre o resultado negativo do processo movido pelos cooperados. Queria ver com a autoridade um jeito de recuperar, pelo menos em parte, o que fora obrigado a devolver.

Sem saída aparente, Theodoro bateu na mesa. Humberto e André, filhos do delegado, acordaram com o murro na mesa e saíram da cama. Roberta correu para o fogão — iniciou passar um café para acalmar o amigo. Tomaram em meio a algumas alternativas, possibilidades. Ao final, o delegado descartou todas. Considerava perda de tempo e, pior, custas que o amigo teria com advogados. Fizeram minutos intermináveis de silêncio. Theodoro virou um resto de café da xícara e...

— E você, André, que até já esteve no internato em Sorocaba, que penso então estar deveras interessados na nossa Maria Clara, que pegue o próximo trem e busque a menina, rapaz! É ou não é um macho? — pausou. — Faço uma procuração, assino-a, carimbo e reconheço no cartório do Jesuíno para dar veracidade. Entre no próximo trem e traga minha filha. Aí vocês se casam e essa questão fica resolvida. Topas ou vai mijar fora do penico? — arregalou os olhos.

Ficaram todos de boca aberta. Mais ainda o André, que, mesmo com já duas xícaras de café, ainda se espreguiçava. Mas com um solavanco desse tamanho, quem não acordaria? Até curiango, aquele pássaro noturno, ainda que cego na claridade, com um tapa, voa. André estava atordoado.

— André! Não vai responder? — o pai perguntou.

— Eu me casar agora, assim, com essa pressa?

— Quer que ela fique com o bastardo? E tem outra: não sei até onde vou com esse processo. Uma parte terminou, mas tem outra andando. São duas ações. Uma dos cooperados e outra de umas terras que comprei. Uns idiotas comedores de minhoca da beirada desse rio. Na verdade, não comprei. Requeri uso de lavra do subsolo argiloso. Está valorizado para montar cerâmica. Como não sei onde isso vai parar... — pausou. — Passo essa lavra para o seu nome porque posso até ser preso. Entendem? Aí fica difícil. — olhou nos olhos de todos. — E então? — agora olhou somente nos do André.

— Eu gosto da sua filha... Mas...

— Mas...? Que mas, rapaz?

— Seu Theodoro... Acho que a Maria Clara não gosta de mim.

— E precisa? Essas moças de hoje não sabem de nada. Depois de casados, é só dar uns trancos e toma gosto. Tereza casou comigo meio forçada. Hoje ela gosta mais de mim do que eu dela.

Hipócrita. Cafajeste. Espúrio. Palavras faltam para lavrar a qualidade desse desqualificado.

— Quer pensar melhor, André? — seu pai socorreu.

— Lembra da Toninha saia-rasgada, lá do colégio em Sorocaba? Acabou, ainda que sem seu gosto, se casando com o filho do Franciscão, o mais rico da cidade. Hoje ela está no bem-bom. Tem até carro com motorista particular — Theodoro falou.

— Está bem, seu Theodoro. Mas por que não vai o senhor buscar a Maria Clara?

— Proibiram-me sair. Olha esse despacho — passou uma folha cheia de carimbos — Viu? Não posso me ausentar do estado do Paraná.

— Então eu busco. Pode fazer essa tal de... procuração.

— Faço hoje e você pega o trem, já, amanhã. De volta, falo com o frei Giuseppe e já marcaremos o casamento.

— Trazer eu acho que consigo porque deve de estar com saudades daqui, mas se casar, casar, isso eu já não sei se ela aceita. Ela pode embirrar.

— Já viu quando uma mula empaca com uma carroça numa subida? Você desce, a acaricia, fala com ela, pega o cabresto e começa a andar na frente dela.

Ela te vê e acha que está, também, a puxar a carroça. Ela desempaca e puxa. Mula, burro e gente empacada só se diferenciam na quantidade de pernas.

Estavam de bocas abertas e as orelhas doendo de ouvir tantas asneiras. Sabiam que era um grosso, mas não com esse calibre.

Theodoro fez a procuração no cartório do Jesuíno com carimbos e assinaturas. Ela dava, na forma da lei, poderes ao André Trombetas para cancelar a matrícula da Maria Clara no Internato Maria Auxiliadora, pegar seu boletim de notas, uma guia de transferência, encerrar sua estada, pagar as despesas, e, por fim, trazê-la.

André pegou o trem e foi para Sorocaba. Que coisa maluca acontecia na sua vida? — ele pensava enquanto o trem ia. Gostava da Maria Clara, mas jamais como esse seu futuro sogro pensava sobre as mulheres, chegando a comparar gente com mulas, burros. Que insanidade!

Chegou cedo na estação ferroviária em Sorocaba. Conferiu o endereço. Às oito em ponto já estava junto ao portão da entrada do internato. Uma irmã paramentada chegou.

— Pois, não! — ela se prontificou.

— Eu sou André Trombetas.

— Não sabia seu nome. Mas me lembro de tentar entrar aqui na marra tempo atrás. Dei-lhe um carreirão..., não foi? — arregalou os olhos.

— Desculpe-me pelo mau jeito daquele dia. Agora venho oficialmente. Trouxe esse papel carimbado e assinado. Meu pai é delegado na Vila do Rio.

— Cidade de uma interna nossa. Eu sou a irmã Helena.

— Então... É uma procuração concedendo-me poderes para levar essa interna de que falou. Maria Clara é o seu nome. Pode ver na procuração. Está nos conformes do cartório da comarca.

A irmã pegou, leu e releu. Franziu a testa. Murmurou algo que o André não entendeu.

— Aguarde-me aqui, por favor... Mas do lado de fora — cadeou o portão.

Já fazia mais de uma hora e a madre não voltava. Ansioso, ele andava de um lado para o outro. Via também uma equipe de pedreiros trabalhando no muro da instituição. Uma vizinha vendo sua inquietude chegou.

— Bom dia! Vejo que já faz mais de hora que está aqui.

— Esquisito. Uma irmã me atendeu e me disse para esperar. Mas está demorando.

— Não sei se posso te perguntar. Mas veio fazer o quê?

— Vim buscar uma amiga. Ela estuda aqui. Não deu muito certo, então o pai dela me pediu para levá-la de volta para sua casa.

— Mas assim de mão abanando não vão te dar a moça. Trouxe algum documento?

— Claro. Uma procuração e os meus documentos pessoais. Estão com a irmã.

— Então é só aguardar. Boa sorte! — sorriu e foi.

Duas horas depois duas irmãs chagaram ao portão. Pediram que entrasse. Levaram-no à sala da madre Benta, a superiora. Ele sentou-se. Um café e um copo d'água vieram em seguida. E depois, uma informação:

— Maria Clara não está mais neste internato, meu filho — madre Benta, sem rodeios, informou. — E como aconteceu, não sabemos. Mas como já duas pularam o muro deste internato, trabalhamos com essa hipótese. Coisa de cabrita, entende? — pausou. — Tanto que, não sei se viu, temos uma equipe de pedreiros levantando nosso muro. A ideia de ter sido um resgate foi descartada. Nenhum estranho nunca entrou aqui. Tudo é muito bem vigiado.

— Ela pulou esse muro com essa altura? — André arregalou os olhos.

— Não vimos. Mas que outra coisa? A família da menina receberá uma carta hoje ou amanhã. Nela eu explico o que, infelizmente, aconteceu. Uma pena. Deve ter pulado porque quem sai pela porta leva tudo. Ela deixou todas as suas coisas de uso pessoal no quarto: roupas, sapatos, chinelos, pentes, tudo. E tem mais... Ela fez um boneco, como fosse um manequim, o deitou na cama e o cobriu. Fez para fingir-se ela. Não foi às aulas, não foi ao refeitório, então fomos conferir. Aí descobrimos a trapaça. Essa moça é uma trapaceira! Uma embusteira do diabo! — desculpe-me pelo... É que estou revoltada. Fez-nos de palhaças!

André ficou mudo. Não abriu a boca. A madre superiora devolveu sua procuração. Ele deixou o internato sem ao menos dar a mão ou um até mais às duas. Iria relatar sobre o atendimento somente, porque o caso, se verdade era, que uma carta já tinha ido, narrava o acontecido. Pegou o trem pela noite e desceu na estação da Vila do Rio com o sol saindo.

A família esperava André e Maria Clara com uma mesa de café bem-arrumada. O delegado e sua esposa fizeram questão de receber o filho com a futura nora com pompas e circunstâncias. Ledo engano. André entrou cabisbaixo e mudo. Passou por eles e foi ao banheiro sem uma só palavra. O pai foi até o portão porque imaginava que Maria Clara estivesse lá e não quisera entrar.

Do sanitário André foi à copa. No entorno da mesa de café, ele pediu que todos se sentassem. Mudos, entreolharam-se. Seu pai voltou do portão e...

— Pensei que traria a menina, ou melhor, a moça para nossa casa. Achou melhor deixá-la na casa dela? Ela embirrou? Não quis acompanhá-lo até aqui?

— Entendeu errado, meu pai. Não tem nem menina e nem moça — seus olhos lacrimejavam.

— Não tem?

— Não, mãe. Nem aqui, nem na casa do seu Theodoro e menos ainda no internato. A Maria Clara fugiu.

— Fugiu? — uníssonos, perguntaram.

André desfilou o passo a passo da sua nefasta estada no internato. Ficaram atônitos. Embora certo alívio André sentisse por não ter que se casar, assim, da noite para o dia, tudo à revelia, para livrá-la de um bastardo, por outro lado, sentia-se envergonhado e humilhado.

— Como vai contar à família dela, filho? Podemos ir com você, se quiser.

— Creio que até já sabem, mãe. A madre superiora mandou uma carta relatando o ocorrido. Devem ter recebido ontem. Ou agora pela manhã. Talvez essa carta tenha chegado nesse mesmo trem que me trouxe. Esperemos, então...

— Se tivessem recebido, o Theodoro teria vindo até aqui. É melhor irmos até lá. — Levantaram-se e foram.

Por estar a residência do Lorenzo e da Tereza na mesma rua, os quatro, Trombetas, Roberta, André e Humberto, forçosamente passaram pela frente da casa deles, ontem "amigos", hoje seus algozes.

— Aqui mora o bastardo. Prende a respiração para não fazer mal — dá tuberculose.

— Que veneno, Trombetas! Isso sim faz mal. O Theodoro te contamina desde Sorocaba.

Quando estavam chegando na casa do Theodoro, Anabela, a casada com o José Timbó, estava em frente ao portão.

— Bom dia, Anabela! — Roberta desejou.

— Bom dia! Entrem. Só não reparem porque o clima aí dentro, que nunca foi bom, hoje está péssimo.

— O que foi?

— Seu Trombetas... Nem vou explicar. É melhor entrarem. Aí poderão ver e conversar. Mas com cuidado. Meu pai está faiscando, matando borboleta com os olhos.

Entraram já com a certeza do que se tratava. Dona Tereza chorava em um canto. Theodoro xingava o mundo. Justificava que a primeira, a Anabela, ele perdera para um zé-ninguém, o Timbó, mas a segunda não seria para qualquer bosta.

— Assim que chegar aqui, porque se fugiu e se não tem dinheiro, uma hora vai aparecer, eu a interno em um monastério. O padre Clemente uma vez me contou de um carmelita. Lá ela vai aprender o que é bom para a tosse. Nem janela tem — pausou. — Trombetas, olha a carta que recebi do internato... — trêmulo, passou.

O delegado já sabia de tudo, entretanto foi às linhas da carta. Madre Benta, a superiora, a assinava.

— E você, André... — pausou. — Desculpe-me pelo mau jeito. Estou muito nervoso. Nem pedi que relatasse como foi sua viagem e seu espanto ao chegar no internato e receber a informação de que ela havia fugido. Deixemo-la voltar. Se ela bater o pé, vai para um convento. Se chegar mansa voltamos a conversar sobre o nosso trato. Mas... — abaixou a cabeça.

— Não fique assim — sua mulher a levantou.

— Como não? Quando o Lorenzo e a Tereza souberem, será um trololó dos diabos. Vão rir. Aliás, a cidade inteira vai zombar. É o meu fim. Estou, definitivamente, acabado aqui na Vila do Rio.

— Marido... Se essa carta só veio para nós e se ninguém daqui abrir o bico, não saberão.

— Viram que de vez em quando ela pensa...!? Mas sempre foi "seca" — mais uma vez ele a rebaixou. — Concordam pactuarmos?

Concordando ou não, ninguém abriu a boca. Era impossível entrar no destempero desse "mandão". O tempo, que é senhor de tudo, quem sabe, lá na frente, não seria bom parceiro e daria uma mão para colocar um fim nisso. Despediram-se e foram.

A ODISSEIA DE CADA UM

1948. Theodoro Fonseca perdera. Tinha prazo estipulado para devolução de tudo, todos os desvios. Samuel Neves recuperou o sítio. Então se desfez do outro com floresta em cima além do rio Ivaí. Aborrecidos em trabalhar com terra feito tatus, ele e a esposa, Niceia, resolveram deixar a roça. Compraram casa com uma oficina mecânica. No começo o Samuel atendia só os da cidade, depois itinerantes da rodovia. Em seguida fez contrato permanente de manutenção de uma pequena empresa de ônibus. Consertava tudo, de motor a chassi. Mecânica Samuel Neves & Filhos. De longe via-se o letreiro em letras graúdas, vermelhas. O movimento crescente na rodovia garantia freguesia todos os dias: caminhões, carros, jipes, ônibus. O futuro estava ali. A família vivia engraxada, mas animada.

Aquele Samuel de Juiz de Fora que, com Niceia e dois filhos pequenos, Pedro e João, deixaram Minas Gerais, pegaram um trem da Sorocabana e desembarcaram, ele falido, na Vila do Rio, ainda cheirando a toucinho e a ranço de um Matarazzo, hoje se recuperava. Não fosse terem encontrado o tirano Theodoro Fonseca na Vila do Rio, estariam adiantados nessa nova odisseia.

Theodoro Fonseca estava recluso. Decadente, pouco era visto pela cidade. Antes ia todos os dias no comércio do Diogo Mascarenhas, no cartório do Jesuíno, onde lavrava escrituras e mais escrituras. Agora quem fazia as compras era Tereza, sua mulher. Pudera: perdera a eleição para o Gerônimo Serra-Pau; a direção da cooperativa; a concessão sobre a área marginal argilosa do rio; a filha Maria Clara para o mundo — pulou o muro do internato e sumira.

Theodoro botou gente para procurá-la. Rodou meio mundo, mas não a encontrou. Andava, por isso, se é que os tiranos se arrependem, compungindo-se.

Contrapondo, Lorenzo, Domênica e Filippo estavam felizes. Frei Giuseppe e Tânia, igualmente. O tresloucado perdia o jogo. A generosidade, sedenta por paz e amor, ganhava. O bebê crescia no ventre de Maria Clara em Pedregulho, região de Ribeirão Preto, na casa dos pais de Domênica.

Filippo a visitava a cada quinze dias. Combinaram assim por segurança. Sigilo absoluto. Filippo tinha que ficar esperto com o delegado Trombetas, também com André, seu filho.

Certo dia ele pegou o trem na estação da Vila do Rio e, quando desceu em São Paulo, viu um homem de meia-idade de chapéu e óculos escuros que não lhe tirava os olhos. Filippo iria pegar o trem da Mogiana para Ribeirão, mas ao perceber esse tal, desfez o itinerário. Foi para o Mercado Municipal. Conhecia bem de quando chegou clandestino da Itália e morou em um mocó não muito longe dele. O homem também foi ao Mercado, mas Filippo saiu-se dele na turbulência de fregueses compradores e vendedores. Ainda assim, não prosseguiu a viagem.

Deoclécio visitava, novamente, a Vila do Rio. Chegou de carro, todo engravatado, com brilhantina nos cabelos, difícil de acreditar, de reconhecê-lo. Via-se que prosperava dentro do *Circo Maximus*. Hoje ele era o homem de confiança do Francisco Maximiliano, o proprietário. Além de fazer buracos e espichar lonas, Deoclécio tornou-se seu executivo, seu relações públicas. Estava ali, hoje para, junto à prefeitura, obter licença para a volta desse circo para permanecer quinze dias.

Com o alvará nas mãos hospedou-se na Ilda. Depois visitou Dino Mekelê, Dezinho, a Oficina Mecânica Samuel & Filhos, o Jesuíno do cartório, o seu Ibraim da loja de roupas e sua quiberia, a venda do Diogo, onde, com os proprietários e a cachaça do Valentim, brindaram a esse seu novo momento.

Da venda ele foi até a cooperativa e, pelas visitas, já soube das confusões, dos processos e do afastamento do diretor Theodoro. Foi parabenizar Valentim, agora o novo diretor, mas ele não estava. Então Deoclécio pegou um carro de praça e foi até o seu sítio. Queria tomar uma cachaça direto da fonte. Acertou. Estavam alambicando. Pedro do Samuel estava com Bartira. Soube que sairia casamento em breve. Prometeu, se fosse convidado, estar presente. Riram. As águas pareciam límpidas.

Deoclécio bebeu de bambear as pernas. Mole, contou anedotas, riram muito. Nem de longe era aquele da Lázara, hoje com o padre Clemente. Retornou para a cidade quase noite.

Antes que fosse à hospedaria passou na residência do Lorenzo. Mas a família não estava. Queria rever os amigos Lorenzo e Domênica, também Filippo, que já deveria ser homem feito. A este queria falar sobre os dois palhaços do circo, porque poderiam ser os tios que procurava.

Pela rua Deoclécio encontrou Tânia. Conversaram sobre as últimas do *Maximus*, também sobre as novas da Vila do Rio, entretanto nada sobre Maria Clara. Esse assunto ela guardava a sete chaves.

Depois Deoclécio foi à hospedaria. Ao chegar, Izolina, no balcão, declinou:

— Quem te viu e quem te vê, hein, Deoclécio? Ontem um esfarrapado e agora nesse terno engravatado! Meu Deus! Que mudança!

— Se é verdade que a fome faz a valentia, Amélia fez a minha! Estou casado e bem-casado, Izolina. Ganhei confiança do proprietário e status — sorriu.

— Tem notícias dos dois? — referia-se à Lázara e ao padre Clemente.

— Não. Nem quero. Depois da última vez em que a vi com hematomas, e que denunciei o cafajeste, sumiram. E como o circo é nômade, cigano, que anda mais que formiga-correição, encontrá-los só se for por um acaso. Cada um que cuide da sua vida.

— E o circo? Chegará quando?

— Em três semanas, três e meia. Aqui está o alvará permitindo. Será montado perto da oficina do Samuel. E o Caetano? Tem notícia?

— O Rarotto, de quem você tirou Lázara? — sorriu.

— Ri do quê?

— Do ditado: aqui se faz, aqui se paga. É que esse não te convém, não é mesmo? — riu mais. — O Caetano se casou com dona Ilda. Também é dono desta hospedaria. Tenho, agora, patroa e patrão.

— Com a Ilda?

Deoclécio deixou a hospedaria no dia seguinte pela manhã. Antes, porém, encontrou-se com Ilda e o Caetano no café. Conversaram, trocaram gentilezas, riram. Estavam, os três, felizes. Parece que o malfeito ficara para trás.

Duas semanas depois veio notícia de que o circo chegaria em dois dias na Vila do Rio. Como da primeira vez, o povo estava animado. Muitos lembravam do que viram nele cinco anos atrás. Comentavam na igreja, na venda do Diogo, nas lojas, na cerâmica do Lorenzo, na serraria do prefeito Gerônimo, nos sítios, no colégio. Certamente estava de volta porque traria novos quadros, outras atrações.

Filippo não se preocupava se viria renovado ou não. Estava ansioso para certificar se os dois palhaços, os tais *Bella Vita* e *Vita Bella*, moribundos, esfarrapados, eram os tios Ruggero e Tommaso Melinni.

Maria Eugênia sorria pelos cantos. Felicidade incontida, estampada no rosto. Estava com um novo livro no balcão — *Primo Basílio* de Eça de Queirós.

Nas lacunas dos atendimentos lia, uma, duas páginas. Não mais porque seu violão recostado a convidava. Ia até ele e o dedilhava sempre pensando no amor da sua vida. Ela via os olhos azuis e os lábios rosados de Giuseppe. Eram tão azuis como um céu em dias fulgentes. Vinham-lhe sonhos, muitos sonhos. Vinham filhos pela casa e quintal. Presentes divinos.

Mas hoje a casa de paredes brancas, bem na sua frente, apresentava-se com uma esteira grande de taquaras, bambus do Valentim. Ela adornava o chão da sala. Sua libido puxou-a para pensares impensados antes. Talvez iniciados com as atitudes inquietas, irresponsáveis do Primo Basílio do Eça. Na ausência de uma cama com lençóis brancos e cheirosos, o chão com essa esteira podia ser de boa serventia. Bem agora não resistiria a uma investida do frei. Despi-lo-ia, bem ali, sem medo, sem preconceitos. Quiçá até morresse em seus braços — estremeceu-se e sorriu. Sentia que precisava confessar.

Fechou o livro. Ouviu, vindo do quintal, a voz do Zé Rufino, que visitava seu pai. Afinou os ouvidos para escutar. Ele falava alto, com certa empolgação. Escondida, aproximou-se deles. Ele contava que ali não tinha nada. Nenhuma casa. Um corretor o deixou com mulher e foi. Era um jipe. Tinha uma canoa encostada, mas com água dentro. A estrada era uma picada, só para jipes. Dormir onde? Andou com a mulher pela beirada do rio. Encontraram um jataí bem com o tronco inclinado, bem penso, de tronco grosso e meio chanfrado, com jeito de cama. Dormiram e fizeram amor sobre ele naquela noite.

A padaria em madeira de peroba-rosa, a esteira de bambus do Valentim, as vigas de canafístula da cobertura, o pranchão de angico do balcão, as lembranças do, hoje, Zé Rufino, antes o Zé da balsa, contavam a história.

Que tempo danado que não faz parada, que tudo pode, que modifica o rumo de tudo e de todos, que compõe destinos? — Maria Eugênia, com a cabeça no romance de Eça e nos de Maria Clara e o seu, se perguntava.

Nesse domingo de calor ardente, ardiam o Primo Basílio do Eça e o desejo de Maria Eugênia pelo Giuseppe. Então ela abriu as janelas. De cima avistou, lá embaixo, o rio. Corredeiras e mais corredeiras do seu curso iam. O rio parecia ter pressa de chegar ao oceano. Maria Eugênia ensimesmou-se. Sentiu-se como as águas dele, também com pressa. Queria logo chegar ao seu mar.

Ela fechou o livro e puxou os cabelos para trás. Estava linda como sempre. Fechou-o, já que, com esses pensares, pouco conseguiria ler. A cabeça estava atrapalhada para essas páginas.

Como estaria seu amado bem agora na missa que proferia? Quando a missa lhe veio na cabeça, Candinha entrou no salão e quebrou o silêncio...

— Boa tarde, já quase boa noite! Pensei que estivesse na missa. Ou melhor, na casa paroquial junto com o frei Giuseppe? — terminou com olhos maldosos, irônicos.

— Ele tem o que fazer lá. Eu, aqui — respondeu à altura da pergunta. — Quantos pães?

— Quatro. Mas vi que não gostou da minha cutucada. Fica sabendo desde já que não aprovo suas "faiscanças" para cima do frei. O primeiro a puta levou... — pausou. — Pretende ser a segunda?

— E quem falou que estou incomodada com a senhora? Que cuide da sua vida, dona Maria Cândida! Eu da minha, e o Giuseppe da dele.

— Viu como está adiantada na "oração"? Nem de frei o chamou — pernosticamente, sorriu. — É frei Giuseppe! — pausou. — Se você avançar o sinal, eu juro que volto à diocese. E não será como da primeira vez, não... Aí você verá que Biotônico Fontoura para tosse não funciona. Abusa que te pego! — catou os pães e, quando começou a sair, Maria Eugênia...

— Vai ao Dom Aristides?

— Vou e conto tudo. Até suas visitas com a desculpa das aulas de violão!

— Você é uma lerda! Mais do que as lesmas. Não sei por que cava para plantar milho se a pamonha já está pronta! — sorriu, pegou o violão e pinicou o primeiro soneto de *Felicidade* do Lupicínio Rodrigues:

"*Felicidade foi-se embora; E a saudade no meu peito ainda mora; E é por isso que eu gosto lá de fora; Porque eu sei que a falsidade não vigora.*"

Candinha deixou a padaria ciscando como uma galinha choca brava quando lhe tomam seus pintainhos. Mas fora de boa serventia sua visita. O que disse pedia ação urgente. Melhor que seus pais soubessem pela sua boca o que acontecia entre ela e o frei do que pela da cobra.

Passava da hora. Urgia contar ao pai e à mãe. Até porque já estava tudo certo, encaminhado. Até data e hora para zarparem do porto de Santos para a Itália tinham. Casar-se-iam e iriam. Certo que esse país estava aos cacos depois da guerra, mas ele queria estar lá, depois de discutir, por cartas, com os seus pais, explicar por que deixou o sacerdócio, também apresentar Maria Eugênia.

Não fariam nada às escondidas. O frei já tinha autorização do bispo Dom Aristides, também do papa, para deixar o sacerdócio. A consciência do frei Giuseppe estava tranquila.

Lorenzo, Domênica, Tânia, Filippo sabiam de tudo. O casal pediu ao frei, antes que deixasse o hábito franciscano, que fizesse o casamento do seu "filho" com Maria Clara. E, em seguida, Dom Aristides celebraria o casamento do frei com Maria Eugênia.

Theodoro Fonseca e a Candinha, nos destemperos, equivaliam-se. Duas pessoas soturnas, funestas em suas palavras e ações. Maldosas sem igual. Não tão velhas fisicamente eram, mas com encéfalos decrépitos. Senilidades precoces.

Tereza, enganada o tempo todo com esse seu marido de nada, não imaginava o que esses dois, às suas costas, fizeram e faziam. Dino Mekelê e Tânia sabiam parte. Ele flagrou os dois na beira do rio. Pegou-os com as calças nas mãos. Tânia pediu que o marido não passasse nada para a frente. Ele cumpria. Mas sua paciência esteve, por muitas vezes, no limite. Por pouco, muito pouco não abriu a mala de ferramentas na campanha para prefeito. Tânia o segurou. Viraria fofoca de campanha. E, em sendo, perderia importância.

Na varanda da sua casa, Theodoro Fonseca enrolava, vagarosamente, palha para um novo cigarro. Vestia uma camisa de chita. Acendia o costumeiro palheiro e, na fumaça que lentamente ia, punha-se a pensar nas suas jornadas: nas de Sorocaba; nas da Vila do Rio.

— Fazer tanto para nada? Que merda!

Em Sorocaba criou gado, ali virou um picareta, depois um arremedo de diretor de uma cooperativa. Foi candidato a prefeito. Perdera para um Serra-Pau, uma larva de vaga-lume — respirou fundo.

Theodoro estava no fundo do poço. Quantas decepções! E o que conseguiu amealhar saíra pelos vãos dos dedos. Péssimo marido. Pai ruim. Nada dera certo. Anabela se casou com um peãozinho de merda. Maria Clara desaparecida. Morrer seria a saída? — ele se perguntava.

Um alto-falante sobre uma camionete Chevrolet passou anunciando a chegada do circo. Com voz grave e pausada, o locutor falava sobre espetáculos nunca vistos antes, sobre dias felizes e hilários que teriam ali na Vila do Rio.

A porta da condução estampava, em letras graúdas: *CIRCO MAXIMUS*. Na carroceria dois palhaços jogavam, ao vento, papel de seda picado. A condução desceu a rua com uma meninada correndo atrás em algazarras como fosse um bando de maritacas.

O coração do Filippo perdeu a compostura ao ver os dois palhaços. Tanto que lacrimejou. Esse circo parecia o seu cupido. Tinha nele a figura de Maria Clara, também os dois palhaços que podiam ser os tios Ruggero e Tommaso. A camionete foi. Filippo se sentou no meio-fio da rua e chorou. Domênica o socorreu.

— Filho! Saberemos — beijou sua face.

Maria Clara continuava em Pedregulho, na casa dos avós, os pais de Domênica. Seu ventre contava o que vinha. Fizeram para ela roupas para a gravidez. Estava ainda mais linda. Não tivera palavras capazes de descrevê-la. Precisavam resolver essa situação. A considerar a insanidade do Theodoro, como e quando?

Theodoro, ainda na varanda, assistiu a camionete do circo e a criançada, alegremente, passarem. Será que nesse instante amoleceu seu coração, se compungiu, ou esse atributo nunca é parte dos tiranos?

Um pouco depois ele se levantou da cadeira da varanda e foi ao quarto. Abriu uma cômoda e pegou, do seu estojo, uma Beretta 9 mm. Era uma pistola de estimação, uma de família, uma italiana.

Levou-a à janela do quarto e mirou qualquer coisa lá fora. Baforou sobre o cano e passou a fralda da camisa de chita para melhorar o brilho.

Pensamentos ruins chegaram na sua cabeça. Colocou o cano dentro do ouvido. Puxou o gatilho. Trek! Fez porque sabia que não havia nenhuma bala no pente. Não costumava deixar a arma carregada. Arrependeu-se desse costume. Se houvesse uma só, já teria resolvido. Com um *pow*! Um só, todos os seus embaraços, todas as cordas, todos os ditos e os não ditos, todos os malfeitos estariam resolvidos. Podia decidir tudo agora, sair de todos os cercos como, aliás, fez Hitler dentro do seu *bunker* ao se deparar sem saída, ver-se perdido.

Que contraponto via e sentia. Lá fora, a alegria da criançada pelo circo chegante, ali dentro ele, entristecido como um jeca-tatu descalço, descamisado, de barriga crescida, lombriguento, um sem-nada.

Theodoro voltou sua *Beretta* ao estojo e à gaveta da cômoda. Trocou de camisa. Colocou um colete azul-marinho e saiu. Ganhou a rua. Subiu na direção da venda do Diogo. Pensava em tomar uma, mas não a do Valentim, que, agora, além de ser o vice-prefeito também dirigia a cooperativa. Enciumado, desejava infelicidade ao bosta.

O salão estava cheio. O assunto era a chegada do circo, os números que apresentaram quando esteve da primeira vez, os dois palhaços, os trapezistas, o Deoclécio, antes um "tonto", agora um executivo. E quando tocaram nele, hoje homem de confiança do senhor Francisco Maximiano, o dono do circo, a professora Elisa entrou e...

— Como o mundo gira! Vejam, o Deoclécio de ontem é quem, hoje? O Gerônimo, o Valentim, o... — abruptamente, parou porque o Theodoro Fonseca entrou no salão. Entrou e foi ao balcão.

— Uma branquinha, Ana Flor! — pediu e olhou na cara de cada um.

Ana Flor veio com a de sempre, a cachaça do Valentim.

— Essa, não. De agora em diante só vou beber coisa boa.

— Mas essa... — não continuou, entendeu o porquê.

Dino Mekelê chegou da pescaria e entrou no salão. Veio com um jaú que achava pesar uns quarenta quilos. Jogou o peixe sobre o balcão e provocou:

— Quem acertar o peso desse peixe leva uma garrafa de cachaça! Mas se errar por dois quilos, para mais ou para menos, perde uma para esse pescador aqui! — bateu no peito com os dentes à mostra. — Cachaça do Valentim. Nada de coisa ruim — olhou nos olhos do Theodoro, todos riram. — Quem topa?

— Numa única tentativa, Dino? — Zé Rufino perguntou.

— Só um palpite. Se palpitar muito o peixe escapa — riu. — E por falar em cachaça, me vê uma, mas em um copo lavrado! Cálice é muito pequeno. Hoje eu tô é com a gota!

O povo se aproximou do peixe como tico-tico no fubá. Um pegava-o, experimentava. Outro media o peixe com palmos e cochichavam. Lorenzo observava o peixe e o Theodoro. Podia dar ruim, isso tudo — ele avaliava.

Theodoro Fonseca, de rabo de olho, espiava enquanto bebia uma Oncinha e cortava fumo. Dino virou o lavrado até a metade, tossiu, cuspiu no chão e...

— Eita, peste! Hoje, não sei, mas tô meio estragado! — Nessa o Valentim caprichou! Vixe! — estremeceu. — Depois que virou vice-prefeito, e por último, o diretor da cooperativa, a pinga do homem, que já era boa, melhorou. — Riram muito. — E então?

Theodoro pitava, mas de cara amarrada. Nunca o viram tão casmurro.

— Mas que povo cagão! Estão com medo de perder uma garrafa de cachaça? O seu Theodoro, que comprou metade deste município, não vai se habilitar? — Todos riram.

Theodoro não respondeu. Despatenteado, achou melhor não. Noutros tempos ia para cima desse negro encardido — avaliava.

— Já que ninguém quer arriscar, vou pesar o peixe. Seu Diogo, posso usar sua balança?

Antes que o vendeiro respondesse, Lorenzo levantou a mão e chegou até o peixe. Pegou, o levantou com a testa franzida e o devolveu no pranchão.

— Nossa! Isso é denso. Pesa mais que barro de cerâmica. Eu calculo uns 45 quilos. E pode trazer minha garrafa.

— Minha vez, agora — o Samuel chegou. — Falo que o Lorenzo errou. Esse jaú pesa 43 quilos.

De repente o Theodoro apagou seu cigarro, o botou atrás da orelha e chegou, também, no peixe.

— Os dois erraram. Mas é compreensível. O Lorenzo porque só entende de barro. E o Samuel só de graxa. — Riram. — E se o Valentim estivesse aqui, que nem de cachaça e coisa alguma entende, iria dizer que pesa uns onze quilos.

— Ninguém riu. — Esse peixe pesa 40 quilos redondos. E pode abrir a minha garrafa, mas não a merda do alambique do Valentim, quero uma Oncinha... Hoje quero beber de mijar pelas pernas, Diogo!

Mais cinco, seis chegaram e fizeram suas apostas. Ao término, Dino levou o peixe à *Filizola* da divisão de mantimentos ensacados. A do balcão não daria conta, ia só até quinze quilos. Colocou o peixe na sua plataforma e os olhos no braço da balança. Pronto: 39,20 kg.

— O seu Theodoro falou 40. Então ele ganhou. É por minha conta a garrafa, seu Diogo.

— Desce mais três, Elisa. Mas Oncinha! Eu pago — disse o Theodoro. — Sei que nunca paguei nada aqui nesse balcão para vocês — sorriu. — Mas em tudo pode ter uma primeira vez. Não sabemos como será o amanhã. Não é mesmo?

As garrafas vieram já abertas sobre o balcão. Mais gente ao passar pela rua e vendo a festança, mesmo sem saber por que e para o que bebiam, entrou.

Lorenzo foi nos ouvidos do Dino e cochichou alguma coisa. Combinaram. Em seguida Dino sinalizou para Ana Flor. Ela veio. Sorriu. Certo, então, que topou a parada. Uma hora depois postas de jaú estavam fritas sobre o balcão. Enchiam uma bacia grande. Vieram pães e cervejas. Lorenzo pagou a despesa. Duas horas depois do peixe todos se foram. Ficaram Theodoro, Samuel, Diogo e Ana Flor.

Os vendeiros estavam exaustos. Queriam fechar o estabelecimento, mas os dois fregueses entraram numa discussão sem fim. Começaram pelo sítio que o picareta comprou e não pagou em tempo. Aí Samuel o lembrou que esteve no rio Ivaí para acertar a pendenga da compra da área com mato em pé, que por falta do pagamento tivera que desistir e perdera o dinheiro da entrada. Depois chegou ao assunto: oficina mecânica.

Aí Theodoro o lembrou que ele fez o muro da oficina em lugar errado, que comera uns quarenta centímetros do seu terreno da divisa. Nesse ponto a conversa, que até então, ainda que com rusgas, caminhava, se alterou. Ana Flor e o Diogo não sabiam o que fazer. Viam que esses dois varridos de cachaça ainda iam se pegar ali no salão. Então, o Diogo, com gentileza, como sempre fora do seu feitio, pediu que cessassem a discussão, mas se quisessem, mesmo, continuar, que saíssem dali.

— Vou atender o Diogo. Mas não vai ficar assim, Samuel. Amanhã vou lá na oficina para resolver essa questão. Seu muro entrou no meu terreno. Não foi porque perdi quase tudo que vai me levar essa beirada de chão.

Chegava a hora do tempo cumprir seu papel. De dar os destinos a cada um. De resolver as pendências.

O circo fora anunciado pelo som do alto-falante. A meninada estava alvoroçada como maritacas em um pé de amoras maduras. Tal como eles, estava Filippo. Na verdade, muito ansioso pelo que poderia vir. Era muita coisa ao mesmo tempo. O improvável aconteceria? Depois de perder tudo na Itália, mãe e pai, casa em Aosta, encontraria os tios no terreiro da sua casa?

Filippo levantou cedo, decidido. Falou aos pais que iria buscar Maria Clara em Pedregulho. Que resolvera enfrentar seu Theodoro e dona Tereza, ainda que fosse aos tapas, ainda que tivesse que rolar no chão.

Dois caminhões com as tralhas do circo estacionaram na área de montagem. Dez, doze desceram e se puseram a descarregá-los. Seu Francisco Maximiano, o proprietário, comandava. Estava barbudo e magro. Filippo o reconheceu pelo timbre da voz.

Deoclécio, de executivo e na estica dias atrás, hoje usava roupa de roça, chapéu de palha e uma cavadeira. Com mais três, faziam buracos alinhados num grande círculo.

Amélia, sua mulher, trapezista no circo, arrumava os cabelos olhando-se num espelho. Dois macaquinhos gritavam dentro de uma jaula, certamente por liberdade. Alguém correu e os acalmou com bananas e uns tamarindos, depois os amarrou pela cintura e deram aos dois liberdade restrita sob um pau-marfim.

Um senhor passou por Filippo empurrando um cadeirante. Uma das rodas afundou numa touceira de grama alta e fofa. Filippo correu para ajudá-lo. Uníssonos desejaram:

— *Grazie! Buona giornata.*

Filippo viu que faltava parte de uma perna ao cadeirante. Também tinha um queloide amplo no lado direito do rosto, com jeito de queimadura. O cuidador o levou para debaixo de uma tenda recém-armada. Filippo ficou a imaginar-se sem uma das pernas. Estivera, tempo atrás, com o Santana coxo, agora mais esse.

— Que triste! — murmurou.

Mas Filippo não estava ali para contemplar o circo, ver o movimento da montagem, nem esse cadeirante que, casualmente, passou por ele, ou os dois macacos infelizes, ou a loira bonita do espelho a arrumar seus cabelos. Estava para ver se os dois palhaços eram os tios que procurava. Filippo recorreu ao Deoclécio.

— Bom dia, Deoclécio! Como vai?

— Bom dia, Filippo! E esse cachorro?

— É o Nero, minha sombra. Vai onde vou — sorriu.

— Passei na sua casa dias atrás e não estavam. Está homem feito, hein? Tem um enxadão ali perto do caminhão. Veio nos ajudar? — sorriu.

— Então... Soube que esteve em casa. Fomos a São Paulo ver o túmulo do meu irmão, melhor, do filho do Lorenzo e Domênica. Morreu num acidente. Foi sepultado lá no mausoléu da família do meu pai, digo, do pai do seu Lorenzo — pausou. — Queria muito ter te encontrado. É que estou atrás dos dois tios que vieram para o Brasil faz tempo. Você conhece a história...

— Vixe! Encontrar gente perdida em um país desse tamanho é como procurar agulha num palheiro. Tem retrato deles?

— Só essa carta puída — mostrou. — Os dois palhaços do circo estão?

— Chegam amanhã. Podem, sim, ser esses dois. Estiveram aqui anunciando o circo, mas voltaram a Ourinhos para tratativas com o prefeito. Além de palhaços do circo, os dois fazem apresentações, a pedido, em escolas, asilos, igrejas. São danados. Acabarão, ainda, donos deste circo aqui. O senhor Francisco Maximiliano que se cuide — sorriu.

— Como se chamam?

— O mais velho Alfredo. O outro Arthur.

— Então não são quem procuro. Meus tios chamam-se Ruggero e Tommaso.

Quantas curvas, dificuldades! Santana, o coxo, e Humberto, o "Dois" erravam. Esses não eram os seus tios. Filippo voltou desanimado para sua casa. Desanimado por isso, mas decidido em pegar o primeiro trem e buscar Maria Clara.

Foi ao frei Giuseppe para avaliar o que achava. O frei aprovou. Daria retaguarda. Também Tânia e o Dino. Combinaram como fazer. No outro dia saiu cedo de casa. Foi para a estação e pegou o trem para São Paulo, depois outro para a estação de Ribeirão Preto, mais outro para a estação Chapadão de Pedregulho.

Maria Clara não acreditou quando chegou para buscá-la. Sorriu, foi aos seus braços e o beijou carinhosamente. Os avós riam dela e dele. Já queriam saber quando seria o casamento. Que mandassem o convite tão logo acertassem a data. Ela fez a mala.

No outro dia foram para a estação. Viajavam com a maior esperança do mundo. Entretanto, iam também com a preocupação de briga certa, severa com Theodoro. Sabiam, os dois, que teriam dias difíceis pela frente. Mas nada maior que o amor que sentiam, um amor incondicional.

Maria Clara queria ver as amigas. Contar sobre os dias do internato, as aventuras feitas e vividas por ela e Filippo. As ajudas do frei Giuseppe e Tânia. O dia em que, para ser resgatada, fez-se freira com um hábito que o frei levou. A colaboração do Dino Mekelê, as do sorveteiro e do pipoqueiro em Sorocaba. Tinha assunto e mais assunto para falar, rir, também encorajar algumas amigas tão submissas quanto fora.

O trem parou na estação da Vila do Rio. Filippo e Maria Clara desceram. Os dois estavam radiantes, porém visivelmente preocupados.

Maria Clara vestia uma chita estampada com flores miúdas nas cores verde e vermelha que ia até os pés. Seus olhos graúdos e intensamente verdes contrastavam-se com o vestido.

O bebê já se mostrava no ventre. Mulher linda de fazer até o trem parar. Todos viravam-se para ela quando desceu e caminhou para o interior da estação. O jipe estava ao lado. Entraram e foram.

O reaparecimento da Maria Clara virou notícia na Vila do Rio em vinte minutos. E Candinha tratou de esparramar como paina no vento.

Theodoro e Tereza estavam no portão. Ele pitava o palheiro de sempre e ela olhava para a mata que acompanhava o rio. Candinha chegou e...

— Parabéns, vovô e vovó! — Candinha sorriu com certa ironia. Escárnio era próprio dela.

— Está atrasada — Tereza respondeu. — Somos avós e faz tempo. Anabela tem dois filhos.

— Cumprimento-os pelo terceiro neto, neta, sei lá. Peguem! Trouxe dois cachos de uvas para vocês. São lá do Valentim. Estão doces como mel. É um presente.

Dessa Candinha linguaruda presente podia ser veneno. Ela não estava ali para presentear, mas para maldar — Tereza avaliava.

— Theodoro! Escutou? Você sabia que Anabela esperava por mais um? Esteve aqui ontem e não nos contou! Ou contou e você me escondeu?

— Ninguém me falou nada, mulher. Deixa de bestagem! — baforou fumaça.

— Estão, os dois, anestesiados? Falo da Maria Clara. Ela desceu de barriga hoje aqui na nossa estação! Ela e o bastardinho!

— Grávida do bastardo?

— Pode conferir, Theodoro. A essa hora os dois estão no bem-bom lá na casa do Lorenzo e da Domênica. Fugiu do internato foi nada. Ele retirou Maria Clara de lá e rolaram na moita. Capim é o que não falta.

— Entre. — Candinha entrou, Tereza foi atrás.

— Mulher, faça uma limonada para nós — imperativo, ordenou à esposa. Tereza abaixou a cabeça e pegou o rumo da cozinha.

— Está indignado com minha postura, Theodoro? — Candinha perguntou com faísca nos olhos.

— Não lhe estou entendendo. Por que isso, agora, Candinha? Montei uma quitanda para você, te dou guarida... Nunca deixei que lhe faltasse nada. Quer mais o quê? Tenha a santa paciência...! Ou nosso pacto está desfeito? Se estiver, paramos de nos encontrar... — ele baixou os olhos. Ela não seguiu nessa conversa porque Tereza veio com a limonada. Tomaram.

Assim que Theodoro virou seu copo, foi ao quarto e à cômoda. Pegou sua *Beretta*, encheu seu pente com oito balas, enfiou a arma na cintura e saiu de botas pisando alto, firme, como, aliás, Hitler fez quando obrigou o general francês a assinar aquele fatídico acordo. Tereza tentou dissuadi-lo, mas não foi exitosa.

Os olhos de Candinha brilhavam. Estavam como os das cobras próximos a pegar um preá. Já, já Theodoro estaria com o bastardo nas mãos — ela avaliava. Furioso, hoje ele o mataria. Se o Lorenzo e a Domênica interviessem, esses dois também rolariam. Candinha só não queria que o Theodoro agredisse, fisicamente, a Maria Clara. Candinha tinha um "sei lá" por ela... Ou não? Os dois sabiam bem...

Theodoro respirava com dificuldade. Ele chegou ao portão da casa do seu algoz. Candinha e Tereza estavam atrás dele. As coisas que já estavam para lá de ruim poderiam piorar em minutos. Nenhum barulho havia no interior da casa. Estava tudo muito quieto. Ele bateu palmas. Ninguém apareceu. Então, chutou o portão e rompeu a dobradiça. Antes de entrar, pediu que as duas continuassem no portão para, caso alguém chegasse, lhe avisar.

Theodoro andou até a varanda. Viu que a porta da sala estava fechada. Então espiou pala janela envidraçada. Não viu ninguém. Rodeou a casa e chegou na porta da cozinha. Estava encostada. Empurrou devagarinho e entrou. Foi à copa, à sala e aos quartos.

Uma mala aberta sobre uma cama mostrava roupas, pentes, batom, ruge, coisas de mulher. Mexeu, pegou um dos vestidos. Cheirou-o. Sua memória olfativa identificou. Era da filha Maria Clara. Conhecia muito bem o cheiro dela. Tinha tara, forte fetiche por seu odor. Arrepiou-se. Fechou os olhos. Derrubou a mala. Chutou a porta do quarto. Tremeu. Mal conseguia segurar a *Beretta*. Saiu-se da casa. Tereza e Candinha continuavam no portão. Devolveu a pistola ao cós da calça.

— Que decepção, Theodoro! Ficou com peninha deles? Não fez o serviço conforme mereciam? — a linguaruda reagiu.

Theodoro não respondeu. Deixou as duas e correu na delegacia. O delegado Trombetas não estava. Tinha ido a uma diligência além do sítio do Valentim. Não tinha como denunciar, lavrar queixa de rapto, sequestro da filha.

— Onde estariam Maria Clara e os demais? — Theodoro, Tereza e Candinha perguntavam-se.

Mal ele sabia que o frei era, nesse caso, o "cupido". E o sendo, tinha força como fosse o Deus do amor: podia transformar-se, num passe de mágica, em um ser alado provido de arco e flechas. Filippo entendia, como ninguém, essa mitologia grega, porque, em Aosta, Itália, fora guia turístico, e diariamente vivia a mostrar, nas belas-artes romanas, cupidos.

Theodoro foi à cerâmica do Lorenzo, à prefeitura do Serra-Pau, ao sítio do Valentim, ao comércio do Diogo, mas não à casa paroquial porque jamais imaginaria que um frei daria cobertura a uma situação de rapto, de sequestro. Nem precisava, porque Maria Clara e Filippo foram acolhidos pelo Dino pescador e Tânia. Levaram-na para a casa rústica da ilha acima da ponte.

Pela noite, agora mais calmo, Theodoro voltou à residência do Lorenzo. Bateu palmas. Lorenzo o recebeu no portão, agora com duas dobradiças quebradas.

— Boa noite, Theodoro. O portão está calçado. Algum idiota esteve por aqui e o estourou. Veja. Deve ter chutado. Aloprados não faltam.

— Conversa pouca. Fiquei sabendo da minha filha e do papelão do seu... — evitou a palavra bastardinho.

— Deveria agradecer, Theodoro. Sua filha está de volta e feliz. E você será novamente avô. Vamos conversar com calma. Esquecer nossas diferenças, nossas rusgas. Se até se deu jeito para o fascista Mussolini e o nazista Hitler, como não daria para essas bobagens entre nós dois? Entra e vamos conversar. Tenho vinho, também uma branquinha.

— Não. Hoje não. Estou caído. Queria só dar uma espiadinha na minha filha. Também no... — não pronunciou. — Só uma palavrinha, prometo.

— Impossível.

— Como assim? Ela não é sua propriedade! É minha filha!

— Não estão aqui.

— Vai me dizer que alugou casa para os dois?

— Não.

— Estão na hospedaria da Ilda, então?

— Não. Deixemos para amanhã, Theodoro. Estará mais calmo. Será melhor para ela e o bebê. Melhor para nós todos — colocou sua mão sobre seu ombro.

Theodoro abaixou a cabeça e foi embora sem, ao menos, desejar ao Lorenzo que tivesse uma noite boa.

O LOBO, A PRESA

1948. Theodoro tomou um café sem açúcar, amargo como fel, botou sua *Beretta* no cós da calça e saiu baforando fumaça. Sinal de que continuava com Filippo no seu radar.

Filippo beijou Maria Clara, pegou a canoa e saiu da ilha. Nero o esperava na margem. Tânia ficou com ela. Ele fez tudo rápido para estar no circo o mais cedo possível. Esperava certificar, ele mesmo, que identidade tinham os dois palhaços do *Maximus*.

Maria Eugênia, no balcão da padaria, entre um atendimento e outro, avançava para lá da metade na leitura do livro *O primo Basílio* de Eça de Queirós.

Frei Giuseppe lia uma carta resposta do bispo Dom Aristides. Nela havia data certa para o casório do frei com Maria Eugênia e o compromisso de que estaria ali na Vila do Rio para celebrá-lo.

Conforme discussão e ameaça na venda do Diogo, Theodoro, hoje, estava disposto a derrubar o muro da Oficina Mecânica Samuel & Filhos para retomar os quarenta centímetros avançados sobre o seu terreno. Iria ter uma conversa, não de cachaça e balcão, mas uma *in loco* como prometera em tom de ameaça. Então ele chegou na oficina cedo. Dois mecânicos, com ajuda de uma talha, retiravam um motor de um caminhão. Pesado como o quê, ela vergou, mas saiu. Aliviado, um deles disse:

— Quem falou que não tem jeito?

— Jeito sempre há — respondendo, Theodoro entrou sem ser convidado.

— Ah, é o senhor! Bom dia, seu Theodoro! Tão entretido que nem o vi entrar — um dos mecânicos lhe disse. — Em que podemos ajudá-lo?

— Não falo com frango. Cadê o galo? Ou a essa hora ainda não desceu do poleiro?

— Escuta o barulho. Está chegando. Mas se quiser me adiantar... É o carburador do jipe? Regulei outro dia mesmo. Pode ser cisco no giclê.

— O giclê ficou bom. Eu que estou meio entupido. Vim até aqui para resolver outra coisa.

Nesse interim o Samuel entrou na oficina. Mesmo antes de vê-lo, já sabia que o maledicente estava lá dentro. Prometeu ontem que viria. E o jipe lá fora comprovava. Então ele rodeou a oficina antes de entrar. Pela vidraça percebeu que estava armado. Viu, na altura da cintura, um volume por baixo da sua camisa de linho palha. Mas, sendo ali sua casa, Samuel decidiu encará-lo.

— Bom dia, Theodoro! Como vai?

— Não tão bom como você, mas continuo de pé. Soube que tem um sem-perna no circo. Tentaram me quebrar as duas por esses tempos. Perdi a eleição, perdi a direção da cooperativa que fundei, mas estou vivo. Então está bom — pausou. — Mas podia estar melhor. Puxou uma palha de milho e um pedaço de fumo.

— O jipe está com problema? — Samuel perguntou mesmo sabendo que não viera ali por conta da condução.

— Vamos deixar de rodeios. Estou aqui para ver quando vai remover o muro que fez pegando uma faixa do meu terreno.

— Nunca! — pausou. — O topógrafo, o mesmo que trabalhou na construção da ponte rodoviária, mediu e piqueteou. Tenho a escritura. E os piquetes continuam enfiados marcando a divisa.

— Se ele mediu, fez errado. Pegou a base errada. A base é o rio.

— Rio não pode ser base nunca, Theodoro. Uma coisa que pode ser alterada não pode ser base. Rio cheio avança. Rio vazio retrai. O topógrafo me explicou. A base é o marco da ponte de concreto. É a pilastra.

— Quer esse marco porque ganha um pedaço avançando sobre o meu lote — pausou. — Não tem acerto e nem conversa, Samuel. Dou a você dois dias para quebrar o muro. Fazer outro fica para quando desejar porque a oficina é sua. Mas esse que fez tem que sair — pausou e puxou fumaça. — Se quiser deixar sem nenhum e alguém passar as mãos nas suas coisas o problema é seu. Entendeu? E nada de condução estacionada na minha área.

— Mas nem que suas vacas tussam quebro esse muro. Não nasceu homem capaz de fazer isso. E tem mais, Theodoro! Sai, já, da minha oficina. Vá plantar bananas lá em Sorocaba, donde nunca deveria ter saído, trambiqueiro de merda! — terminou a frase alterado.

— Pai, deixa disso! — João, o filho mais velho, um dos mecânicos, cheio de graxa, o aconselhou.

— Eu já acho diferente, João... — Pedro, o filho mais novo, entrou. — Se acha que esse pica-fumo vai ganhar na pressão, está muito enganado. O cartório do Jesuíno é logo ali. É só irmos até lá e conferir. Agora, se pensa que cantar de galo aqui no nosso terreiro vai levar nossas galinhas, está enganado. Nenhum pau-de-fumo vai nos humilhar! Nenhum!!!

— Tem dois dias. Se não derrubar eu venho aqui com oito, dez peões e jogo esse muro no chão. Não nasci para ser uma presa, mas predador, Samuel. Nasci para ser o lobo da história. E de qualquer história! Está me escutando? — gritou, voltou o cigarro à boca, entrou no jipe e saiu acelerado.

EMBOSCADA

1948. Maria Cândida deixou que dois cuidassem da quitanda e botou os pés na rua. Estava salivando fel. Cuspiria contra Filippo logo que chegasse na casa do Theodoro.

Bateu palmas. Dona Tereza a atendeu junto do portão. Afoita, depois de breve cumprimento, já foi entrando. Theodoro também já estava de pé e tomava um café de mão dupla: numa o café, na outra um pedaço de pão.

Cumprimentaram-se rapidamente. Ele puxou uma cadeira. Ela não quis se sentar, tinha pressa, precisava lhe falar agora e a sós.

Ele deixou a xícara e saiu. Ganharam o quintal dos fundos. Da cozinha Tereza espiava os dois e murmurava:

— Isso não vai prestar...

Vinte minutos depois Candinha passou por ela com um até logo e foi. Theodoro ficou no quintal por mais alguns minutos, beliscou duas, três jabuticabas antes de entrar. Chegou na cozinha mastigando e...

— Vou sair e não tenho hora para voltar.

— Vai aonde?

— Que mania! Preciso dar satisfação de tudo? É coisa minha — entrou no quarto.

Tereza ficou ali com seus botões, que, aliás, era a única coisa que, de verdade, achava que lhe pertencia. Talvez nem eles fossem — ela, mais adiante, murmurou.

No quarto ele foi à cômoda. Tereza não viu o que fez, mas quando saiu viu parte da camisa fora da calça. Lembrou-se da *Beretta*. Foi conferir. Não estava no estojo.

Se o que a Candinha trouxe era verdade, Theodoro imaginava pegar, logo mais, o desgraçado do bastardo. Não tinha erro. Mas Theodoro teria que trabalhar com gente do ramo. Com gente tarimbada. Então ele foi ao delegado Trombetas, que sabia como proceder com segurança e sigilo, já que era, também, do seu interesse. Ou não, se o André, seu filho, continuava apaixonado por sua Maria Clara?

— Bom dia, delegado!

— Bom dia, Theodoro! Aliás, visitar uma delegacia, a essa hora, não deve ser por um bom dia, não é? — sorriu. — Entre. Já temos um café da hora no bule.

Na cozinha da delegacia os dois se puseram a conversar. Uma hora depois o Theodoro o deixou e foi. Ninguém ouviu o que conversaram, se combinaram alguma coisa, mas saiu dali com cara de satisfeito.

No dia seguinte Theodoro saiu cedo com seu jipe rumo à Vila Araiporanga. Passou por ela e continuou até as margens do ribeirão Lajeado Liso, lugar afamado por disputas de terras entre posseiros. Lá chegou e por lá pernoitou.

No dia seguinte voltava com um moço alto, magro, sardento, sobrancelha serrada, olhos miúdos e chapéu escuro na cabeça. Desceram do jipe na cabeceira da ponte. Lá conversaram longamente. Via-se o Theodoro, vez ou outra, apontar o dedo indicador para a ilha um pouco acima. Depois de longos trinta, quarenta minutos, entraram no jipe. Theodoro pegou uma estrada vicinal beirando o rio e parou bem em frente ao início da corredeira. Sentaram-se numa pedra e...

— Entendeu? O que é combinado não é caro. Fez, recebe. Mas não pode errar. Não vou pagar sem ter como provar que fez o serviço.

— Tenho experiência, seu Theodoro. Pode perguntar lá na Vila Araiporanga.

— Eu sei. Está aqui porque me deram boas referências suas. Mas tem uma coisa! — entonou a voz. — Que fique bem claro! Depois que receber pelo serviço quero que desapareça. Nada de ficar zanzando por aqui. Se ficar, eu juro que terá o mesmo destino do Josa.

— Josa? Quem é ele?

— Um peão lá de Sorocaba. Tratou comigo e não cumpriu. Então cortei as partes baixas dele — pausou. — Está claro?

— Vixe! Deixa esse moleque comigo, patrão.

— Outra coisa... Não se hospede aqui. Fica lá do outro lado do rio. Ninguém pode lhe ver zanzando aqui na Vila do Rio.

Theodoro combinava com Pereira, peão matador, por um dinheiro que dava para comprar sete, oito alqueires de mata lá para o lado do rio Ivaí onde as derrubadas iam. Quem não faria por conta de apenas um tiro, coisa de segundos, virar proprietário de um sítio desse tamanho? Pereira falava que se no inferno ele já estava, melhor então que estivesse com os bolsos cheios.

Ele tinha experiência. Participou das brigas em Araiporanga, também em Sapopema, respectivamente, às margens dos ribeirões Lajeado Liso e Lambari. Botou gente para correr, fez acertos de contas, incendiou ranchos e casas. Aqui na Vila do Rio era café-pequeno, coisa pouca, só um moleque ia morrer.

Depois do serviço Pereira pegaria o trem no rumo da Vila Sarandi. Em Sarandi havia disputa brava, de um toma lá dá cá sem fim. Em um lugar novo de disputas, ele teria muita serventia, por lá se pagava bem.

— Quer repassar, tirar dúvidas, Pereira? Não esqueça. Ele nunca sai sem a boina marrom na cabeça. Só algumas vezes usa uma xadrez. Também sempre está acompanhado dum cachorro preto. Se está saindo para caçar onça, que me traga uma parte dela, e não a de um quati. Entendeu?

— Sei de cor e salteado. Já negaceei o moleque. Fica sossegado.

— Mas vi que não anotou nada!

— Tá na cachola, patrão! O senhor verá...

— Verá o quê?

— Minha habilidade..., uai! Não costumo estragar o couro — sorriu.

— Não é melhor ser prudente, atirar no meio do corpo?

— Tô acostumado... E depois, onça de couro furado perde preço — riu. — Ou nunca vendeu um couro de boi?

— Demais lá em Sorocaba.

— Então não preciso explicar... — sorriu novamente. — Couro com furos de bernes não dá nem botina... — abaixou a cabeça, pegou o revólver da cintura e o destravou para conferir o tambor. Rodou, travou-o e mirou num gato que passava. — Posso, patrão?

— Guarda esse trem, Pereira! Não precisa se exibir para mim. Faça o que tem que ser feito lá.

— Seu Theodoro! — tirou o chapéu, passou as mãos nos cabelos. — Será que não podia me adiantar uns vinte por cento do combinado?

— Nem pensar! Se não quer o serviço, pego outro.

— Desculpa!

Combinaram que assim que o da boina pegasse o carreiro para a ilha, o peão, escondido numa choça de coivaras e capim, dar-lhe-ia cabo.

Maria Clara estava na casa do Dino na ilha. Ele a usava para as urgências de sua profissão. Era um lugar bonito, com árvores altas e troncos retos, copas frondosas, um oásis. Tânia ficava com ela a maior parte do tempo. Dino providenciava o necessário. Fizeram tudo às pressas, medo que o insueto, o insólito Theodoro Fonseca, fizesse mal à filha e ao bebê. Caso a poeira baixasse, ou se arrumassem um outro lugar seguro, ela deixaria a ilha.

André, filho do delegado e apaixonado por Maria Clara, nem sonhava do conluio entre Theodoro e seu pai. Era filho de um traste, mas parecia bom moço. Às vezes titubeava. Aconteceu quando fora ao internato, em Sorocaba, para resgatar a moça. Mas dá para entendê-lo. Paixão faz isso.

Pereira era experiente em tarefas sujas. Passava quase todo dia do outro lado do rio. Cumpria o combinado com o "patrão". Por três dias seguidos, o peão acompanhou os passos do Filippo: aonde ia; com quem andava; que horas costumava sair para a ilha e quando voltava de lá.

Tudo estava nos conformes, planejado. Era só esperar o sábado. Faria o serviço no horário da missa — melhor porque a maioria da comunidade estaria nela. E por ser um sábado, nem dariam falta do Filippo, porque Candinha descobrira que ele costuma dormir na ilha.

O sábado esperado chegou. Pereira estava ansioso. Antes dos passarinhos darem presença no arvoredo, já estava com um facão a fazer um esconderijo de coivaras e capins. Depois das últimas travessas e a cobertura definitiva, ele distanciou-se um pouco para conferir. Sorriu ao vê-la perfeita. Voltou, entrou, fez uma pequena janela e enfiou o cano da arma. Mirou no começo do carreiro e, para si, disse:

— Nunca ganhei um sítio tão fácil! — sorriu.

Em seguida ele deixou o esconderijo da trilha e voltou para a cabeceira da ponte. De lá ele via a ilha. Conforme o planejado, pela tarde Pereira entrou na choça uma hora antes do costumeiro horário em que Filippo passava por ali.

O tempo estava carregado de nuvens a oeste. Podia chover forte. Cupins e tanajuras aladas revoavam. Ventava um pouco. Dez minutos depois o vento se avolumou. A choça chacoalhava. O peão segurava as coivaras mestres, mas sempre com os olhos na boca da picada. O moleque podia entrar num repente. Não podia perder a chance dos sete, oito alqueires lá no rio Ivaí.

Era ver Filippo e *pow*! Pegar o dinheiro e sumir para o Sarandi para outros contratos. E de lá era um pulo para abrir o que seria seu — derrubar a mata e plantar café. E foi o que ocorreu. Filippo apareceu no começo do carreiro. E parecendo coisa combinada, também veio a chuva.

O coração do peão, ainda que experiente ao infortúnio, se acelerou — situação de que ele dizia gostar. Completava que o dia em que deixasse de sentir esse prazer, pararia de matar. Filippo veio se aproximando. Por conta do vento, com uma mão, o rapaz segurava a boina sobre a cabeça. Pereira armou o cão do revólver. Mais oito, dez passos, ele arrastaria o dedo. E o fez.

— *Pow*! Toma, filho de uma égua!!! — gritou.

No momento do tiro e do grito, um golpe de vento arrancou a cobertura da choça. O peão saiu-se dela e foi conferir. A chuva se intensificou. Um galho cobria o rosto do infeliz estendido no chão. Sua boina estava caída em meio aos galhos, à ramagem bem do seu lado. Pereira viu sangue vivo sair do meio da testa do infeliz.

Satisfeito com o feito, o coração do peão matador disparou. Foi um tiro certeiro. Bela pontaria. Beijou o revólver e o enfiou no cós da calça. O couro do corpo estava inteiro. Sem furo, daria muitos pares de sapato — avaliou e riu.

Pereira pegou a boina como prova do serviço e a enfiou no cós da calça. Cobriu-a com a fralda da camisa. A chuva continuava forte. Estava lusco-fusco. Hora boa para sair dali antes que a missa terminasse. Cortou dois pedaços de coivara e os colocou cruzados sobre o defunto. Fez o sinal da cruz com a mão canhota e saiu.

Noite feita, sorrateiro, o peão entrou na Vila do Rio. Espiou. Estava deserta como nunca: a chuva e a missa aconteciam. Frei Giuseppe arrebanhara muita gente para essa missa especial. O peão sentiu raiva da fama do frei. Foi em frente. Espiou mais. A rua continuava vazia. Chegou em frente à casa do contratante. Bateu palmas junto ao portão. Nem precisava. Na varanda ele já o esperava. Pediu que fosse breve porque a esposa chegara. O peão respirava ofegantemente.

— Respira desse jeito por quê? Vai me dizer que falhou?

— Não, patrão. Mas confesso que estou esquisito... Nunca me senti assim.

— Desembucha! Conta logo. Estamos sozinhos.

— Fiz conforme o combinado. Nessa hora o frangote já está no fogo do inferno. Nunca mais vai atrapalhar o senhor.

— Como sei que deu certo?

— Conforme o combinado, tá aqui a boina dele... — retirou-a do cós da calça. — Pega! Pode ver que é a marrom de todos os dias.

— O bernento estava com ele?

— Não, patrão. Com essa chuva o cachorro preto não foi.

— Esquisito... Mas e o bastardo?

— Tá lá no aguaceiro do carreiro. Está esticado igualzinho uma cobra. E se quiser fazer um bom sapato, só perde o couro da testa. Esse meu *Rossi* é de primeira — quis mostrá-lo de novo, mas Theodoro pediu que o deixasse no cós.

— Quem trabalha, ganha. Aqui está o que é seu. Se quiser conferir, faça logo.

— Não preciso, patrão. Sei que cumpre o que fala. Então acho que vou andando. Preciso trocar essa roupa.

— Está uma sopa... Vá logo.

— Não é só por isso. Não costumo repetir roupa usada em crime. Dá cafifa.

— Cafifa?

— Azar, patrão...! — sorriu.

— Dê o fora!

— Até mais ver! — pegou a rua e foi em meio à chuva que continuava a cair.

Theodoro ficou ali na varanda. A chuva, depois de hora e meia, amiudou-se. Tinha fumado dez, doze cigarros de papel, um maço amarelo, um "Mistura Fina". Pegava outro quando Tereza chegou. Ele tacou um beijo no rosto dela. Ela se espantou. Fazia meses que não recebia nada. Até achava que a tal Candinha era sua amasiada. Ainda assim, Tereza reagiu positivamente:

— Nossa! O que aconteceu que não sei? — sorriu. — Será só um beijo ou está interessado noutra coisa? — sorriu e jogou os cabelos para o lado.

— Deixa de ser besta, mulher! Estou contente por outra coisa — entrou no quarto.

Um pouco depois Theodoro saiu-se dele e foi à cozinha. Pegou uma xícara e foi ao bule. Tereza sentia que alguma coisa anormal havia acontecido, mas tinha reservas. Sua estupidez a intimidava.

— Vou sair... — pegou um guarda-chuvas e foi.

Chegou na casa do delegado Trombetas e contou-lhe sobre o sucesso do combinado. Como prova, mostrou a boina do bastardo. O delegado abriu uma garrafa de vinho. Seus filhos e a mulher não estavam. Puderam brindar nas alturas. Abriram uma segunda. Quando essa ia para lá da metade, Roberta, sua esposa, e o filho Humberto entraram. Eles saudaram os dois e ela veio com duas taças. Olhou nos olhos do marido e...

— Brindam a quem? A essa chuva que cai? — sorriu.

— Eu, à saúde de todos! — Theodoro falou.

— Eu, ao frei Giuseppe! Gosto dele! — ela sorriu.

— Gosta? — o marido perguntou com uma piscadela ao amigo.

Ela deu-lhe um beijo na boca. O filho Humberto perguntou ao pai pelo André. Ninguém o via desde o almoço.

— Tem um baile lá para o lado do sítio do Valentim. Como é um pé de valsa... — Theodoro lembrou.

— Mas com essa chuvarada? — Humberto duvidava.

A noite se fez de vez. Um chuvisco ainda acontecia quando alguém bateu palmas no portão. Roberta correu para atender. O delegado e o Theodoro ficaram de ouvidos.

— Vocês estão brincando comigo! Jura que não é verdade. Não! Não! Não é verdade! Não é! — desesperada, ela jogou-se contra o portão e o marido assim que se aproximou.

— Roberta, o que foi? Diz-me o que foi?

— Alguém deu um tiro na cabeça do nosso André. Alguém matou nosso filho!

Theodoro saiu da residência sem, mesmo, nenhum acalanto, uma condolência. Pegou a rua e foi triturando mais esse insucesso, mais esse malfeito, mais essa incompetência. Chutou, pelo caminho, duas latas de lixo, caiu numa poça d'água. Por um momento desejou morrer... Mas os covardes tiram a vida dos outros, jamais a própria.

Comoção sem igual aconteceu no domingo, o dia seguinte. André, o filho do delegado, fora morto com um tiro na testa.

Por causa do vento e chuva grossa, Filippo foi à ilha depois que ela se amiudou, quando já era noite. Nero pegou a frente do carreiro. Um pouco na frente de Filippo, ele latiu. Fez e voltou até Filippo. Uivou em seguida. Seria um bicho? — Filippo pensou. Preocupado esticou os passos. Andou um pouco mais. Escorregou na lama. Clareou a trilha com a lanterna, e, subitamente, parou. Nero cheirava. Filippo viu um corpo estendido no chão do carreiro. Focou seu rosto e o reconheceu. Ele gritou:

— *Dio Santo!* É o André!

Virou-se para correr de volta. Mas não o fez. Voltou ao rosto dele. Viu sangue e um buraco no meio da sua testa. Sinal de tiro meio à queima-roupa. Deveria ter sido para ele. André morrera no seu lugar.

— *Maledetto assassino!*

Respirou fundo. Deu cinco passos à frente. Galhos e coivaras estavam espalhadas no carreiro, certamente pelo vento. Caminhou um pouco mais, encontrou uma choça, o esconderijo do criminoso, o ninho da serpente.

Filippo, nessa noite, fora sem sua costumeira boina marrom. Estava hoje com uma xadrez porque a marrom sumira do varal de roupas quando secava dois dias antes.

Na segunda-feira, logo depois do sepultamento, o delegado Trombetas, com um revólver preso na perna direita sob sua calça de brim ocre, foi até a casa do Theodoro. Bateu palmas, mas ninguém saiu para atendê-lo. Então ele abriu o portão e entrou. Quando já estava na varanda e imaginava entrar pelo corredor e sala, sem que visse o "amigo de ontem" chegou por um corredor lateral com sua *Beretta* em punho e, pelas costas, ordenou.

— Delegado, se estiver com uma arma retire-a e a coloque no ladrilho ou leva um tiro! Sei muito bem por que veio até aqui. Não titubeie! Sabia que viria.

O delegado virou-se com as mãos para cima e...

— Pode ver... Não estou armado, Theodoro!

— Está armado... Arregaça a calça da perna direita e retira a arma. Não brinque comigo. — O delegado retirou.

— Mas as coisas não podem ficar assim. Você matou meu filho — pausou. — Como vai reparar?

— Não matei ninguém. O bosta do Pereira foi quem fez o serviço. Aliás, serviço que eu e você tramamos. Deu errado, Trombetas. Foi uma fatalidade.

— Não foi bem assim. Foi você que quis eliminar o bastardo. O núcleo do caso é seu, não meu — pausou. — Preciso de uma compensação.

— Compensação? O que você está falando, homem? Abilolou da cabeça?

— O sítio que foi do Honório Lima, vizinho do Samuel Neves na Água Branca, sei que não perdeu, que continua seu. Passa-o para meu nome e faço de conta que tá certo.

— Mas nem que a vaca tussa, Trombetas! É o único sítio que me resta.

— Então vou mexer meus pauzinhos, Theodoro — abaixou-se para pegar o revólver do chão.

— Epa! Epa! Nada disso. A arma fica — ordenou com sua *Beretta* em punho.

— Vou levar porque é instrumento do meu trabalho.

— Se agachar um pouco mais eu te mato — Trombetas levantou-se e se afastou do revólver do ladrilho. — Sai fora! Sai! — Theodoro gritou.

O delegado desceu a escada da varanda, passou pelo portão e pegou a rua. Dez, doze passos à frente ele virou-se e...

— Cuidado! Os urubus estão famintos!

Enquanto caminhava chorava pela morte do filho e matutava o que fazer. Pela cumplicidade sentia-se amarrado pelos pés e mãos. Ele não era tão culpado quanto Theodoro, mas algum dolo tinha. Sua esposa e o filho Humberto nem de longe sonhavam que estava metido nessa encrenca. Se toda a verdade viesse à tona, ainda que conhecesse bons criminalistas em Sorocaba, certo que perderia o cargo de delegado. Viveria do quê?

— Não vou esperar. Mato esse filho da puta.

SAN GENNARO TARDA, MAS NÃO FALTA

1948. Filippo chegou no circo nem bem o sol tinha saído. Nero o acompanhava, abanava a cauda. Estava tudo muito quieto. Certamente cansados pelo trabalho duro na sua montagem. Mas havia fumaça de lenha numa das tendas. Sinal de fogo e café saindo? Ele chegou nela. Espiou, viu que a água, numa chaleira, ferveria logo sobre a chapa de um improvisado fogão de tijolos à lenha. Com a tampa da chaleira uma senhora abanava gravetos em brasas. Filippo estava ofegante. De costas a senhora não o via. De repente ela virou-se para ele e se assustou. Ele sorriu. Levantou as mãos, pediu calma. Ela devolveu com outro sorriso. Pediu, em seguida, que se sentasse numa de muitas banquetas. Assim que fez apareceu o seu Francisco Maximiliano. Depois veio o Deoclécio. Viu Filippo e lhe desejou um dia bom. Duas colheres de pó de café foram para o coador. Depois a água fervendo, embaixo o bule, a fumaça saindo, o cheiro do café por toda a tenda. Era um café cigano de uma vida cigana. Então Filippo lembrou-se dos muitos ciganos que chegavam, principalmente da Hungria e da Iugoslávia, em todas as primaveras em Aosta, e, no seu vale, faziam acampamentos. Algumas vezes tomou café semelhante a esse com esses itinerantes do *Maximus*.

— Bom dia! — entrando na tenda, um senhor desejou. Tinha cara de cinquenta e poucos anos.

— Esse é Filippo — Deoclécio o apresentou.

— Como vai? — sorriu. — Eu sou Alfredo. E esse cachorro?

— Esse é Nero.

— Nero...? O Nero da Itália? O Nero Cláudio César? — sorriu.

Filippo, que bem sabia sobre a Itália, lembrou-se das muitas vezes que falou sobre esse tirano aos turistas em visita a Aosta, principalmente quando passava em frente ao teatro romano dessa cidade. Nero, se por um lado fora extravagante e temido, por outro aumentou o capital cultural do império, ordenando a construção de diversos teatros e promovendo jogos e provas atléticas.

— Não é o da Itália. Esse Nero é do bem — acariciou o cão. — É bem diferente daquele tirano.

— Vi que tem boa noção da história da nossa Itália... Mas voltemos... Não está aqui por isso. Visita-nos para o quê, rapaz? Quer empregar-se no circo?

— Não. Não é isso. Mas se atrapalho o café de vocês, volto outra hora — Filippo perguntou com os olhos nos do seu Francisco, o dono do circo.

— Não atrapalha. Vá em frente, rapaz. O que deseja? — Alfredo perguntou.

— Procuro por dois tios faz quase seis anos. Não tenho o retrato deles — nem no papel, nem na memória. Eu era bem pequeno, os via pouco, não guardei suas fisionomias. O que tenho é essa carta. Só que já está toda rasgada. Mas dá para ler alguma coisa — passou ao seu Francisco.

Ele pegou a carta, leu com dificuldade por conta do desgaste das letras, olhou para o Alfredo e disse.

— Não te falei que um dia ainda encontraria seu sobrinho, seu Ruggero Melinni! Que *San Genaro* tardaria, mas não faltaria! Olhe a carta que você e o seu irmão escreveram e enviaram para sua irmã — passou a carta.

— *Dio santo!* Você é meu sobrinho, o bambino, o filho do Agostino Conti e minha irmã Giulia? *Mama mia!* É o Filippo Melinni Conti! — abraçou-o longamente.

— *Mio San Gennaro!* E o senhor é o meu tio Ruggero? Quem eu procuro faz tempo! — beijou-o com carinho. — E o Tommaso?

— O que foi? — Arthur entrou na tenda.

— Deixa esse seu Arthur para lá, Tommaso! Faz tempo que a guerra acabou, também as perseguições. Veja com seus próprios olhos quem acabamos de encontrar! O nosso sobrinho Filippo!

Inenarrável. Abraçaram-se. Queriam saber de tudo. Da sua vida. Por que e como saíra de Aosta. Da Itália. As dificuldades. Enfim, tudo de uma vez. E no relato que fez, quando tocou no esconderijo dentro do cemitério, os dois tios choraram.

Filippo aprofundou seu coração ao falar da solidão que sentiu. Falou da ausência da mãe e da ida do pai para a guerra.

De repente pararam a conversa. Todos voltaram-se para a porta da tenda. Filippo virou-se também. Chegava, empurrado por um funcionário do circo, para esse café, o cadeirante que vira dois dias atrás.

Filippo voltou os olhos para sua perna amputada, também para seu grande queloide no rosto. E o cadeirante fixou os olhos nos dele. Ele sentiu um olhar diferente, como quem procurasse algo, aliás, como fazem os ciganos com as linhas das palmas das mãos. Ruggero e Tommaso, por saberem o que sucederia, quebraram a imersão entre os dois.

— Leu alguma coisa nos olhos desse menino? — colocou a mão no ombro do Filippo e sorriu.

O cadeirante continuava sério. Seus olhos ainda estavam nos do Filippo. Ele respirou profundamente e...

— *Eco! Mio San Gennaro! Non lo so. Vedo qualcosa di misterioso. Mamma mia! È mio figlio, il mio Filippo che ho abbandonato ad Aosta, fidandomi del maledetto Mussolini? Ho ragione?*[7]

— Ele mesmo, Agostino! Acaba de encontrar seu filho! Filippo, você acaba de encontrar seu pai! Espero que conversem e que se entendam. E você, Agostino Conti, que explique tudo a ele. Que não minta.

Não se tocaram. Não se abraçaram. Olhavam-se com quereres, mas faltava coragem, talvez. Saíram todos da tenda. Ficaram os dois a conversar. E nela Filippo soube do que acontecera, de verdade, com sua mãe, já que a ele, ainda bem pequeno, contaram que ela havia morrido. Tanto que Filippo fora muitas vezes no seu túmulo. Lembrava-se do seu mármore escuro, também de uma placa com a inscrição: "*Qui giace Giulia Melinni Conti! La morte ha lasciato un dolore che nessuno può guarire*". Quantas vezes ele fora, nos dias dos mortos, colocar maços de tulipas e lavandas, também acender velas.

Filippo ficou indignado. Embraveceu-se. Deu vontade de chutar a cadeira do pai e derrubá-lo. Mas em sendo seu pai, se conteve. Se sofria para ter Maria Clara que o amava, seu pai sofrera quando ela o trocou por um soldado francês.

---

[7] Meu São Gennaro! Não sei. Eu vejo algo misterioso. Minha mamãe! Será o meu filho, o meu Filippo, que abandonei em Aosta, confiando no maldito Mussolini? Eu estou certo?

— Não sou tão estúpido, assim, meu filho! Não fui ao front de batalha somente por conta dos discursos do Mussolini. Fui também porque queria me vingar de Pierre, o traste que levou Giulia, o amor da minha vida, a sua mãe — pausou com os olhos em lágrimas. — Todos perdemos. Eu, você... — Lágrimas descem pelo queloide do seu rosto, Filippo as enxugou com a fralda da sua camisa. — Obrigado, filho. Quase morri. Depois de recuperado, te procurei por toda parte em Aosta, por toda a *Emilia-Romagna*, também pela média Itália. Ninguém soube me dizer do seu paradeiro. Achei, até, que havia morrido. Fiquei desesperado — pausou.

— O senhor matou Pierre?

— Não. Foi meu batalhão quem o matou. Ele morreu nas cercanias de Val d'Isère, aos pés dos Alpes — Filippo o abraçou, longamente.

— E a mamãe?

— Nunca mais a vi, nem soube dela. Não sei. Depois que o Pierre morreu, pode ser que tenha voltado para a Itália. Não iria ficar sozinha na França. Mas não me interesso saber. É uma excomungada.

"Tempo atrás sua imagem ainda vinha na minha cabeça. Chegava desfocada, mas chegava. Agora desapareceu. Gostaria de recuperar, pelo menos, parte da sua fisionomia. Não devia, mas...

Tem certeza que gostaria de vê-la, filho? — Filippo não respondeu. — Não devia, já deveria ter rasgado, mas guardo um retrato dela até hoje. Vou buscá-lo."

Agostino Conti deixou a tenda sobre sua cadeira de rodas e voltou minutos depois com o retrato da ex-mulher, da Giulia Melinni Conti.

— Esta é a sua mãe, filho. Este retrato foi tirado faz tempo. Tem a sua idade.

Enquanto Filippo olhava a fotografia da mãe, duas gotas graúdas de lágrimas brotaram e escorreram-se pelo rosto. Seu pai, sem saber o que dizer, ficou a contemplá-lo.

— Agora me lembrei dela, pai... — soluçou. — Uma pena... Poderíamos estar juntos... Uma pena... Mas...

— Mas o quê...?

— Bobagem... Bobagem, pai... — Fizeram breve silêncio. — Sou teimoso. Nunca me dei por vencido... Acha que seria possível, um dia, encontrá-la?

— Creio que não. Ela ficou longe no tempo e no espaço. Na hipótese de estar viva, estaria onde depois do rebuliço causado por essa guerra? — olhou nos olhos do filho. — Na Itália? Na França? Onde? — pausou. — Morreu muita gente. A Europa inteira está rebuliçada. Todo mundo procurando os seus. Nas estações, nos portos, nas praças é comum ver gente com retratos nas mãos procurando. Achar é que é difícil. Sua mãe pode até estar enterrada numa vala comum. Fizeram centenas de valas. É melhor esquecer, filho. Estou convicto de que morreu — pegou nas suas mãos, puxou-o para si e lhe beijou o rosto com, ainda, uma réstia de lágrimas que descem.

— Posso ficar com este retratinho, pai?

Filippo o guardou no bolso da calça. Em seguida combinaram reunir essa família reencontrada com a sua da Vila do Rio.

O pai desvairado de ontem era o mesmo "generoso" de hoje? Será que o tempo, que pode ser o senhor de tudo, estava a possibilitar uma nova chance a esse, ontem, soldado do Benito Mussolini? Pode ser que sim. Quem imaginaria tão imponderável encontro acontecer sob uma tenda de um circo numa cidadezinha à beira-rio? História iniciada e conduzida mal além do Atlântico, ao que parecia, estava a caminho de bem acabar ali na Vila do Rio.

AMOR INCONDICIONAL

1948. Maria Eugênia, vindo da igreja, passou apressadamente pelo balcão da padaria. Pai e mãe atendiam fregueses. Pegaram pães e foram. Ela dependurou o violão, chegou ao balcão e percebeu que os dois estavam com olhares nunca vistos antes. Arrepiou-se. Coisa boa não deveria de ser. Conhecia-os muito bem. Pensou em puxar uma conversa qualquer, mas não o fez. Mas o pai puxou:

— Não tem nada para nos contar? — arregalou os olhos.

Um frio de baixo até em cima a pegou. Certo que descobriram — pensou. A Candinha cumpriu a promessa. Espalhou pela cidade e acabou neles.

— Vai ficar muda? — Lúcia, sua mãe, perguntou.

— Perdeu o juízo, Maria Eugênia? Tem que ser muito desajustada mesmo! Coisa de gente de miolo mole. Onde já se viu ficar de caso com um padre? — bateu no balcão com força.

Maria Eugênia assustou-se. Começou a tremer. Seus olhos encheram-se de lágrimas.

— A Candinha nos contou tudo. Falou que até as proclamas foram impressas.

— Ela é uma fofoqueira, João. Queremos saber é da boca da Maria Eugênia. E então? Tagarela como é, agora se emudeceu?

Nossa! Que conversa difícil com esses dois duros como um pão italiano vencido. Precisava sair da submersão. Então Maria Eugênia tomou ar, respirou fundo e veio de frente. Afinal, o frei fez a parte dele com Dom Aristides e o Vaticano. Se era uma "Eugênia", que do grego significa *"raça, estirpe"* — sabia bem porque sempre esteve rodeada de livros —, não iria afrouxar.

— Se a Candinha falou assim, errou. Ela está com o milho, eu e o frei já temos a pamonha, meu pai, minha mãe.

— Não estamos entendendo! — uníssonos, reagiram.

— Estou a falar para vocês que a pamonha está cozida. Iam saber hoje. Saí da aula de violão decidida em contar, mas a fofoqueira chegou primeiro. Aliás, os fofoqueiros, que nunca têm nada a fazer, madrugam. Estou a dizer que o frei deixará a sua batina daqui a pouco, que Dom Aristides, o bispo, já aprovou seu desligamento e que o Vaticano concordou. Mandou-nos duas vias assinadas. Tenho uma comigo. Querem vê-la?

— Mas...

— Agora é a minha vez, pai. E o edital de *proclamas*, digo, o documento que o cartório emite quando os noivos dão entrada na habilitação para o casamento civil, está pronto.

— Até isso? E o Jesuíno fingindo-se de amigo nosso...!? Imagina se fosse inimigo...!? — sua mãe exclamou.

— Coisas do cartório são sigilosas, mãe. Já que cutucaram, vou contar tudo. Melhor da minha boca que da boca da venenosa. O frei Giuseppe antes de deixar o sacerdócio fará o casamento do Filippo com Maria Clara. Prestem atenção. Dom Aristides se convidou para vir até aqui na Vila do Rio para celebrar meu casamento com Giuseppe. E tem mais. Já temos as passagens do navio. Quer que eu conheça sua família em Salerno, a cidade onde ele nasceu. Fica no sul da Itália.

— Então...?

— Marido... Amor incondicional é assim. Você me perguntou outro dia o que era. Ou não se lembra?

— Papai..., mamãe...! Quando se ama de verdade, desafia-se a tudo. Não há barreira que não possa ser derrubada — sorriu. — Vocês terão, daqui a pouco, um ex-frei como genro! — riu mais. Os dois desfizeram as rugas da testa e a abraçaram.

LIBERDADE PARA TODOS

1948. Lorenzo entrou na venda do Diogo com a *Folha Paulistana* debaixo do braço. Queria mostrar aos amigos um último levantamento dos estragos deixados pela Segunda Guerra Mundial. A professora Elisa chegava da escola com algumas pastas. Viu o amigo, chegou nele abrindo uma, retirou o jornal e perguntou:

— Tem o jornal de hoje? Viu a matéria sobre a guerra, seu Lorenzo? Levei para as crianças verem. Lemos e comentamos sobre seus estragos. O repórter José Vasconcelos, o tradutor Lorenz Smith e o Hans Stein assinam a reportagem.

— Tenho! Olha! Trouxe o meu jornal para falar sobre isso aos paus-d'água daqui — ele sorriu. Ela também.

— Admiro-o muito, seu Lorenzo. O senhor não desiste, não é?

— Aprendi com meu filho que o importante é não se dar por vencido, professora. Desistir é morrer. Como não quero ir cedo, fico a fazer o melhor que posso. A propósito... Já ouviu o canto de um urutau? Aquele passarinho noturno, misterioso, lúgubre, dono de um canto melancólico, que de dia fica estático, como fosse um morto, parecendo-se a um pedaço de pau seco?

— Não. O que tem a ver com o que falávamos?

— Que uns preferem, ou melhor, evoluíram-se para não serem vistos, mas, ainda assim, eles participam da mesma odisseia de que os mais ativos participam — pausou. Ela arregalou os olhos. — Eu não consigo ser um urutau, professora. No que puder me mexo para contribuir, não sou um soturno.

— Mas voltando à matéria de hoje aqui do jornal, viu como foi a concentração de Auschwitz-Birkenau?

— Um absurdo! O Campo de Concentração de Sachsenhausen, onde o professor Hans Stein foi prisioneiro, comparado ao da matéria, foi café-pequeno.

Sem ninguém dentro do estabelecimento, Elisa e Lorenzo liam e comentavam o mais importante dessa reportagem. A matéria era assinada pelos três autores. Fazia uma resenha da Segunda Guerra Mundial e, ao fim, trazia um quadro com o mais importante dos campos de concentração de Auschwitz-Birkenau.

— Elisa, veja aonde o tirano chegou. Fizeram Auschwitz-Birkenau para exterminar inimigos e grupos indesejáveis da sociedade. Crápula! E construíram fora da Alemanha, na Polônia ocupada.

— Estou vendo. Como se o traste do Theodoro Fonseca fizesse sua cooperativa dentro do pátio da sua cerâmica. Aliás, cooperativa que, não fosse a justiça, faliria como Hitler faliu o país. Veja que fizeram quarenta e dois campos de concentração. Trinta e nove só para auxiliar três principais.

Lorenzo e Elisa começaram a ler em voz alta. Diogo e Ana flor chegaram no balcão e ficaram a escutar. Cada um lia um parágrafo.

Quando terminaram a leitura da matéria, Diogo foi à *Gelomatic* e trouxe duas tubaínas. Tomaram comentando sobre o comunismo vigoroso no leste europeu, a derrota do fascismo italiano e a ameaça de um fascismo à brasileira do estúpido Plínio Salgado.

De quebra chegaram ao atual presidente do Brasil, o Dutra, que assumira alinhar-se incondicionalmente aos Estados Unidos, que, por seu lado, travava uma guerra fria com os soviéticos. E foi por conta disso que o Dutra, nesses últimos dias de 1948, reprimia ferozmente os partidos e movimentos sociais de esquerda.

— Seu Lorenzo... Não acha o Dutra um "contraurutau"? — perguntou desmanchando-se num sorriso.

— Está a me dizer que se dormisse seria melhor, professora?

— Isso mesmo... — Os dois riram.

— Riem do quê? — Ana flor, mãe de Elisa, vindo do reservado e entrando no salão, perguntou.

— De nada, mãe! De nada... Nada importante. Só uma questão lateral.

A despeito de opiniões divergentes sobre questões laterais, os quatro, Lorenzo, Diogo, a professora Elisa e Ana Flor, concordavam com uma central. Eles condenavam quaisquer formas de tolher as liberdades. Nesse sentido não precisavam ir longe, tinham nos terreiros da Vila do Rio exemplos de sobra.

Lorenzo contou sobre o encontro do filho Filippo com os tios e o seu pai. Também sobre os feitos dele com ajuda do frei Giuseppe e Tânia, para resgatar Maria Clara do internato. Admiraram a audácia. Falaram da gravidez de Maria Clara e da reação do seu algoz, no que os quatro brindaram. Também que o frei deixaria, brevemente, sua batina. Aí Ana Flor, negativamente, reagiu. Diogo chamou-lhe a atenção com uma pergunta:

— Gosta de liberdade só para você, Ana Flor? Para os outros não?

— Abaixo as ditaduras. Seja de direita, seja de esquerda. Começamos como nômades. Nada de cerca de arame farpado — Lorenzo cravou.

Lorenzo, antes de ir, falou que agora seu projeto de expansão da cerâmica iria sair, finalmente, do papel, porque o Theodoro perdera a concessão de reserva que fez do uso de todo o subsolo da planície argilosa do rio. Também falou aos três que, por esse revés, mais algumas cerâmicas iriam instalar-se ali no município, que ele podia aumentar seu comércio porque o movimento aumentaria.

Ana Flor ouviu e saiu apressada. Voltou sorridente com uma garrafa de vinho e quatro taças. Comemorar o que acontecia na cidade era preciso. Antes de abri-la buscou aprovação virando o rótulo ao amigo:

— *Tavernello Rosso d'Italia*, casta *Merlot*. — Lorenzo sorriu. Ela também. Conhecia-o como a palma da mão.

DEPOIS DOS INVERNOS AS PRIMAVERAS VÊM

1948. Depois do esconderijo e do episódio no carreiro da ilha, Filippo levou Maria Clara para a casa paroquial. Por meio da Candinha, Theodoro e Tereza souberam. Então pegaram o jipe e correram até lá. Queriam pegá-los de supetão.

Tanto Filippo quanto o frei haviam-na preparado para, mais cedo ou mais tarde, esse encontro. O filho no seu ventre a revestia de mulher amadurecida. Certamente um "milagre" da vida, já que no curso da evolução, se assim não fosse, mães não seriam mães, não dariam conta dos seus rebentos. Trocando em miúdos, por conta de encontros e desencontros, de tantas situações adversas, todas muito difíceis, o couro de Maria Clara engrossara à beça nesses últimos meses.

Theodoro subiu a escada e entrou bufando na casa paroquial. Tereza veio atrás. O frei estava na sala com Maria Clara. Nem um oi, um como vai disseram. Ainda assim, Maria Clara, ao vê-los, não perdeu a compostura. Ela se pôs de pé e sorriu.

— Desgraçada, então nos enganou? Desavergonhada — ameaçou dar-lhe um tapa no seu rosto.

— Bate, papai! Bate! — Maria Clara gritou.

— Seu Theodoro, por favor! — o frei se levantou e o peitou. — Sem violência, por favor. Acalme-se!

— Que me acalmar o quê? Estou envergonhado dessa aí se dar ao desfrute!

Maria Clara chorava. O frei a ajudou com um lenço.

— Pulou o muro do internato e fugiu! Que papelão! Como é que fico? Já conversamos, eu e sua mãe... Está decidido! Vamos te colocar em um convento Carmelita. Desses que nem janelas têm. Aí vai sentir saudades do internato de Sorocaba. Filha desalmada!

Maria Clara tremia. Engolia em seco. Respirava ofegantemente. Seu coração pulsava com força. Fizeram segundos de silêncio. Ela recuperou-se e...

— Não sou mais uma criança. Esqueceu que fiz, na semana passada, dezoito anos? Que adquiri a maioridade? Que sou dona do meu nariz? Nem se lembraram do meu aniversário, não é? — pausou. — E tem mais. Sou eu que tenho motivos para embravecer. Tenho vergonha do senhor. Estou sabendo de todas as tramoias que o senhor fez aqui na Vila do Rio. Sabia que desde pequena eu já desconfiava do senhor? E a mamãe sempre calada, não é, mamãe? — olhou para a mãe. — Queria um abraço de vocês, não essa discussão. Vou ser mãe... Eu e o Filippo não merecemos ser tratados assim.

O portão bateu. Filippo chegava da rua com Nero aos seus pés. Ele viu o jipe do Theodoro estacionado. Sabia, por isso, que descobrira onde Maria Clara estava. Mais cedo ou mais tarde esse encontro aconteceria. Respirou fundo e...

— Bom dia! — Filippo entrou sorridente como fosse encontrar grandes amigos. — Como vai meu futuro sogro, sogra? Estão bem?

Com palavras meigas, doces, carregadas de vida, de otimismo, não há muralha que resista. Theodoro sentiu, na felicidade transbordante do Filippo, imensa dificuldade para dizer para ele tudo o que planejara.

— Frei, seu Theodoro, dona Tereza, uma xícara de café? — Tânia, até agora quieta, perguntou.

— Claro! Café para mudar o rumo da conversa desse encontro. Um café para um *Buongiorno!* — o frei sorriu. — Sem rodeios, nós vamos contar tudo. Tânia, por favor! — Giuseppe a chamou, porque ela havia deixado o café e se dirigido a um dos quartos.

— Também ela?

— Sim. Muitos nos ajudaram, seu Theodoro. Mas, por favor, escutem tudo. Depois se quiserem gritar, meter a cabeça na parede, a casa é grande. — Sentaram-se no entorno da mesa dessa sala. Um bule de café e um bolo os servia.

Filippo falou do seu amor por Maria Clara desde as pipocas no circo. As flores que deixou na varanda e que não chegaram às mãos dela. Enfim, do passado e do presente no internato. Do esconderijo na casa rústica do Dino Mekelê na ilha. Tudo, tudo. O frei fez a mesma coisa. Também Tânia quando se vestiu de freira no internato.

Dona Tereza lacrimejou. Theodoro se mexia na cadeira. Respirou fundo. Por fim, Filippo contou sobre o ocorrido agora, nessas últimas horas, fatos que nem Maria Clara e nem o frei, e Tânia, sabiam.

— Maria Clara, Frei Giuseppe, Tânia, Dona Tereza, seu Theodoro! Vocês não vão acreditar! Acabo de encontrar meus dois tios e o meu pai aqui na Vila do Rio!

— Aqui? — uníssonos perguntaram.

— Meus tios trabalham no *Circo Maximus*. São os palhaços que nos fizeram rir quando passaram por aqui cinco anos atrás. E eu correndo por aí feito um maluco, procurando os dois marmanjos! Não é para rir? — Arregalaram os olhos.

— São os esfarrapados?

— São! Lembram-se do *Bella Vita* e do *Vita Bella*? O *Bella Vita* é o tio Ruggero e o *Vita Bella*, o Tommaso.

— E seu pai? — Maria Clara perguntou.

— Explico. Esses dois deram-se tão bem no circo que juntaram um dinheirinho, pegaram um navio e buscaram meu pai, que eu pensava estar morto. Porque vocês sabem que eu vim para cá porque fiquei sem ninguém lá na Itália, lembram-se? — pausou. — Dá pena. Está com o rosto desfigurado e coxo. Nem o reconheci. Foi causado pela explosão de uma bomba numa batalha quando esteve no sul da França.

— *Dio Santo!* — o frei exclamou. — Faremos uma missa em ação de graças! — sorriu. — O importante é que você nunca se deu por vencido, Filippo! Um brinde à vida por todas as formas de amar! Um brinde por essa vida que está na barriga dessa menina linda como uma Deusa — o frei olhou para Maria Clara.

— Tem mais uma coisa... — Filippo enfiou a mão no bolso. Quero que vejam esse retratinho — passou primeiro para Maria Clara.

Ela espiou-o e franziu a testa. Antes de perguntar passou ao frei. Ele fez o mesmo gesto. Depois à Tânia. Esta olhou, olhou mais e...

— Ganho o quê se eu acertar? — perguntou com ele ainda nas mãos.

— Um beijo! — Filippo respondeu com um sorriso aberto.

— É a sua mãe, Filippo.

Aí o retrato foi para Theodoro, para Tereza, voltou à Maria Clara e à Tânia. Filippo cumpriu, beijando a amiga Tânia. Trocaram lembranças das tantas vezes em que Filippo contou sobre o ocorrido com sua mãe.

— E o seu Theodoro e dona Tereza, o que têm a nos dizer sobre a filha de vocês e o Filippo? — Tânia perguntou.

Tereza olhou para o marido, mas não abriu a boca. Theodoro se mexeu na cadeira. Como é difícil metamorfosear — pensou o frei. Dar as mãos à palmatória não era fácil a esse Theodoro mandão, imperador. Mas se o imponderável acontecia ali nas suas barbas, nos seus olhos, por que não esperançar?

— Pai, mãe. Quero mostrar uma coisa. Acabou de chegar — abriu uma bolsa de couro e passou uma folha de papel. Theodoro pegou. Quando viu do que se tratava, suas mãos ficaram trêmulas.

Tabelionato de Notas e Registro Civil das Pessoas Naturais do Município Vila do Rio: Tabelião oficial — Jesuíno Alcântara
Edital de proclamas n.º 019
Matrícula 034

Faço saber que pretendem se casar e apresentaram documentos exigidos pelo artigo 1.525, incisos I, II, III e IV do Código Civil Brasileiro:

Filippo Melinni Conti Giordano e Maria Clara Gasparinni Mazotti, ele, italiano naturalizado brasileiro, da cidade de Aosta, solteiro, estudante, nascido em 4 de março de 1930, RG n.º 33.456, residente e domiciliado à rua Alfredo Cosme, n.º 12, bairro Beira Rio, município Vila do Rio (PR), filho de Agostino Conti e Giulia Melinni Conti; ela, brasileira, natural de Sorocaba (SP), solteira, estudante, nascida em 23 de abril de 1930, RG n.º 31.783, residente e domiciliada na rua Damião Sucre, n.º 41, bairro Beira Rio, município Vila do Rio (PR), filha de Theodoro Fonseca Mazotti e Tereza Gasparinni Mazotti.

Caso alguém saiba de algum impedimento, que o oponha na forma da Lei.

Lavro o presente para ser afixado em Cartório e publicado no Diário do Vale do Rio, nesta cidade.

Edital de Proclamas expedido pelo Cartório de Notas e Registro Civil Jesuíno Alcântara, desta cidade.

Vila do Rio, PR, 30 de setembro de 1948.
<u>*Jesuíno Alcântara*</u>
<u>*Tabelião e Oficial*</u>

— Um edital de proclamas? Vocês são muito ousados. Faço uma besteira e vão me crucificar! É muita ousadia! — bateu na mesa e saiu bufando. Maria Clara foi atrás.

— Espere-me, papai! Espere!

— Não quero conversar com você.

— Mas eu preciso — pausou. — Papai, não sou mais uma criança. Já falei que fiz dezoito anos. Sei bem por que faz isso. Eu devia, aliás, eu não, a Anabela deveria tê-lo denunciado por assédio. Ela se casou com o José Timbó para livrar-se do senhor.

— Que bobagem! Quem lhe falou essa estupidez?

— Ela mesma. Também a Tânia e o Dino! Todos sabem. Não o denunciaram porque ficaram com pena da mamãe. Ela teria ido embora — pausou. — Nunca me esqueci de quando me levava ao rio com a canoa do Dino. Enfiava-se debaixo dos ingazeiros para deixar-me nua e não sermos vistos. Aí assediava-me com suas mãos. É por conta dessa tara que tem essa sua ciumeira doentia. O senhor é um doente! Um doente! — pausou. — Por isso tem raiva do seu genro. Por isso odeia o Filippo! Não gosta dele, não porque é um bastardo, mas porque o senhor é um doente — lacrimejou. — Deixe-me em paz, papai. Deixe que eu seja somente sua filha. Desista, nunca serei sua mulher. E depois vai às missas todos os domingos... Vai lá para o quê? — pausou. Theodoro embutiu-se. Ficou mudo. Não tinha argumentos.

— Pai! Por esse bebê que vai nascer, peço que procure um psiquiatra, um psicólogo na capital. A professora Elisa me contou que há vários. Sempre é tempo. Todos os anos as folhas caem e vêm outras novas e melhores que as que se foram. Depois dos invernos, há primaveras. Sempre é tempo. O senhor pode, também, ser primavera, meu pai. Ainda não tem sessenta anos. — Ficaram em silêncio.

Maria Clara enxugou as lágrimas, arrumou os cabelos e voltou. Theodoro a acompanhou. Ela enfiou a mão na bolsa e retirou outra folha.

— Papai, veja esse outro impresso. — Theodoro pegou...

— Outro Proclama? — arregalou os olhos.

— Sim. É o edital do casamento do frei com a Maria Eugênia.

— Um frei se casando? Que barbaridade! E ainda com a filha do João Farinha? Esse mundo está perdido...

— Quando se ama, se ama, papai! É Giuseppe com Maria Eugênia. Não é o frei com a filha do João Farinha, pai. Ele se chama João Manfrinato. O senhor é cheio de preconceitos com os outros, mas passa por cima de tudo quando é do seu interesse — pausou.

— Tudo foi feito nos conformes, seu Theodoro — Tânia entrou na conversa.

— Até essa aí pode dar pitaco? Democracia demais dá nisso — Theodoro cravou.

— Pai, o bispo Dom Aristides aprovou, o Vaticano também. Está tudo certo, legalizado... — pausou. — Tenho uma outra coisa que me engasga faz tempo, pai. Quero saber da sua relação com a fofoqueira? — Tereza arregalou os olhos. Também Filippo e o frei. — Não fiquem espantados. E a fofoqueira, papai? O que me diz dela?

— Que fofoqueira?

— Sabe bem de quem falo, pai!

— Somos amigos, só isso... Não tenho nada com a Candinha... — abaixou o olhar.

— Por que não responde olhando nos meus olhos. Já não sou aquela menininha boba... O senhor já teve algum caso com a dona Maria Cândida?

— Deixa de ser besta, menina!

— Será que não? — olhou na cara dele. Theodoro desviou, novamente, os olhos. Maria Clara beijou sua face.

Theodoro deixou a sala e saiu. Fez funcionar o jipe e foi. Tereza, resignada, certamente sabedora de tudo, continuou na casa por mais um tempo. E nesse tempo ela acariciou o ventre da filha.

POR UMA ESTILHA DE CHÃO

1948. Final de outubro. Acabava de amanhecer. Severino Lima já estava em frente à delegacia quando o delegado Trombetas chegou. Precisava, com urgência, falar ao delegado sobre um problema de vida ou morte. O delegado arregalou os olhos e pediu que discorresse. Ele contou que fora procurado para, com mais três, quatro peões, e a mando do Theodoro, derrubar o muro da oficina do Samuel Neves. E que o seu pai, o Honório, quando soube, recomendou que fosse rapidamente à delegacia e desse parte. O delegado ouviu tudo. Em seguida chamou o policial Eliseu para lavrar um boletim de ocorrência. No boletim Severino apontou os participantes, a data e a hora da derrubada do muro. O delegado agradeceu com um aperto de mãos. Severino foi.

Já que a corda entre ele e o Theodoro estava para lá de esticada, seria melhor que interferisse ou deixá-la-ia estourar?

Quatro peões chegaram na hora marcada. Tereza abriu a janela e os viu lá fora com Theodoro. Ele acendeu um cigarro de papel, deu três, quatro puxadas e o jogou no chão. Pisou e o esmagou com a sola da botina.

— Entenderam? O muro é esse cigarro — apontou o dedo indicador ao cigarro e cuspiu em cima. — Vamos esmagá-lo. Comigo não terá nem mais nem menos. O muro vai cair hoje. O serviço tem que ser rápido. Vamos levar marretas e picaretas e pô-lo abaixo. Tão no jipe. Já cansei. Dei um bom prazo. Não derrubou. Então a gente derruba. Conferi ontem. Não o fez, então será agora e na marra. E o Severino? Cadê o Severino? O frouxo pulou fora? Depois reclama que está sem dinheiro! Eita gente mole! Mas, de verdade, quem é esse Severino? Eu o conheço?

— Conhece. É o filho mais velho do seu Honório Lima, de quem o senhor comprou o sítio lá na Água Branca. Agora a família toca uma olaria perto da Vila Frei Timóteo.

Theodoro não acrescentou mais nada sobre o Honório. Não queria. Comprara o sítio dele meio sob pressão. Para saldar uma dívida na cooperativa, o Honório teve que lhe passar dois terços da propriedade para quitá-la.

Esperaram mais um pouco pelo tal Severino, mas como não chegara, entraram no jipe do Theodoro e foram na direção do muro da Oficina Mecânica Samuel & Filhos.

Ainda não eram nem bem seis da manhã. Estava tudo quieto. Ela estava fechada. Apenas uma das janelas estava com uma veneziana semiaberta. Talvez por isso, Theodoro tirou a *Beretta* do cinto e uma lanterna do bolso e foi espiar seu interior. Esticou o pescoço e lançou luz para conferir. No seu interior tinha um carro sobre um macaco. Era o carro da Ilda da pensão. Satisfeito, voltou aos peões e ordenou:

— Muito bom esse feriado de Finados. Estamos sozinhos. Ponham logo esse muro no chão antes do sol aparecer. Quando virem, esse muro já era. E se refizerem outro no mesmo lugar, derrubo novamente. Vamos ver quem tem mais garrafa vazia para vender!

Com duas marretas e duas picaretas, calcularam derrubá-lo em pouco mais de meia hora.

De véspera, o tal Severino, vizinho de sítio tempo atrás, hoje o faltante, além de ir até a delegacia comunicar o fato a ocorrer, esteve também na residência do Samuel e contou-lhe sobre o plano do Theodoro. Então ele botou o João, seu filho, para dormir dentro do carro sobre o macaco da oficina. Entrou e ficou à espera a noite toda.

João sentiu-se honrado quando seu pai, confiante, pediu que cuidasse daquilo. A questão não era o valor do muro ou os dois palmos de terra da divisa. Era uma questão de honra salvar os suores, o duro que toda a família dera ao longo de tantos anos e, de certa forma, responder, à altura, ao passado, quando foram prejudicados pela gula do carcamano Matarazzo lá em Juiz de Fora. Imagina se João iria dormir! Jamais. Eram seis e pouco da manhã, mas seus olhos continuavam abertos e acesos como brasa.

— Escuta...! — João falou consigo ao ouvir as primeiras pancadas no muro. — Desgraçado! — ele sussurrou. — O excomungado veio mesmo. Filho da puta! O Severino não nos faltou. Vizinho bom também é para essas horas — avaliou.

João estava imóvel dentro do carro. Precisava flagrar. Deixar que derrubassem mais um pouco. Estava trêmulo. Ansioso. O coração disparado. Teria coragem de atirar? Matar uma capivara, uma paca, uma cotia era uma coisa, gente era outra. Jamais pensou em atirar numa pessoa.

Os peões se enfiaram no muro com as marretas e as picaretas. Quando o serviço já ia quase na metade, João saiu do carro e caminhou até a janela da veneziana semiaberta. Estava meio claro, lusco-fusco. Os peões quebravam e o Theodoro, com seu costumeiro cigarro na boca, ciscava como um galo no lixo. Vagarosamente João passou a ponta do cano da sua espingarda pela fresta da veneziana, mirou na cabeça do traste e arrastou seu gatilho — *Pow*!

Theodoro Fonseca caiu sobre suas pernas em meio aos cacos do muro quebrado. Os quatro peões largaram tudo e desapareceram na mata junto do rio. João saiu por outro lado e desapareceu.

O corpo do traste ficou às moscas esperando por providências. Somente lá pelas oito horas, passantes indo na direção do cemitério com flores para os mortos, já que era Dia de Finados, viram e acionaram o delegado Trombetas. O delegado Trombetas compareceu e, com ele, veio Doutor Ângelo, um novato, médico de poucos dias ali na Vila do Rio. Ele abriu uma maleta de apetrechos, retirou um estetoscópio e botou no lado esquerdo do peito do infeliz. Tentou escutar, mas não ouviu o coração. Depois colocou seu dedo indicador na jugular. Não disse nada. Nem precisava. Sua testa franzida falou aos que estavam no entorno do corpo. Declarou morte instantânea.

O acontecimento espalhou-se. Cada um contava de um jeito. O fato gerou duas posições antagônicas: uma contra o morto; outra contra o criminoso. A cidade inteira foi até o local do crime. O cemitério ficou, por horas, às moscas. Dezinho, solitário num canto, quando viu a multidão migrando, já que era Dia de Finados, do cemitério para o local do crime, só para si soltou baixinho:

— Defunto fresco é outra coisa! — riu.

NA ANTESSALA DO PURGATÓRIO

1948. Novembro — Dia de Finados. Como dito, a cidade migrou para o local da tragédia. Os do cemitério nesse Dia de Finados tinham hoje um defunto fresco. Tereza, sua mulher, lamentava, entretanto não molhou seu lenço. Mesmo sabendo que não haveria água benta que desse conta de aliviar os pecados do morto, o ainda frei, o Giuseppe, cumpria seu papel e o rito. Jogou, de gotejar, água benta sobre a cara do infeliz esticado no caixão.

Ao prefeito Gerônimo foi sugerido decretar luto oficial por três dias, com bandeira a meio pau. Também de fazer o velório no saguão da prefeitura. Veementemente, o "Serra-Pau" recusou. Outros sugeriram que o guardamento fosse na Câmara dos Vereadores. Também foi refutado. Outros, ainda, no salão da cooperativa, mas Valentim, hoje seu diretor, pôs objeção.

As filhas, Anabela e Maria Clara, em meio à tijolada quebrada, lamentavam o destino do pai. Entretanto, compreendiam, pelo que fez a vida inteira, terminar sua odisseia dessa forma. Um sujeito que fez de conta ser "proprietário" de alqueires e mais alqueires de terras, sempre embaraçado por, piamente, crer em seu poder, hoje saía das suas andanças por conta de uma estilha de chão.

Depois das sugestões diversas, palpites e as negativas, Tereza pediu que o levassem para sua residência. A varanda ficou cheia. O guardamento ia nos conformes como vão as enxurradas morro abaixo. Sem contratempos, sem piadas, sem lamúrias. Quem contaria uma estória engraçada ou choraria por um desvairado, por vezes quase demente?

A Candinha fofoqueira pouco deixou o lado do defunto no seu caixão. Embora ninguém a visse chorar, seus olhos, levemente inchados, denunciavam seus sentimentos, sua ligação com o tal. Talvez mais pelo passado que pelo futuro. Será que houve bem-bons entre os dois?

Tereza, a viúva, nunca soube o que o morto e a fofoqueira aprontaram lá em Sorocaba. Mas hoje, à beira do caixão e com os olhos levemente crescidos, desconfiava. Mas, lerda como sempre fora, se lá atrás não soube de nada, descobrir só agora para o quê se a *Inês já era morta*?

Dino Mekelê e Tânia sabiam de tudo. Entretanto, não iriam contar à viúva. Imagina descobrir hoje, com o infeliz no caixão, que Candinha fora sua concubina esse tempo todo!? Certa vez Dino flagrou os dois num arranha-arranha danado, na beira do rio. Prometeu à Tânica silêncio. Cumpriu. Não iria, bem agora, entregar o Theodoro à viúva sem que este pudesse se defender.

Anabela e Maria Clara conheciam de quantos quilates o destemperado do pai fora forjado. Não desejaram que tivesse esse fim, mas que sua partida era uma libertação para elas, para sua mãe e para a Vila do Rio, isso era. Imaginem, as duas filhas, o tempo todo, assediadas pelo traste? Fora tanto que a primeira, para se sair dele, na calada da noite, preferiu arriscar-se com o peão José Timbó. E ela não o denunciou porque ele ameaçou matá-la. A segunda, para não perdê-la, a mandou para um internato. Ele desejava que as duas fossem suas mulheres.

Os cooperados não compareceram ao guardamento. Mas, em compensação, compareceu Anacleto Rosa, o mais distante da sede da Vila do Rio, que gostava mais de mato e de bichos do que da cidade. Mas hoje ele deixou lá suas plantas e seus bichos e veio despedir-se.

O Anacleto estava barbudo, com os cabelos nos ombros e as unhas das mãos longas e sujas — um verdadeiro ermitão. Ele entrou na sala do guardamento com as botas carregadas de barro e cheirando a estrume. Na mão direita trazia um relho, na esquerda um chapéu de pelica marrom.

Não cumprimentou ninguém, nem deu os olhos aos da sala. Devagarinho ele aproximou-se do caixão. Deu mais dois passos até alcançar o rosto do morto. Os do seu entorno olhavam-no com atenção pela bizarrice. Então ele levou o chapéu à cabeça e fixou-se no rosto do defunto. Com a mão vazia, fez o sinal da cruz no peito do falecido e afastou-se um pouco. Aí ele subiu o cabo do relho e desceu uma chicotada bem no meio da cara do infeliz. Bateu e gritou:

— Desgraçado! Não pagou o que me devia lá em Sorocaba, ainda que morto paga aqui e agora! — chicoteou-o novamente e gritou: — Lazarento! Bosta de vaca!

O delegado Trombetas, sentado com a esposa, que ainda lamentavam pela morte do filho André, ali fingindo-se chorar pelo esticado dentro do caixão, nesse momento esticou um canto de boca e sorriu. Fez e, rapidamente, recolheu. Não podia se trair. Pelo contrário, tinha que se posicionar com veemência. E o fez levantando-se e partindo com mais cinco, seis para cima desse "ermitão". Mas, com voz grave empostada e seu relho empinado, Anacleto os escorou.

— Mais um passo, eu meto esse relho na cara de cada um! Inclusive no desse delegadinho de meia-tigela! — pausou com os olhos arregalados nos dele. — Porque pouco venho aqui na cidade, pensa que não penso, que sou um bicho? Voltem para seus assentos! — Eles recuaram. — Ainda não consegui a pureza para ser um bicho. Quando me livrar dessa condição humana, quem sabe! — pausou. — Esse bosta que está indo para o inferno me deve quarenta vacas. Sabem o que são quarenta vacas? Lá em Sorocaba ele comprou minha vacada, a vendeu para um frigorífico e nunca recebi. E outra coisa: é bom que todos saibam... — pausou. — Descobri a tocaia que você, delegadinho de merda, junto com esse defunto que a terra vai comer, armaram para matar aquele ali — apontou o dedo para Filippo.

— Vou te processar, filho de uma égua! — o delegado, em pé, reagiu.

— Senta já, porqueira! — voltou a levantar o cabo do relho. — Por que não processa o Pereira? O matador de aluguel que contrataram lá em Araiporanga? — pausou. — Não deu certo, né, delegado? — riu com ironia. — Quem acabou na cova foi seu filho. E agora essa besta esticada nesse caixão ainda faz alguns e algumas chorarem. Não sabem da missa nem o pai-nosso...

Pronto. A denúncia estava, publicamente, posta. Feita às avessa, à revelia, esquisitíssima, mas posta.

Na ordem do dia, quem era esse Anacleto Rosa, raramente presente na Vila do Rio, um ermitão que, de repente, aparece, aparentemente do nada, para acertar contas com um morto já quase na boca de uma cova, e, de quebra, também acusar o delegado Trombetas, autoridade maior da Vila do Rio? Situação para lá de *sui generis*, é certo, mas isso publicamente posto, restava investigar.

Honório Lima, vizinho do Samuel Neves no tempo do sítio na Água Branca, mexeu-se na cadeira. Quem não se mexeria com denúncia tão grave? Alguém teria que, depois desse desastrado entrevero, com calma, pegar a ponta do fio dessa meada. Então, vendo o doutor Castro, o advogado da prefeitura, sentado do outro lado do caixão, ele se levantou, foi até ele e cochichou:

— Da lei aqui na Vila do Rio, depois dessa *maracutaia*, vejo que só resta o senhor. O que fará depois dessa *"audiência aqui na antessala do purgatório"*? — seus olhos arregalados perguntavam com mais força do que as palavras ditas.

— Vou abrir pauta no judiciário. Temos que investigar os dois, aliás, os três.

— Até o Anacleto?

— Sim. Precisamos entender como um sujeito que nunca aparece por aqui, um ermitão, sabe mais do que nós, vizinhos dos dois fazedores de conluios. Deixa comigo, Honório — pausou. — Por obséquio, tem notícia da família do Samuel Neves?

— Estão recolhidos. A oficina está fechada. E o criminoso, o João, seu filho, mandou recado que vai se entregar.

— Espero que sim. Faço gosto em defendê-lo.

A sala do guardamento voltou ao silêncio. Nenhum cochicho. Até as moscas pararam de voar. De repente o algoz do morto voltou à carga:

— E então, doutor delegado? Não vai me prender, me algemar? — posicionou os punhos.

Vozes com xingamentos em defesa do delegado cresceram. Alguns deixa-disso amontoaram-se. Precisavam retirar o Anacleto Rosa da sala. Lorenzo, até então quieto, se pôs. Pegou-o pelo braço e o retirou.

A Vila do Rio sabia da maioria dos entreveros do morto com os sitiantes quando fora diretor da cooperativa, mas não com esse Anacleto explosivo. Pouco aparecia na cidade, mas viera hoje para um definitivo acerto de contas, já que, vivo, não conseguira.

Depois que foi retirado, a sala silenciou-se. Dois, três tomavam café num canto dela. Frei Giuseppe chegou — alguém avisou. Ele entrou com seu capuz na cabeça e uma maleta. Provavelmente com seus aparatos:

Bíblia, aspersor, água benta, rosário. Faria uma encomendação. Certamente o último encaminhamento nesse seu final de missão sacerdotal. Desejava ter tido melhor sorte, finalizar encomendando uma boa alma... Mas, como provação, viera-lhe esse malfazejo. Faria de ofício? Não. De ofício, não. Não podia fazer de ofício. O coração teria, mesmo com esse, de falar com mais força.

De repente Maria Eugênia, sorridente, entrou no recinto com seu violão. Ao vê-la, o frei deixou o morto e lhe sorriu. Quem não sorriria para um anjo? — perguntou-se, introspectivamente.

Primeiro ela aproximou-se da amiga Maria Clara, depois da viúva, Tereza, e às duas lamentou e as abraçou. Lorenzo, Domênica e Filippo já estavam ali fazia tempo. Fizeram gestos semelhantes aos da Maria Eugênia. João Manfrinato, o padeiro, não compareceu. Disse ele, ao ser indagado, por que não iria, que não era um hipócrita.

Era quase hora da partida. Dez minutos mais o caixão seria fechado. Sua estilha de chão, no cemitério, já o esperava. Quando o frei abriu sua Bíblia e caminhava para a cabeceira do caixão, Maria Eugênia iniciou a canção *Segura nas mãos de Deus*. José Timbó, o peão genro do morto, quase sempre invisível, abruptamente, pediu para falar.

— Esperem! Esperem! Preciso falar. Depois vocês cantam. É que estive esse tempo todo entalado! — pausou. — Esse senhor tem que escutar o que tenho para dizer... — Anabela, do seu lado, tentou dissuadi-lo. — Não, meu bem! O morto é o seu pai, eu sei. Mas preciso falar. — Ela recuou. — Faz mais de dez anos que sofro preconceito. É o seguinte... Sei que sou um peão. Sei o meu lugar. Mas sou honesto. Nunca fiz nada de errado — ele pausou, enxugou o rosto com um lenço. — Eu pouco convivi com ele — apontou o dedo. — Ainda assim, eu desejo o melhor para sua alma. Mas olhem, assuntem... Não terá padre, nem frei, nem bispo que dará conta de encaminhar esse esterco para o céu. Viram a reação do seu Anacleto Rosa?

Dino Mekelê pensou em se inscrever para, também, contar tudo o que sabia. Mas o julgamento dos antecessores nessa, hoje, antessala do purgatório já era suficiente para barrá-lo aos lugares dos bons. Tiranos não podem misturar-se aos generosos.

Depois da fala do José Timbó, o silencio voltou a reinar. Então o frei voltou à cabeceira do caixão para o encaminhamento. Maria Eugênia voltou com o violão. Tânia recomeçou a canção.

Com um pai-nosso e uma dezena de ave-marias, o frei o ungiu com água benta. Fecharam a urna e foram. No cemitério sua estilha de chão com sete palmos de profundidade o esperava. O corpo desceu, e sobre ele, foram muitas pás de terra. As últimas foram colocadas por Valentim e Lorenzo, os pioneiros que ali chegaram em 1931, 32. Depois de tapar o buraco, Lorenzo segurou a pá, passou seu olhar em todos do entorno e...

— Meus amigos, amigas... O tempo é o senhor de tudo. Pode ser ruim... Pode ser bom... isso depende da atitude de cada um. A guerra lá fora findou. A desse que nos deixa também. Não acham o tempo um compositor de destinos? E o amor uma força indomável? — perguntou com os olhos acesos nos do seu entorno, deixou a pá nas mãos do coveiro e saíram. A maioria o acompanhou.

Tereza e as duas filhas fizeram ligeira oração e colocaram, dependurada na cruz do túmulo, uma coroa de lírios brancos. Desejaram-lhe paz.

Quando restava somente o coveiro para os arremates, Maria Cândida apareceu com um maço volumoso de rosas vermelhas. O coveiro afastou-se. Então ela aproximou-se da cova, fez o sinal da cruz e o deixou próximo da coroa de lírios. Fechou os olhos e murmurou:

— Meu amado, nessa nova caminhada que se inicia, desejo-te melhor sorte. E aquele segredo entre nós juro que continuará guardado com as chaves do nosso amor. Nossa filha, Maria Clara, da minha boca jamais saberá que Tereza não é sua mãe. Fiz esse pacto contigo lá em Sorocaba. Vou cumpri-lo. Obrigada por ter me resgatado daquela vida dos infernos que tinha nos arredores da estação. Eu era uma menina desajuizada. Minha gravidez, contigo, me salvou. Tive muitos homens, mas só amei você. Ficarei de olhos na Maria Clara e no Filippo, também em nosso netinho ou netinha que nascerá — pausou. — Estou resignada, Theodoro. Deixarei Filippo e nossa filha em paz — enxugou o rosto, os olhos marejados. — Eu sempre te amei. Outra coisa, Theodoro: a Tereza não é "seca" como você costumava falar, reclamar. Sinceramente, sabe o que sempre pensei? Que faltou dar a ela mais atenção e carinho — pausou novamente. — Mas o destino quis assim — enxugou, novamente, as lágrimas. — Não dá para retroceder. O que passou, passou — abriu sua bolsa e tirou um batom. — Lembra-se desse vermelho com sabor de maçã? — sorriu. — Despia-me e pedia que usasse esse batom. Seja onde for, espera-me, Theodoro. Não sabemos quando, mas um dia estarei contigo! Vai em paz — chorou copiosamente, fez o sinal da cruz e saiu.

O *Circo Maximus* passou sua segunda temporada na Vila do Rio em meio a esse turbilhão de acontecimentos. Pareceu que, de propósito, fez essa sua segunda temporada ali combinado com o senhor de tudo, com o *Tempo* que tudo pode.

Quarenta dias depois da morte do Theodoro, Maria Clara e Filippo casaram-se. Os tios Ruggero e Tommaso foram seus padrinhos. A professora Elisa e Maria Eugênia, os da Maria Clara. E conforme o combinado, o frei Giuseppe celebrou o casamento.

Em seguida o frei deixou o sacerdócio numa cerimônia presidida por Dom Aristides. Tão logo se desligou, o bispo celebrou seu casamento com Maria Eugênia.

Assim que terminou, o bispo apresentou Antônio Porfírio como novo sacerdote da Vila do Rio, agora um Beneditino. Bartira casou-se com Pedro Neves. A professora Elisa com o doutor Castro, advogado e assessor jurídico da prefeitura. O padre Antônio Porfírio os celebrou.

Doutor Castro procurou por Anacleto Rosa no seu sítio em meio à mata e suas armadilhas. Que dizia não ser bicho, mas vivia como um deles. Quase não o reconheceu quando chegou. Estava de barba e cabelos feitos, unhas cortadas, olhos acesos, sorrindo — refeito. O doutor, ao vê-lo, se espantou. Nada daquele ermitão do dia do velório do Theodoro. Quis saber o porquê. Se era penitência, uma promessa.

— Não gosto do contato social, seu doutor. Prefiro imitar bichos às pessoas. Eles não cortavam seus pelos e nem suas unhas. Faz tempo que deixei de acreditar em gente. A mulher me traiu, um outro me roubou... Gente ludibria, engana. Planta e bicho não — Anacleto foi em frente. — Mas como aquele cumpriu sua sina, eu resolvi mudar para cumprir a minha bem diferente da que eu caminhava. Gosto das plantas e dos bichos, dos cheiros e dos sons. Não sou um rapaz, sei. Mas acho que ainda dá tempo para eu arrumar uma companheira para morar comigo. Estive, por muito tempo, resignado. Passou, doutor.

Doutor Castro só queria entendê-lo. Não fora lá para saber suas preferências, embora saber sobre o viver das pessoas achasse importante. Estava lá porque assumira o processo sobre o homicídio, e dadas as declarações na sala do guardamento dele, lá um "ermitão", o advogado precisava de muito mais. Estava ali para encontrar o início do fio da meada. Então pediu que lhe contasse que ligação ele teve com Theodoro Fonseca em Sorocaba. Mas Anacleto fechou-se em copas. O doutor insistiu. Ele pediu que saísse. Fizeram silêncio por instantes. Doutor Castro precisava retomar o diálogo. Então deixou a sua Sorocaba e voltou para a Vila do Rio.

— Pode me contar sobre a relação do Theodoro com o contratado, o matador de aluguel?

Aí não precisou forçar. Ele foi desfiando.

— O Pereira me falou que estava envergonhadíssimo depois de matar, por engano, por culpa de uma boina marrom, o André, o filho do delegado. Que não se perdoava. Que por isso pensava, até, em deixar a profissão. Que logo que soube da trapalhada, nem esperou pelo trem da manhã porque seria pego.

— Foi para onde?

— Margeou o rio e caminhou até a pedra furada. Se alguém chegasse, ele me falou que se jogaria n'água. Mas... — pausou.

— Ele se jogou?

— Não. Viu uma canoa e, apressado, a desamarrou e se deitou no fundo dela e a correnteza levou. Depois de um tempo, achando-se em segurança se levantou para remar. Mas cadê o remo? Apressado, esqueceu de pegar o remo lá na saída. Então me falou que se deitou de novo e que até dormiu. Acordou no remanso aqui no fundo do meu sítio. Quer ver?

— Não preciso. E depois?

— Escondeu-se aqui por dois dias. Eu andava atrás de um carreiro de anta e topei com ele. Sabia que quase atirei nele? — pausou. — Não fiz porque precisava conferir se era uma anta macho ou uma fêmea. Não mato fêmeas.

Ran! Ran! — raspou a garganta. — Ele quis correr. Eu gritei: "Para senão eu arrasto o dedo!". Aí ele parou. Tá armado? Ele me respondeu que não. Pedi que tirasse a camisa. Vi que não mentia. Falou pra mim que o que trazia no cós da calça, um revólver *Rossi*, caiu n'água quando a canoa virou na corredeira um pouco depois da pedra furada.

— Como tem certeza?

— Ele tinha um ferimento grande no ombro.

O Anacleto Rosa contou que, dentro da sua casa, o Pereira, depois de ficar mole por uns goles de cachaça, abriu o bico sobre sua vida. Detalhou o combinado com o Theodoro e o delegado Trombetas.

— Ficou dois dias aqui?

— Só dois. Pela madrugada ele roubou minha canoa, um remo, também minha espingarda e desapareceu. Mas se nunca mais vou matar um bicho, pra que espingarda, não é mesmo?

Doutor Castro lhe agradeceu. Anacleto disse que estava à disposição, mas que não gostaria de voltar aos acontecimentos de Sorocaba. O advogado deixou o sítio quase noite.

O delegado Trombetas deixou a Vila do Rio na calada de uma noite dois meses depois da morte do Theodoro. Saía dali sem um filho e sem o "amigo de Sorocaba". Fora, provavelmente, porque via o afinco do doutor Castro na busca por elementos em relação à sua culpabilidade.

Trombetas levava no peito dois pesos: a participação na morte do filho; a inoperância na morte do Theodoro. Se tivesse agido com base nas informações do Severino Lima, o João, filho do Samuel Neves, não o teria matado com um tiro de espingarda.

João Neves ficou preso por vinte e três dias. Doutor Castro conseguiu um *habeas corpus*. Em liberdade esperou pelo julgamento. Ano e meio depois foi absolvido por seis votos a um pelo Conselho de Sentença do Tribunal do Júri de Jacarezinho. E o desvairado Theodoro Fonseca Mazotti, ontem dono de tudo, ficava, para sempre, preso em uma estilha de chão, essa, de verdade, sua.

O IMPORTANTE É NÃO SE DAR POR VENCIDO

1949. Filippo levantou cedo, pegou uma xícara de café e o jornal. Maria Clara, pelas manhãs, tornava-se ainda mais linda. Seus olhos transbordavam doçura. Ele corria e a beijava demoradamente. Seu ventre mostrava-se sob seus vestidos, quase sempre estampados de flores miúdas de diversas cores. O bebê estava para chegar. Filippo a serviu: café e um pedaço de brevidade. Domênica apareceu na cozinha. Atrás veio Lorenzo.

— Bom dia! — uníssonos, desejaram.

— Bom dia! — os dois responderam entre sorrisos e café.

— Como veem, não esperamos por vocês. Esse bebê me mata de fome — Maria Clara sorriu.

— Não carrego nenhum e estou com fome — Domênica falou sorrindo.

— Depois dessas tempestades de quase virar navios, quais os planos, Filippo? — Lorenzo perguntou.

— Planos? Tenho muitos, meu pai... Mas, para já, penso em um... Não sei se aprovarão. É o seguinte: depois desse período de águas revoltosas, pensei em escrever alguma coisa... — botou reticências.

— Sobre o quê, filho? — Domênica perguntou.

— Viram, ontem, eu fuçando na pilha de jornais? Estive separando todas as matérias publicadas pela *Folha Paulistana* sobre a guerra. Como também fui vítima direta dela, pensei em escrever alguma coisa. Não sei...

— Que ótima ideia, meu amor! — Maria Clara o beijou. — Posso te ajudar a separar o que pretende. É só me orientar. Gosto de ler, de me exercitar nas escritas.

— Bela tarefa, filho. Como vê, tem o apoio de todos. Mãos à obra, então — Lorenzo disse e sorriu.

— Será que eu poderia me ausentar por uns dias da cerâmica? Pretendia selecionar tudo o que a *Folha Paulistana* publicou sobre a guerra.

— Não poderia fazer isso no turno da tarde, quando tem menos movimento no escritório?

— De verdade, pai, eu queria ir até São Paulo para encontrar-me com o repórter José Vasconcelos, com o professor Hans Stein e com o tradutor Lorenz. Lemos tanto sobre o que fizeram que estou estimulado a contribuir. Gostaria de contar a eles a minha história, melhor, a nossa história. Também os acontecimentos, as fatalidades aqui da Vila do Rio. Compreendem? — Arregalaram os olhos. — O professor contou a história dele, não foi? O que viveu, o que sofreu... Nós contaríamos a nossa, com seu âmago na subjetividade, aquela que a imprensa oficial não se preocupa, não costuma contar.

— Filho, às vezes ela não conta porque não chega até ela. Tem razão. Se chegar...

— Então... Como esses três são tremendamente humanísticos, acho que poderiam interessar-se pelo que teríamos a mostrar. — Fizeram segundos de silêncio. — O que acham?

— Filho! Você é um presente de Deus! — Domênica saiu da sua cadeira do entorno da mesa e o abraçou. — Quanta energia tem!!!

— Mamãe, a senhora, o papai, a Maria Clara também têm muita energia.

— Veja quanto custa, filho. Veja tudo. As passagens, o hotel, a comida. Veja o que precisa. Mas...

— O quê, pai?

— Acha mesmo que publicariam na *Folha Paulistana*?

— Claro que acho. O que vivemos aqui tem razão e emoção, pai. Outra coisa! Não vão acreditar! — Filippo sorriu. — Quando eu saí de Aosta e acabei em Gênova, um homem, generoso como o senhor, me ajudou muito. Abrigou-me na estação de trens com colchão, coberta e até comida, repartia a sua comida comigo.

— Você me contou essa passagem, filho...

— Então, mamãe... Eu trouxe o endereço dele. Há uns três meses eu lhe escrevi. Já sabem, chama-se Salvatore Constantinni. Pasmem! Tenho a resposta — Filippo retirou do bolso uma carta.

Nela vinham cumprimentos e a informação de que o Salvatore, dentro de dias, chegaria no Porto de Santos. Ficaram espantadíssimos.

— E então...? — Filippo perguntou — Se eu for até São Paulo para tentar me encontrar com os repórteres do jornal, poderia dar uma esticadinha até Santos, encontrar-me com seu Salvatore e trazê-lo para cá? Sem mim é bem provável que se perca, aliás, como eu me perdi... — Todos riram. Concordaram.

Era uma terça-feira. Filippo pegou o trem na Vila do Rio com destino a São Paulo. De lá pegou outro até Santos. O navio chegaria na quinta perto das oito horas. Hospedou-se, então, para esperá-lo. Foi para a cama cedo para não perder a hora e estar bem-disposto. Adormeceu tão logo se deitou. Miragens lhe vieram. Nelas, Aosta esteve presente com seus monumentos. Também vieram o cemitério, a cova como esconderijo, a caveira, depois duas freiras a cochicharem, a rirem, com suas vestes como fossem pinguins. Gargalhavam e corriam atrás dele. Filippo fugia, mas as reencontrava mais adiante. A madre Benta, a superiora do internato, com o relho do Anacleto Rosa, comandava a perseguição. Esperto como um serelepe, por fim ele desfez-se delas e entrou em um quarto. Estava escuro como breu. Ligou a luz e, sobre uma cama, viu uma camisa branca, uma calça de gabardine riscada de giz, um paletó cinza, um fraque, sapatos pretos engraxados e um chapéu da cor do paletó. Roupa certa para um encontro especial. Iria encontrar-se com o seu Salvatore, o fiscal da estação de trens de Gênova, que há sete anos atrás lhe deu abrigo e comida.

Vestido, olhou-se no espelho. Passou os dedos nas sobrancelhas. Sorriu. Deixou a hospedaria na direção do cais. Longe, avistou uma bandeira italiana sobre o mastro de uma embarcação. Ansioso, respirou fundo. O senhor Salvatore estava chegando. Viu quando um Prático de Navios[8] se deslocou na direção do embandeirado. Sorriu, falou consigo: — *Santo Dio! Come vorrei abbracciare il mio amico Salvatore!*[9]

Trinta minutos depois o navio italiano atracou. Centenas e centenas de passageiros desciam por uma escada: uns sorridentes, outros em prantos. Cumprimentavam-se. Abraçavam-se. Mas Filippo não via o Salvatore. A carta era um blefe? Não. Não podia ser.

---

[8] É o profissional que, dentro de uma região específica, possui conhecimento sobre navegação, manobra e condução de navios às docas.
[9] Santo Deus! Como quero abraçar esse meu amigo, Salvatore!

Filippo retirou o chapéu da cabeça, passou um lenço no rosto e voltou a espiar a escada. De repente o Salvatore apareceu no degrau mais alto. Ele descia com um paletó escuro, um chapéu preto na cabeça, um cachecol no pescoço e uma maleta na mão. Atrás dele vinha uma senhora com um sobretudo longo, uma bolsa a tiracolo e uma valise. Filippo observava que os dois vinham sorridentes e, de vez em quando, paravam e apontavam a mão para o mar, conversavam. — Seria, ela, sua mulher? — Filippo se perguntou, mas, em seguida, descartou. — Deve ser amizade nova, dessas feitas durante uma viagem — concluiu. — Claro, vários dias num mesmo navio, quem não faria amigos? Lembrou-se de alguns marujos que se tornaram seus amigos no Itaúba, o navio da sua travessia. Tentou chegar mais perto da escada, mas não conseguiu porque muita gente se espremia próximo dela. Então, já nos últimos degraus para Salvatore tocar os pés na plataforma do cais, em meio àquele povaréu, Filippo botou as mãos para cima e gritou:

— *Amico Salvatore! Amico Salvatore! Eccomi qui! Eccomi qui!*[10]

Filippo e Salvatore abraçaram-se de, quem os via, ficar embevecido. E enquanto trocavam afagos, uma força mágica torcia seus olhos para a senhora da escada que, a três passos, os via trocarem calenturas. Salvatore, com a mão, chamou por ela. Desviando-se do congestionamento, ela chegou neles. Ela era alta e esbelta, de olhos verdes, cabelos longos aloirados, lábios bem-feitos, bonita de chamar atenção. — De onde saíra essa Deusa? — Filippo se perguntou. Ela não lhe era uma estranha. Foi ao bolso interno do paletó e pegou o retrato em branco e preto que o pai lhe passara. Olhou o retrato e gritou:

— *Mio Dio! Madre! Sei mia madre? Il tuo Salvatore, hai portato mia madre, Giulia?*[11] — acordou assutado. Acendeu a luz e foi ao relógio.

Precisava ir logo. Em minutos o navio atracaria. Enfiou-se sob um chuveiro porque o pesadelo fê-lo molhar até os lençóis. Vestiu-se. Pagou a conta e foi ao cais.

O navio de bandeira italiana já estava atracado e a área de imigração, cheia. Onde estaria Salvatore? Andou por tudo e não o via. De repente, por trás, quando menos esperava, alguém tocou-lhe no ombro:

— *Santo Dio! Eccomi, Filippo! Ho detto che sarei venuto, vero?*[12]

---

[10] Amigo Salvatore! Amigo Salvatore! Aqui estou eu! Aqui estou eu!

[11] Meu Deus! Mãe! A senhora é a minha mãe? Seu Salvatore, o senhor trouxe a minha mãe, Giulia?

[12] Deus santo! Aqui estou, Filippo! Falei que vinha, não foi?

Abraçaram-se muitas vezes. Depois pegaram um taxi até a estação de trens de Santos. E dentro dele conversaram, trocaram gentilezas, os últimos acontecimentos, as novidades, as peripécias, riram. E de quebra Filippo lhe contou do pesadelo que teve, bem há pouco, antes de estar ali no cais do porto. Salvatore olhou dentro dos seus olhos e lhe disse...

— È solo un *incubo? O un avvertimento? Non rinunciare a tua madre, figliolo!*[13]

De volta a São Paulo, Filippo e Salvatore estiveram na redação da *Folha Paulistana*. Depois de breves apresentações, exposição de fatos e justificativas e dos porquês da sua procura por esse jornal, acertaram a entrevista para a tarde do dia seguinte.

Nela Filippo discorreu, cronologicamente, todos os fatos, os passos que dera, desde as lembranças mais remotas dos idos de 1939, até hoje, incluindo o pesadelo, o inenarrável reencontro com sua mãe.

A entrevista durou toda essa tarde. E em que pese ter se lembrado e narrado sofrimentos, riram muito de alguns episódios, como dos apuros para sair-se de alguns fiscais dos trens; das travessuras dele e do frei Giuseppe no banho da Vila do Rio; do resgate de Maria Clara do Internato Maria Auxiliadora, com participação direta do frei e de Tânia, sua auxiliar, travestida de freira.

Seu Salvatore também contribuiu ao lembrar detalhes do Filippo na estação de Gênova, assim como de outras crianças que se perderam e passaram por lá durante e depois da guerra. Contou de muitos pais, mães, com fotografias nas mãos procurando por seus filhos. E quando tocou nessa vertente, Salvatore olhou para Filippo e lacrimejou. Quis falar, mas se sentiu embargado. Tossiu. Filippo apertou suas mãos. Alfredo Fortunato, fotógrafo que os acompanhava, registrou.

Salvatore enxugou as lágrimas e continuou. Relatou que, certa vez, quase noite, já no fim do seu expediente, uma mãe — dona Sara, judia, em prantos, apareceu com um retratinho do filho Esdras. Ventava, estava muito frio. Ele a agasalhou. Ela falou que o Esdras tinha só oito anos, que era franzino e que, durante uma perseguição pelos nazistas, se perderam e que o menino ficara para trás. Salvatore se comprometeu a avisá-la caso o visse. Então, ele anotou seu endereço. Dona Sara foi embora.

---

[13] Será só um pesadelo? Ou um aviso? Não desista da sua mãe, filho!

Um mês depois um menino bem magro e maltrapilho dormia no chão da estação de trens, exatamente no mesmo local onde Filippo se "hospedou". Contou que o levou para sua casa, que deu banho, roupas, comida e pouso. No dia seguinte escreveu uma carta para dona Sara. Ela veio. Foi um encontro cheio de emoções — Salvatore fez uma pausa. Tomou água e continuou: estar com Filippo, hoje, é um pouco parecido com o encontro de Sara com Esdras. Meu pai e minha mãe faleceram. Não tenho, de sangue, mais ninguém. Tenho de alma, tenho esse rapaz — colocou as duas mãos nos ombros do Filippo e sorriu. Ele está, hoje, a me resgatar — o fotógrafo fez outro registro.

Filippo, dias atrás, que saíra sozinho da estação ferroviária da Vila do Rio, hoje voltava de São Paulo com Salvatore, seu grande amigo.

Um mês depois essa entrevista, com o título *Filippo: o importante é não se dar por vencido*, foi publicada pela *Folha Paulistana* em um caderno especial. Os dois registros fotográficos abriam a matéria. Abriam porque eles falavam mais do que as palavras. Dias depois ela ganhou destaque na Rádio Tupi de São Paulo, fazendo com que um infinito número de pessoas tomassem conhecimento das consequências e dos aspectos mais subjetivos, mais íntimos que um conflito com essa dimensão pode causar.

A repercussão radiofônica foi tamanha que, em seguida, a Associação Brasileira de Imprensa — ABI deliberou pela criação de um prêmio com a finalidade de destacar e reconhecer méritos às melhores matérias, melhores jornalistas, melhores entrevistados.

Filippo Melinni Conti Giordano, em sua casa na Vila do Rio, meses depois foi surpreendido por uma carta. Ela o parabenizava e o convidava para estar na sede da ABI em São Paulo. A carta referia-se às exitosas situações criadas por sua entrevista à *Folha Paulistana*. Sugeria que fosse vestido a caráter, e que estivesse na sua sede para receber, conjuntamente com o professor Hans Stein, o jornalista José Vasconcelos e o fotógrafo Alfredo Fortunato, o prêmio *Mérito Aurora Paulista de Imprensa*. Meses depois, encabeçadas pelo mesmo título da matéria, Filippo estava a fazer palestras em colégios, seminários, conventos, associações, faculdades.